Minerva Shobo Librairie

入門 観光学

［改訂版］

竹内正人/竹内利江/山田浩之

［編著］

ミネルヴァ書房

はしがき

本書の前身である「入門観光学」は2018年，まさに観光への期待が高まる中，これから観光を学ぶ多くの学生のためのテキストとして発刊した。観光は，2007年に「観光立国推進基本法」が施行され，「観光立国」が国家戦略に位置づけられて以降，成長戦略や地方創生の柱として大きな発展を遂げ，観光及び観光産業の隆盛の期待を大いに担っていた最中でもあった。

しかし，2020年以降，新型コロナウイルス感染症の影響は日本のすべての産業に深刻な影響をもたらしたが，非製造業とりわけ観光にとってはまさに危機的状況ともいえる事態が続いた。感染を防止するために経済活動は大幅に制限され，緊急事態宣言や水際対策等に伴い人出が減少した。観光立国日本の象徴ともいえる訪日外国人旅行者数は８年連続増加し2019年には3188万人となっていたが，2020年には412万人，2021年24万6000人と激減した。

このような状況はコロナ禍による突発的な影響とはいえ，関連する産業にとってはまさに存続そのものが危うい状況であったといえる。そのために，政府は感染対策に関連する対応の強化に加え，「Go To キャンペーン」に代表されるさまざまな対策を講じた。この間，何度かのコロナ感染の波を繰り返す中で，観光が旅行業，交通産業，宿泊業，飲食産業，レジャー産業，土産品産業，旅行関連産業等，幅広い分野の集積であること，地域間の人的・経済的交流を支える産業としても日本の重要な位置づけであることを改めて認識する期間でもあった。また，日本の豊富な観光資源を国内外紹介し，インバウンド対応すれば観光立国への道はすぐに開けるといった楽観論を大いに反省すべき期間にもなった。

本書はコロナ禍の影響がようやく終焉を迎える中，個人旅行やビザ無し渡航が解禁され，インバウンド需要が本格的に再開し，観光産業がコロナ前の勢いを取り戻しつつある中での執筆となった。そして観光がコロナによる危機を乗り越えていく過程の中，刻々と回復する観光需要に対応するための質的変化も求められていることも明らかになった。そのために執筆の先生方には本書の発刊に至るまで何度かの加筆修正をお願いすることとなり，その責務に応えていただいたことに対し，この場を借りて心よりの御礼を申し上げたい。最後に改訂にあたり，ミネルヴァ書房の杉田信啓氏をはじめ同編集部の皆様に多大なるご尽力をいただいたことに執筆者を代表して重ねて衷心より敬意と謝意を表したい。

2023年８月

編 者 一 同

入門 観光学

［改訂版］

目　次

はしがき

第Ⅱ部　観光産業論

第Ⅳ部　応用観光論

序　章
観光学を学ぶために

1　観光とは何か

2006年に成立した「観光立国推進基本法」，わが国の観光は注目を浴びてきた。それはコロナ禍において観光が大きな打撃を受けたのにもかかわらず，その注目度は依然と高いままである。その前文の書き出しは以下のとおりである。「観光は，国際平和と国民生活の安定を象徴するものであって，その持続的な発展は，恒久の平和と国際社会の相互理解の増進を念願し，健康で文化的な生活を享受しようとする我らの理想とするところである。また，観光は，地域経済の活性化，雇用の機会の増大等国民経済のあらゆる領域にわたりその発展に寄与するとともに，健康の増進，潤いのある豊かな生活環境の創造等を通じて国民生活の安定向上に貢献するものであることに加え，国際相互理解を増進するものである」。ここでは観光の意義と役割を高らかに述べている。観光の役割は次の点に集約される。国際平和の増進と国民および地域経済の発展，そして国民生活の安定向上である。われわれが観光を学び研究する上でもこの意図を十分に理解しておく必要があることは言うまでもない。しかし，この法律においても観光の定義について触れられているわけではなく，まず観光とは何かという問題は，これから観光を学ぶにあたり避けて通れないであろう。

一方で，観光に関連する観光行動や観光産業などの諸事情は，経済環境や交通技術の革新などにより時代とともに変化している。また観光そのものが発展途上の学問であることから，観光を普遍的に定義するのは極めて難しい状況であるといえる。

そもそも観光の語源は，古代中国において編纂された『易経』の中の「観国之光，利用賓于王（国の光を観るは，もって王に賓たるによろし）」に基づくものである。この場合観光とは「国の光」を見ることであり，国の光とは国王の人徳と善政により国が繁栄し，その国を訪れた人々にはその国が光り輝いて見えることであった。また「観」という漢字は同時に示すということも意味しており，下から上へは仰ぎ見るという意味で，上から下へは示すという意味になるとのことである。「観光」という言葉は受け入れ国側からみれば国威発揚の意味を含んでおり，明治年間までは概ねこの意味で用いられた。今日では「観光」はツーリズム（tourism）の意で用いられるが，大正時代にツーリズムの訳語として「観光」を当てたことに始まる。ツーリズム（tourism）とは tour＋ism の合成語であるが，tour はラテン語の「tounus（ろくろ）」が語源であり，そのため tour は「巡回」「周遊」をもともと意味しているが，それに行動や状態，主義を意味する接尾語 ism をつけることで，観光や観光現象，観光事業という意味になる。また接尾語の ist をつければ tourist，すなわち観光者という意味になる。ツアー，ツーリズム，ツーリストという言葉が一般的になったのは1930年代以降である。

わが国の観光の公的な定義としては，1970年の観光政策審議会が内閣総理大臣諮問に対する答申の中で規定した「観光とは自己の自由時間（＝余暇）の中で，鑑賞，知識，体験，活動，休養，参加，精神の鼓舞等，生活の変化を求める人間の基本的欲求を充足するための行為（＝レクリエーション）のうち，日常生活圏を離れて異なった自然，文化等の環境のもとで行おうとする一連の行動をいう」とした表現があった。さらに1995年に新たな答申を行うにあたり再検討され，「余暇時間の中で，日常生活圏を離れて行う様々な活動であって，触れ合い，学び，遊ぶということを目的とするもの」と定義された。この定義の中で用いられている「様々な活動」すなわち観光活動については，特定することは極めて難しいといえよう。「触れ合い，学び，遊ぶということを目的とするもの」の文面からビジネス，すなわち「商用旅行」は除外されると読み取れるが，2000年版『観光白書』では「兼観光」という言葉が用いられており，楽しみを兼ねる商用旅行の存在も認められている。

一方で，国際観光の分野では「商用の活動」も含まれている。国連世界観光機関（UNWTO）では観光（tourism）を次のように定義している。

"Tourism comprises the activities of persons traveling to and staying in places outside their usual environment for not more than one consecutive year for leisure, business and other purposes."

この定義の日本語訳としては次のようになるであろう。「観光とは，継続して1年を超えない範囲で，レジャーやビジネスなどの目的で日常生活環境以外の場所に旅行し，滞在する人の活動を指す」。また観光庁が実施している「訪日外国人消費動向調査」では来訪目的に「業務」という項目があり，商用も含めての調査となっている。観光の研究や調査をする場合に，この観光や観光客の定義が重要になってくることはいうまでもない。そのために観光庁では「観光立国推進基本法」に基づいて観光に関する統計の整備を実施している。観光客に関しては，国連世界観光機関を中心に標準化が推進されているとして以下のように定義し，統計資料として整備，集計し始めた。それによると観光客の定義としては「ビジネス，レジャーあるいはその他個人的な目的で，1年未満の期間，非日常圏に移動する旅行者」とし，「国内居住者の国内観光（domestic），国外の居住者の国内への観光（inbound），国内居住者の国外への観光（outbound）を区別する」としている。また，宿泊客旅行に関しては「自宅以外で1泊以上の宿泊をする全ての旅行」，日帰り旅行は「片道の移動距離が80 km以上，又は所用時間（移動時間＋滞在時間）が8時間以上の非日常圏への旅行」としている。観光がわが国の重要な産業の構成要素として認識されつつある状況の中で，ようやく観光の概念が整理されつつあるといえよう。

以上のことから，本書なりに観光を一言で表現するなら，日常の居住地を離れ，飲食や鑑賞，体験をすることであるといえるだろう。また観光は広い意味での「観光客」や「旅行者」，非日常体験をする観光地などの観光対象となる「観光資源」，それらをサポートする観光産業や交通手段も含めての「観光関連産業」，そして観光客を受け入れる「地域社会」等によって構成されている。居住者が観光を意識する要因は，その人の経験や日常生活にある内部的要因やマスメディアやネットからの情報，アクセスや施設の話題性などの複合したものであり，それらを支える観光産業や施設，そして観光資源や地域社会の歴史・風土・産業も多彩である。またそれらは技術革新や意識変化などにより時代とともに変化している。

2　観光教育の展開

観光への期待が高まる中で，観光研究と人材育成の高等教育機関である大学の観光学部や観光関連学部・学科を有する大学も増加した。

観光研究および観光教育は，1967年の国連の国際観光年を記念して立教大学の社会学部に観光学科を，大阪成蹊女子短期大学（現大阪成蹊短期大学）に観光学科を設置したのが始まりである。その後1998年には立教大学に初の観光学部が設立されている。そして2003年に小泉内閣によって発せられた「観光立国宣言」により観光が国家的重要課題として捉えられるようになったが，前後して大学の観光学部や観光関連学部・学科・コース設立が増加し始めている。

国立大学としては2005年に山口大学の経済学部に観光政策学科，琉球大学の経済学部に観光学科が創設され，2008年に和歌山大学および琉球大学に初の観光（産業科）学部が設置された。2009年段階では観光研究や観光教育を有する学部のある大学は39に達した。その後もさらに増え続け，2017年には観光学部や観光関連学科のある大学は94にも及んだ。それらの大学では，観光学部，国際観光学部，観光産業学部，観光経営学部など学部名称として「観光」を用いた大学も存在している。また，その他にも経済学部，経営学部，社会学部，商学部，地域創造学部，現代ビジネス学部，現代人間学部といった学部名の中に観光関連の学科やコースを設けていることが多い。

そこで，高等教育機関である大学で観光を学ぶことや観光研究とは何なのかという問題が，改めて問われることとなる。観光という学問領域はいまだに独立した「学」という体系を示すことができない状況にあるといえよう。しかし，現在ではたとえば経済学，経営学，社会学，環境学，心理学などの関連領域からのアプローチもさることながら，それらをまたがった学際的分野での研究や教育活動が盛んに行われている。本書ではあえて「観光学」という言葉を用いて，これから観光を学ぶ方への見取図を示すこととした。

3　本書の特徴と構成

観光学はまだ歴史の新しい分野である。未解明な課題も多い。そのために観光研究は観光が内包する多面的で流動的な現象を，学際的な視点から捉えることが理解を深めることにつながると考えられる。本書では観光という現象の全体像を明らかにするために，多彩な視点で解説し，かつ幅広い領域をカバーできるように努めた。また，新型コロナウイルス感染症による影響と復興そして質的変化についても可能な限り解説を試みた。

本書はまず４つの大きな部から構成されている。第Ⅰ部「観光学の基礎」では第１～３章として「観光の歴史」「観光と旅行者の行動」「観光と産業・経済」を取り上げ，観光における基礎的かつ全般的な解説を行った。観光を学ぶ上で観光という現象を歴史的視点，需要側である消費者行動の側面と，供給側の産業経済的側面から解説している。

第Ⅱ部「観光産業論」は伝統的な観光ビジネスの主要産業を中心に構成している。第４～９章まで，「旅行産業」「宿泊産業」「運輸産業」に加えて「テーマパーク産業」「文化施設と観光」といった現在の観光産業を象徴するようなテーマも取り上げた。観光産業は観光活動の推進役でもあり，観光を学ぶ上で各産業を理解することは不可欠である。各産業の概要と役割そして特徴や将来展望などの具体像を鮮明にできるような解説を心がけた。また「観光産業とホスピタリティ」では各産業に共通するサービスとホスピタリティについては今日的な課題も含めて解説した。

第Ⅲ部「観光政策論」は，第10～12章「観光立国と国際観光」「諸外国の観光政策」「地域観光とまちづくり」の３章からなり，観光行政に関連するテーマ構成とした。観光における様々な活動や現象において観光行政の果たす役割は大きく，観光政策はそれらの基盤をなすものとして位置づけられる。「観光立国と国際観光」ではわが国の観光政策，「諸外国の観光政策」では主にシンガポールの観光政策について取り上げた。さらに「地域観光とまちづくり」では国内観光の中でもニューツーリズムを主体とした観光まちづくりについて概説した。

第Ⅳ部は「応用観光論」として，第13〜18章までわが国の観光を学ぶ上で焦点となるテーマを取り上げた。具体的には「コンテンツツーリズム」「ブライダルと観光」「メディカルツーリズム」「ダークツーリズム」「フードツーリズム」そして「祭礼文化と観光」である。観光を巡る潮流は激しく「ニューツーリズム」と呼ばれるものは多岐にわたる。第Ⅳ部で取り上げたテーマや事例で，観光の多様かつ多彩な魅力をさらに学習されることを願っている。

また，本文とは異なった視点やテーマを補足するため，できるだけ最新の情報を交えたコラムを設けている。併せて読むことで観光学への理解を深めていただきたい。

引用・参考文献

足羽洋保編著『新・観光概論』ミネルヴァ書房，1994年。

岡本伸之編『観光学入門』有斐閣，2009年。

河村誠治『新版　観光経済学の原理と応用』九州大学出版会，2008年。

観光庁「明日の日本を支える観光ビジョン」概要，http://www.mlit.go.jp/kankocho/topics01_000205.html（2017年９月25日閲覧）。

観光庁「観光統計」http://www.mlit.go.jp/common/000138677.pdf（2017年10月10日閲覧）。

国土交通省「今後の観光政策の基本的な方向について（答申第39号）」https://www.mlit.go.jp/singikai/unyusingikai/kankosin/kankosin39.html（2017年10月10日閲覧）。

国土交通省『平成12年版観光白書の概要』http://www.mlit.go.jp/hakusyo/kankou-hakusyo/h12/index.html#joukyou（2017年10月10日閲覧）。

高橋一夫・大津正和・吉田順一編『１からの観光』碩学舎，2010年。

谷口知司『観光ビジネス論』ミネルヴァ書房，2010年。

中﨑茂『観光の経済学入門』古今書院，2002年。

日本政府観光局「統計データ　訪日外客数（2016年）」https://www.jnto.go.jp/jpn/statistics/visitor_trends/（2017年９月20日閲覧）。

溝尾良隆編著『観光学の基礎』古今書院，2009年。

溝尾良隆『観光学　基本と実践』古今書院，2015年。

文部科学省「観光関連学部・学科のある大学一覧」https://www.mlit.go.jp/common/

00004091.pdf（2017年 9 月10日閲覧）。

Definition of Tourism（UNWTO Definition of Tourism）"What Is Tourism？" http://www.tugberkugurlu.com/archive/definintion-of-tourism-unwto-definition-of-tourism-what-is-tourism（2017年10月12日閲覧）.

第Ⅰ部

観光学の基礎

第1章
観光の歴史

1　世界の観光史

（1）古代

約700万年前，人類の祖先はアフリカで誕生し，世界各地へ拡散した。その後，人類は様々な目的をもって移動を繰り返してきた。たとえば巡礼・求法・布教といった宗教的活動や交易活動，外交目的の使節派遣などである。移動という旅の特徴を踏まえると，これらも旅の一つである。表1-1はこれら旅の歴史を簡単にまとめたものであるが，以下，観光史で取り上げられるトピックを中心に，古代から時代順に旅の歴史を紹介する。

ギリシャでは紀元前8世紀に入ると，各地で有力な貴族の指導の下，アテネやスパルタに代表されるようなポリス（都市）が建設された。各ポリスは独立性が強かったため，古代ギリシャでは統一国家が形成されることはなかったが，文化的側面では，共通の言語と神話，宗教を共有していた。そうしたことから，ギリシャの神々が祀られた神殿への参詣やオリンピアの祭典（古代オリンピック）の観戦には，ギリシャ各地から多くの人々が訪れた。

ギリシャ文化を引き継いだ古代ローマでは，領土の拡大に伴い交通網と宿泊設備の整備が進められ，都市では浴場や闘技場などといった娯楽施設が建設された。そうした社会背景の下，古代ローマの人々は娯楽や保養を楽しむほかに，旅に出て名所旧跡を訪ねて，地域の名物を堪能した。

古代のギリシャとローマではいずれも，旅の担い手は富裕な特権的階級に限られていたが，「楽しみのための旅」の要素を多分に含む観光を行っていたといえる。

表1－1　観光史関連年表

年　代	目的	事　項
700万年前	移動	700万年前：人類誕生
	移動	前15世紀：アーリア人のインド進入
	交易	オアシスの道交易（シルクロードの形成）
前8世紀	観光	古代ギリシャ，神殿参詣やオリンピアの祭典観戦
	外交	～19世紀：朝貢
紀元	観光	古代ローマ：保養や娯楽などの観光
	宗教	3世紀～：ローマへの巡礼が盛んになる
5世紀	移動	4～6世紀：ゲルマン民族の大移動
	移動	～現代：華僑の出現
	宗教	629～645年：玄奘，西域の旅へ
	宗教	649～695年：義浄，西域，東南アジアへ
10世紀		
	宗教	11世紀～：サンティアゴ・デ・コンポステーラ巡礼が盛んになる
	宗教	1096～1270年：十字軍開始，計7回実施
	交易	1300年頃：マルコ・ポーロが『東方見聞録』をまとめる
	宗教	1355年：イブン・バトゥータが『三大陸周遊記』をまとめる
15世紀	交易	15世紀：大航海時代開始
	宗教	1549年：イエズス会のザビエルが日本布教
	観光	17～19世紀：グランドツアー
19世紀	移動	1819年：蒸気機関船が初めて大西洋横断
	観光	1841年：トーマスクック，世界発のパッケージツアー催行
	観光	1851年：第1回ロンドン万国博覧会
	観光	1855年：第3回パリ万国博覧会
20世紀	観光	1920～30年代：植民地観光の活発化
	観光	1925年：アメリカ本土～ホノルル間，定期航路就航
	観光	1936年：フランスでバカンス法制定

出所：『詳説世界史B』山川出版社，2021年を基に筆者作成。

一方，この時代，東方の中国では秦，漢，隋，唐などの王朝が成立していた。周辺の東アジア諸国はこれら中国王朝に対して，使節を定期的に派遣して貢物を献じた。これを朝貢という。朝貢は東アジアにおける国際秩序を確認する外交儀礼であると同時に，交易や文化交流の側面を持っていた。他方，玄奘や義浄によるインドへの求法の旅のように，宗教的動機に基づく旅も見られた。玄奘は帰国後，『大唐西域記』を著し，当時の西域の様子を今に伝えている。

（2）中世から近世

中世の旅については，聖地巡礼と交易活動の2点から紹介する。

聖地巡礼とは，宗教的聖性を有する土地を訪ねて参拝する行為を指す。11世紀から7回実施された十字軍遠征は，キリスト教徒がイスラム教徒から聖地エルサレムを奪回することを主目的として行われた。また，中世はローマ教皇の所在地であるローマや聖人ヤコブの遺骸があるとされるスペインのサンティアゴ・デ・コンポステーラへの巡礼が活発化した。これら3聖地をカトリック三大聖地という。

次に交易活動について，海路と陸路の2つの移動ルートから説明する。古くから，地中海～中東～インド～東南アジア～中国へと続く海の道が開かれていた。航海上の要衝では港市国家が建設され，そこには出身の異なる様々な人々が集まり，国際色豊かな様相を呈していた。陸上ではユーラシア大陸を横断するシルクロードが最も有名なルートの一つである。これは点在するオアシスをつなぐ道であった。マルコ・ポーロはこの道をたどり，元朝の都・大都に至り，フビライ・ハーンに仕える機会を得た。彼は帰国後，『東方見聞録』を著した。これに刺激を受けたヨーロッパでは，アジアの文化や富に対する関心が強まった。一種のガイドブックのような効果がそこにあったといえる。その後，羅針盤の改良や快速帆船の建造により，遠洋航海が技術的に可能となった。大航海時代の始まりである。ヴァスコ・ダ・ガマのインド航路開拓，コロンブスのアメリカ大陸「発見」，マゼランの世界一周などは，世界の一体化の始まりを告げるものである。

近世の旅については，グランドツアーを紹介しよう。グランドツアーとは，

17〜19世紀にかけてイギリス貴族の子弟たちによるヨーロッパ周遊旅行を指す。彼らは家庭教師を同行し，当時の文化的先進地であるフランスやイタリアを訪ね，政治・歴史・文化・芸術・考古学といった学問をはじめ，礼儀作法や洗練された社交生活を学んだ。期間は短くて1〜2年，長い場合は5〜6年を要したという。

このように，近代以前にも旅という行為は多数見受けられ，楽しみのための観光という側面も見られる。しかしながら，旅の担い手は貴族，富裕者，商人，軍人，役人，宗教従事者など特定の社会的階層にほぼ限られており，一般大衆が観光史に登場するのは近代以降のこととなる。

（3）近代——産業革命から1930年代

ここではトーマス・クックによる旅行産業の創出と大型客船の出現，植民地観光，バカンス法を取り上げて，現代へ通じる観光の諸相を紹介する。

まずトーマス・クックによる旅行産業の創出について見ていこう。

産業革命を背景に鉄道が出現したことによって，一度に大量の人々を目的地へ運ぶことが可能となった。この鉄道を利用したパッケージツアーを初めて造成したのが，イギリスのトーマス・クックであった。1841年，彼は禁酒運動大会の参加者のために，列車を通常より割安でチャーターし，さらに現地での食事や活動のすべてを手配した。彼はこの成功を機に，労働者のために次々と日帰り団体旅行を組織することになったが，クック自身は利益を全く取っておらず，ボランティアであった。それが大きく変わったのは1845年のリバプールへのツアーからで，この時初めてクックは利益を得た。ここに世界初の旅行産業が登場した。

その後，クックは第1回ロンドン万国博覧会（1851年）におよそ16万5000人を送り込み，さらに国外にも行き先を広げた。1855年パリ万国博覧会見学を皮切りに，スイス，イタリアなどのヨーロッパ各国，さらに大西洋を横断してアメリカにも及び，1872年には世界初の世界一周ツアーを成功させた。

このようにクックは旅先を拡大させながら，近代観光の特徴であるマスツーリズムの礎を築いた。クックが創業したトーマス・クック社は，その後所有権や経営形態は変化したが，現在も営業を続けている。

次に，大型客船の登場と植民地観光について紹介しよう。

1819年，初めて蒸気機関船が大西洋を横断した。これ以後，帆船に代わって蒸気機関を用いた客船の大型化・高速化が進展する。その背景にはヨーロッパからアメリカへの移民の増加，双方の物流や観光客の増加が挙げられる。20世紀前半になると，タイタニック号に代表されるような豪華大型客船の就航が相次いだ。そして1920〜30年代にかけて，豪華大型客船は大西洋航路だけではなく，欧米の植民地へも就航した。その結果，観光の対象が植民地へと拡大した。

ハワイのワイキキがリゾート観光地として開発されたのは，ちょうどこの時期である。元々ワイキキは田園地帯であったが，入植してきた白人たちによって，保養地としての価値を見出された。その後，1925年にアメリカ本土とホノルルの間に定期航路が就航すると，大小様々なホテルが建設され，ワイキキは多くの観光客が訪れる一大リゾート地に変貌した。それに伴い，先住民の伝統文化や芸能が観光客向けの娯楽として提供されるようになった。ところが，それらは白人観光客の好みに合わせて変化したものであった。たとえば，フラダンスとは元来打楽器や唱踊のみを伴っていたが，スチールギターがリードするようにアレンジされ，新しい形式の舞踊に変化した。現在，一般的に描かれるエキゾチックな楽園・ハワイのイメージはこの時期に創られたものである。

このような植民地における宗主国側の観光開発は，発展途上国（南）における先進国側（北）の観光開発の現況と相似形を成しているといえる。

最後に，バカンス法について紹介する。

フランスでは1936年に有給休暇法が制定され，労働者は年２週間の有給休暇が保障されるようになった。いわゆるバカンス法の成立である。これに伴い，政府は保健省の下にスポーツ・余暇庁を設立して，余暇の実質化促進のための具体的な施策を実施していく。たとえば，鉄道会社に40％割引の有給休暇切符を新設させたり，青年層向けに安価なユースホステルの建設奨励などがなされた。

ところが，このような政策にもかかわらず，一般労働者家庭がバカンスを楽しむ時代がすぐに訪れたわけではなかった。その要因は労働者の生活水準が依然として低かったことのほか，有給休暇の実施そのものに労働者が懐疑的であった点も挙げられる。施行1年目は家の中でバカンスを過ごす者が多かったという。しかしながら，現在フランスにおいて，長期休暇を利用した旅行が国民の習慣として定着し，バカンス法制の先進国の地位にあるのは，第二次世界大戦前のこのような試行と経験に起因するといえる。

2　日本における観光前史

（1）道の歴史と旅の始まり

旅は道の歴史と密接に関わっている。律令国家の成立後，大和朝廷は特別行政区の五畿（畿内）を中心に，他の地域を七道（東海道・東山道・北陸道・山陰道・山陽道・南海道・西海道）に分け，畿内と諸国を結ぶ幹線道を設定して，駅伝制（駅制・伝馬制）を導入した。駅には人馬や食料，休憩や宿泊の施設が設置されたが，中央からの公務出張に利用されるものであった。庶民の旅は，商いや租税を納める使役，防衛等で派遣される軍役，都の建設等の労役など，強制された旅が中心であり，野宿や食料持参など，難行苦行であった。こうした人々の休泊や施食のため，僧侶によって無料の布施屋が設けられている。道沿いには，果樹（なつめ）が植えられ，旅人の食用としても配慮されたものであった。これらは仏教と結びついた慈善事業の一環であったが，宿泊施設や並木道の始まりとされる。

五畿と九州の太宰府を結ぶ山陽道は律令国家最大の幹線道だったが，政治の中心が鎌倉へ移ると，鎌倉を起点とする街道が整備され，京都と鎌倉を結ぶ東海道の重要性が増すことになる。この頃には宿屋も発達し，貨幣も流通しはじめ，旅は徐々に身軽なものとなりつつあった。室町・戦国時代は，戦乱による騒乱や私関が横行し，関銭（交通料）の徴収は，旅人の往来を抑制することになったが，人々が交流する宿駅は経済的に繁栄し，織豊政権下では，経済活性化のために関所を全廃し，道路・橋梁の整備を進め，道に一里塚を設けて松や榎を植えるなど，次の時代の基盤となった。

（2）巡礼の旅——熊野詣と伊勢参詣

平安京で権力と富を蓄えた上皇や貴族たちは，神社仏閣への巡礼（信仰）や湯治の旅（コラム1「観光と温泉」参照）などに出るようになった。巡礼の旅の始まりは，南都七大寺巡礼とされ，平安遷都のあと，奈良仏教を慕って奈良および周辺の七大寺を詣でる習慣から起こったものである。三十三所（のちの西国三十三所）巡礼は，現在の近畿地方の観音霊場の中から選ばれた寺院を訪ね歩くことだが，空海（弘法大師）の遺跡を巡る四国遍路（四国八十八箇所）とともに，宗教観光の原型とされる。

熊野詣とは，紀伊半島の熊野三山（熊野本宮大社・熊野速玉大社・熊野那智大社）に詣でることをいう。空海は高野山に伽藍を営み，山岳信仰（神霊が降臨する霊山を崇拝すること）と仏教が結びつき，富士山や大峰山といった霊山では，修行を積んだ修験者（山伏）による修験道も進展した。熊野信仰は，仏教・神道・修験道など，あらゆる宗教が融合した山岳信仰を特徴とする。浄土教（阿弥陀信仰）が流行すると，熊野は浄土の地と見なされるようになり，10～12世紀にかけて，歴代の上皇・法皇の熊野詣は100回を超えたが，武士政権成立後，貴族たちの熊野詣は下火となり，地方武士や庶民の参詣が増加していく。室町時代には，再び「蟻の熊野詣」と呼ばれるほど隆盛を極め，度重なる巡礼によって，熊野三山をつなぐ熊野古道も発達することになる。熊野古道とは，主として紀伊路（きいじ），中辺路（なかへち），大辺路（おおへち），小辺路（こへち），伊勢路（いせじ）を指し，高野山とは高野山町石道（こうやさんちょういしみち），大峰山とは大峯奥駈道（おおみねおくがけみち）で結ばれている（世界遺産「紀伊山地の霊場と参詣道」2004年登録）。

熊野三山は庶民や女性にも開かれた聖地であったが，伊勢神宮は律令国家最高の国家祭祀を行う天皇家の氏神として，私的な奉幣や参詣は禁止されていた。だが，平安末期からは武士や庶民も参詣できるようになり，鎌倉中期以降，伊勢信仰も次第に広まり，伊勢講（伊勢信仰の団体）もつくられるようになった。

社寺参詣が進展した背景には，御師（おし）の存在がある。平安中期頃から現れた御師は，社寺参詣の際，祈禱を行い，土地に不案内な参詣者のために宿や食事も手配し，各地の大きな社寺で活躍するようになった。

（3）江戸の旅人たち

徳川幕府直轄の五街道（東海道，中山道，甲州道中，奥州道中，日光道中）を中心とする宿駅（宿場）には，大名が宿泊する本陣や脇本陣，身分の低い武士や庶民のための旅籠や木賃宿など，身分に合わせた宿が整備された。治安が向上し，農業，商業や手工業の発展と相まって貨幣経済が普及し，商品が広く流通するようになると，人々の往来も増え，宿場町も繁栄していく。庶民は旅の許可証と身分証を兼ねた往来手形の携行が義務づけられ，幕府や諸藩によって旅は制限されたが，信仰と医療（湯治など）の旅は容認され，伊勢神宮の宇治山田，延暦寺の坂本，興福寺の奈良，金毘羅の琴平など，多くの門前町も発展することになる。

江戸中期になると，組織的に動きはじめた伊勢御師（伊勢神宮に限って「おんし」と読む）の活動とともに，経済力が増した農民の間に伊勢信仰が普及し，村や講の中から代表者が選ばれて参詣する「代参講」の形が定着した。御師は担当する伊勢講の参詣者が伊勢に到着すると，自らの家（宿坊）を宿として提供し，豪勢な食事や神楽などでもてなすようになり，祈禱のしるしのお祓いのほか，暦や白粉，櫛などの土産物を配り，近くの観光地の案内も行った。いわば，現在の旅行業者のような存在となった。

また奉公人などが主人や役人の許可なく伊勢参りに出かける「抜け参り」や，伊勢参詣を渇望する人々が群れをつくって伊勢神宮を目指す「お蔭参り」という，新たな参詣の形も出現した。一説に，沿道の人々から施しを受け，それを神のお蔭としたことから「お蔭参り」と呼ばれるようになったとされる。伊勢参詣と熊野三山から西国三十三所を巡る巡礼行や，関東や東北からの参詣者は伊勢参詣のあと，京都，大阪や奈良の社寺を巡り，芝居見物をする，あるいは厳島神社や金毘羅山へ足を伸ばし，帰路は中山道から善光寺（長野）を経由して戻るといった，周遊する旅も行われるようになり，道中の名所見物や温泉湯治，各地での土産物の購入など，江戸後期には物見遊山的な側面も強まることになった。

庶民の識字率が向上し，木版技術が発展すると，携帯用の「道中記」や名所旧跡が記された「巡礼案内記」が出版され，人々の旅の欲求を高めるものとなった。松尾芭蕉（1644～94年）は，各地の歌枕や名所旧跡を旅した紀行文を数多く残したが，『おくのほそ道』で詠んだ名句の地も名所となっていく。貝原益軒（本草学・朱子学者，医者：1630～1714年）は，福岡を本拠に全国を遍歴したことで有名だが，私情を交えずに歴史を検証し，事実を描写した紀行書も著している。江戸後期には，景勝地を紹介した「名所図会（ずえ）」，十返舎一九の『東海道中膝栗毛』（1802［享和2］～22［文政5］年）シリーズが人気を博し，旅の心得やトラブル対処法などが書かれた『旅行用心集』（1810［文化7］年）も出版された。

名所を宣伝する方法に，三，八，十といった数字に基づく名所選定がある。始まりは室町時代の「近江八景」とされ，中国から伝わった「名勝瀟湘（しょうそう）八景」に倣ったものだが，「日本三景」（松島・天橋立・宮島）をはじめ，江戸時代には盛んに行われるようになり，現在まで受け継がれている。

3　日本の観光時代——観光の国際化と大衆化

（1）日本の近代化と外客誘致

幕末の頃から公式使節団や留学生たちが海外へ渡航するようになっていたが，明治新政府は，1871（明治4）年に「岩倉具視大使節団」（留学生60名含む，総勢100名以上）を結成して米欧に派遣し，また，欧米諸国からの来日も増え，「お雇い外国人」は，幕末から1890（明治23）年までで3000人近くと推計されている（植村，2008）。この頃，欧米では世界一周観光の時代を迎え，1872（明治5）年，トーマス・クック社の企画旅行でクック自身も初めて来日している。東京はもとより，景勝地や観光地にも外国人が訪れるようになり，イギリスの旅行家・探検家イザベラ・バード（1831～1904年）は，1878（明治11）年6月に横浜に上陸し，日光・新潟・山形・秋田を経て，北海道でアイヌ人の村落を調査し，10月からは神戸・京都・伊勢・大阪を訪ねた『日本紀行』（1880年）を著している。

日本初の洋式ホテルは，東京の「築地ホテル館」（1868［明治元］年竣工，1872年に火災で焼失）とされるが，横浜や神戸などの外国人居留地には，西洋式のホテルや西洋料理店が相次いで誕生した。東京では宮内省が筆頭株主となった「帝国ホテル」（1890［明治23］年）が開業し，1893（明治26）年には，渋沢栄一ら有志によって「喜賓会」（観光振興団体）も設立され，賓客をもてなし，外交を意識した国際的地位の向上も目的であった。一方，英国風リゾート・コンセプトが導入され，鎌倉（江ノ島）から湘南，大磯海岸は海浜リゾートとして，自然豊かな高原は，避暑地や保養地，また別荘地としても開発されるようになる。軽井沢，日光の中禅寺湖，神戸の六甲山などの高原リゾート地にも「富士屋ホテル」（1878［明治11］年，箱根），「日光金谷ホテル」（1893年），「万平ホテル」（1894［明治27］年，軽井沢）など，洋風のホテルが開業している。

明治末期には，本格的な外客誘致のため，「日本ホテル協会」（1909［明治42］年），鉄道院（1920［大正９］年に鉄道省へ昇格）と観光関連企業が出資した任意団体の「ジャパン・ツーリスト・ビューロー（Japan Tourist Bureau）」（現 JTB の前身：現在の T は Travel の略，1912［明治45］年）が設立され，1929年には，鉄道省と JTB が協働して海外宣伝活動を行う「国際観光協会」も発足している。その翌年，「国際観光局」が開設され，「観光」と名づけられた最初の政府機関となった。

（２）鉄道の敷設と国内観光の進展

1872（明治５）年，新橋～横浜間に鉄道が開通し，1874（明治７）年に大阪～神戸間，1889（明治22）年には東京～神戸間全線，その２年後には上野～青森間が開通した。江戸から大阪まで14～15日もかかっていた徒歩の旅が，わずか20時間程の汽車の旅となったのである。東京近郊には，川崎大師（金剛山金乗院平間寺）や成田山（新勝寺）など，江戸時代より人気のある社寺があったが，新橋～横浜間に川崎停車場が設けられると，東京から短時間で川崎大師に参詣できるようになった。これを社寺参詣と鉄道が関わる原点として，1878（明治11）年の大師縁日の臨時列車の運行と往復割引券の発売も，その後の社寺参詣の輸送パターンの始まりとされる（平山，2012）。

明治時代に登場した大きなイベントが「博覧会」である。日本初の博覧会は「京都博覧会」（1871［明治４］年開催）とされるが，欧米での万国博覧会に出展

表1-2　内国勧業博覧会の概要

	開催年	開催場所	総来場者数（万人）
第１回	1877（明治10）	東京・上野	45
第２回	1881（明治14）	東京・上野	82
第３回	1890（明治23）	東京・上野	108
第４回	1895（明治28）	京都・岡崎	114
第５回	1903（明治36）	大阪・天王寺，堺	435

出所：『別冊太陽　日本の博覧会』を基に筆者作成。

表1-3　日本新八景一覧

区分	選定地名称	県
海岸	室戸岬	高知
湖沼	十和田湖	青森・秋田
山岳	雲仙岳	長崎
河川	木曽川	愛知
渓谷	上高地	長野
瀑布	華厳の滝	栃木
温泉	別府	大分
平原	狩勝峠	北海道

出所：環境省 HP「日本八景（昭和２年）の選定内容」(https://www.env.go.jp/nature/ari_kata/shiryou/031208-4-3.pdf)。

するようになった政府は，国内において５回の大規模な「内国勧業博覧会」を開催している（表1-2）。最新の産業技術や美術工芸品の展示のほか，次々に新しいもの，珍しいものが公開され，会場跡地には近代的な博物館や美術館，動物園や水族館，遊園地などの娯楽施設も開設されることになる。京都では日本初の市街電車が登場し，大阪では海外18カ国の参加による舶来品の展示や夜間のイルミネーションの点灯，ロシアからの曲馬団の出し物など，娯楽的要素も大きくなった。全国各地で，大小の博覧会をはじめ，様々なイベントが開かれるようになり，新聞社や私鉄企業も多様な文化・娯楽事業に関わるようになっていく。

日本には修学旅行という固有の文化があるが，教育史上では，1886（明治19）年の東京師範学校の「長途遠足」を始まりとし，内国勧業博覧会の開催も修学旅行を促進させた要因の一つとされる（白幡，1996）。鉄道を利用した日本初のパッケージツアーは，1905（明治38）年に実施した高野山と伊勢参詣とされ，1908（明治41）年には，列車を貸し切った善光寺詣や東京見物と日光を巡る７日間の旅も人気となった。これらは，草津駅（滋賀県）で弁当販売を本業としていた南新助（現「日本旅行」創業者）の発案である。

大正期には，「日本旅行倶楽部」(1920［大正９］年）や「日本旅行文化協会」

(1922［大正11］年)，業界団体としては「日本温泉協会」(1929年）や「日本観光連盟」(「日本観光地連合会」改名，1936年）も設立され，国内観光も推進されている。1927年には，国民投票および文学者などの検討委員によって「日本新八景」(東京日日新聞社・大阪毎日新聞社主催，鉄道省後援）が選定された（表1-3)。また，土地開発が進む中，自然環境や史跡等の保護・保存運動も起こり，政府は，それらを受けつつ，観光価値をも有する自然の風景地を「国立公園」として，1936年までに全国12カ所（雲仙，霧島，瀬戸内海，大雪山，阿寒，日光，中部山岳，阿蘇，十和田，富士箱根，吉野熊野，大山）を指定している。

（3）マスツーリズムの到来

戦争で中断した観光は，戦後，飛躍的に発展し，まさに観光の時代を迎えることになる。戦後復興期は，外貨獲得のための外客誘致が図られるとともに，観光機関の組織化や各法整備が整い，1946年にいち早く修学旅行が復活した。高度経済成長期には，農閑期を利用した団体旅行や職場の慰安旅行など，団体旅行が増加していく。低廉な宿泊施設として，ドイツ生まれの「ユース・ホステル」(1951年に日本ユースホステル協会設立）や「公営国民宿舎」(1956年）が開設されるようになり，1960～80年代にかけて各地で急増した。この時代，遠方への交通手段は鉄道であったが，1958年には，特急による日本縦断の旅が実現し，翌年，修学旅行専用列車の運行も開始されている。

1960年代に入ると，余暇を楽しみ，生活を豊かにする言葉として，「レジャー」が流行語となった。海水浴やスキー，キャンプなど，自然の中でのレクリエーションを目的とする旅行も増えて，国立・国定公園には，そういった野外施設を伴った「国民休暇村」(1961年）も開設されるようになる。スキーブームが起こると，家族経営の「民宿」も登場した。

高度経済成長期，政府が国の威信をかけて取り組んだプロジェクトが「東京オリンピック」(1964年）と「日本万国博覧会」(1970年，以下，大阪万博という。)である。この2つの巨大事業は，国内外の観光需要を拡大させる大きな契機となった。東京オリンピックを控えた前年，政府は観光の理念や基本方針を示した「観光基本法」を定め，『観光白書』を発行するようになる。同年，日本初

表1－4　戦後の国際博覧会

博覧会名称	開催年	開催場所（面積：ha）	総来場者数（万人）
日本万国博覧会(大阪万博)	1970（昭和45）	大阪千里丘陵（約350）	6,422
沖縄国際海洋博覧会	1975（昭和50）	沖縄（約100）	349
日本科学技術博覧会	1985（昭和60）	筑波研究学園都市（約100）	2,033
国際花と緑の博覧会	1990（平成2）	大阪鶴見緑地（約105）	2,312
愛・地球博（愛知万博）	2005（平成17）	瀬戸市南東部, 豊田市, 長久手町(約173)	2,204

出所：外務省 HP「日本における国際博覧会」(https://www.mofa.go.jp/mofaj/gaiko/hakurankai/banpaku/nihon.html)。

の高速道路「名神高速道路」(栗東～尼崎間，1965年に全線開通）が登場し，東京オリンピックに合わせて「新幹線」(東海道線）も開通した。

大阪万博（3月14日～9月13日，183日間，参加国77［日本を含む］）は「人類の進歩と調和」をテーマに開催され，総来場者数はそれまでの万博の記録を更新し，日本のマスツーリズムを象徴する出来事となった（表1－4）。その後，神戸港沖を埋め立てた人口島で開催された「神戸ポートピア博覧会」(1981年，1610万人）が大成功をおさめ，地方博ブームの火付け役となった。

1960年代後半以降，高速道路網の拡大によって長距離バス旅行が生まれ，団体旅行に対応する大型旅館やホテルの建設も進展することになった。自家用車が普及しはじめると，ドライブという新たなレジャーも生み出し，団体旅行から家族や少人数での自由な観光が増加するようになっていく。大阪万博が終了した秋，旧国鉄（現 JR）は，電通（広告代理店）とともに「ディスカバー・ジャパン～美しい日本と私～」というキャンペーンを打ち出し，少人数で旅をする若い女性が旅の主役として注目されると，「いい日　旅立ち」(1978年）キャンペーンを開始した。1980年代には，少人数や個人旅行に対応した「フルムーン夫婦グリーンパス」(1981年）や「青春18のびのびきっぷ（現「青春18きっぷ」，1982年)，「ナイスミディパス」(1983～2009年）など，特別企画乗車券が発売され，1987年に旧国鉄が民営化されると，JR 各社は旅行業に進出し，独自の観光キャンペーンを実施するようになる。

（4）海外旅行の拡大と観光地の変容

日本国民の海外観光旅行の自由化は，「観光基本法」施行の翌年，1964年である。1970年にジャンボジェット機が就航（JAL，東京～ホノルル間）すると，1971年に海外旅行者数は年間100万人を超え，さらに1985年のプラザ合意で円高が進むと，海外旅行者は急増し，1986年に約500万人，その4年後（1990年）には1000万人を突破した。訪日外国人旅行者数との差は，拡大の一途を辿ることになる。格安航空券を扱う旅行会社も設立され，航空運賃の低価格化も実現しつつ，海外旅行においても個人旅行が増加しはじめていた。

所得と余暇時間が増大し，運輸（交通手段）や宿泊施設が拡充した1960～80年代にかけて，団体旅行を主とする，日本型マスツーリズムが進展し，観光地の経済は活性化した。だが，一時期に大量に観光客が押し寄せることにより，観光地の環境を悪化させる要因ともなった。1980年代半ば以降，長期休暇においては海外旅行者が増加し，団体旅行で発展した大型観光地は疲弊しはじめていた。その一方，周囲の自然環境を守り，個人旅行者を対象とする温泉地や観光地も生まれはじめていた。1987年に，「総合保養地域整備法」（通称「リゾート法」）が施行され，国民にゆとりある余暇を提供し，観光地や地域の振興のため，民間活力により内需の拡大を目指すものであった。翌年には「自ら考え自ら行う地域づくり事業」（通称「ふるさと創生事業」）によって，全市町村に1億円の地方交付税が交付されている。リゾート法やふるさと創生事業によって活性化した観光地がある反面，スキー場やマリーナ，ゴルフ場にホテルまたはマンションがセットになった大規模な開発によって，バブル崩壊後，倒産に追い込まれたリゾートもある。

1990年代は不況が続く中，戦後日本の国内観光は見直しを迫られ，次に向かう途上となった。そして，2003年の「観光立国宣言」の下，日本の観光は，新たな時代を迎えることになる。

引用・参考文献

池田雅之・辻林浩編著『お伊勢参りと熊野詣』かまくら春秋社，2013年。
イザベラ・バード，時岡敬子訳『日本紀行』講談社学術文庫，2008年。

植村正治「明治前期お雇い外国人の給与」流通科学大学学術研究会編『流通科学大論集　流通・経営編』第21巻第1号，2008年。
大橋昭一・橋本和也・遠藤英樹・神田孝治編『観光学ガイドブック――新しい知的領野の旅立ち』ナカニシヤ出版，2014年。
岡本伸之編『観光学入門――ポスト・マス・ツーリズムの観光学』有斐閣，2001年。
岡本亮輔「信仰なき巡礼者――サンティアゴ・デ・コンポステーラへの道」山中弘編『宗教とツーリズム――聖なるものの変容と持続』世界思想社，2012年，126-148頁。
外務省 HP「日本における国際博覧会」https://www.mofa.go.jp/mofaj/gaiko/hakurankai/banpaku/nihon.html（2023年7月20日閲覧）。
金森敦子『江戸庶民の旅』平凡社新書，2002年。
環境省 HP「日本八景（昭和2年）の選定内容」https://www.env.go.jp/nature/ari_kata/shiryou/031208-4-3.pdf（2023年7月20日閲覧）。
北川宗忠『観光入門』近代文藝社，1995年。
『詳説世界史 B』山川出版社，2021年。
白幡洋三郎『旅行のススメ』中公新書，1996年。
鈴木正崇『山岳信仰』中公新書，2015年。
高橋千劔破『江戸の旅人』時事通信社，2002年。
富田昭次『ホテルと日本近代』青弓社，2003年。
野間恒『増補　豪華客船の文化史』NTT 出版，2008年。
長谷政弘編著『観光学辞典（第5版）』同文舘出版，1999年。
平山昇『鉄道が変えた社寺参詣』交通新聞社新書，2012年。
廣田明「フランスにおけるヴァカンス法制の発展」村串仁三郎・安江孝司編『レジャーと現代社会――意識・行動・産業』法政大学出版局，1999年，73～85頁。
廣田明「両大戦間期フランスにおける余暇の組織化――フランス余暇政策史における有給休暇法の意義」権上康男・廣田明・大森弘喜編『20世紀資本主義の生成――自由と組織化』東京大学出版会，1996年，73～110頁。
『別冊太陽　日本の博覧会』平凡社，2005年。
本城靖久『トーマス・クックの旅――近代ツーリズムの誕生』講談社，1996年。
溝尾良隆編著『観光学の基礎』（観光学全集第1巻），原書房，2009年。
山中速人『イメージの「楽園」――観光ハワイの文化史』筑摩書房，1992年。

コラム1　温泉と観光

日本では温泉地が，観光旅行の宿泊場所として選ばれることが多い。温泉街と聞けば，ゆかたを着てそぞろ歩く姿が目に浮かんでくる。豊かな自然環境の中，宿泊先の内湯だけではなく，宿泊先以外の，いくつかの共同浴場，あるいは，他の旅館の内湯を楽しめる「外湯めぐり」も人気である。

古くから知られた名泉として，有馬温泉（兵庫県），道後温泉（愛媛県）や白浜温泉（和歌山県）などがある。これらは，『日本書紀』（720年）や『万葉集』（750年頃）などに，天皇や貴族たちの温泉行幸先の記録として登場した。奈良時代に編纂された『出雲国風土記』（733年）に，次のような記述がある。「ここの川のほとりに温泉がある。温泉のある場所は海でもあり，陸でもあり，その境目だ。それで男も女も老人もこどもも，ときには道に連なり，ときには海中を洲に沿ってやってきて，毎日集まり，市がたったような賑わいで，さかんに入り乱れて宴をして楽しむ。一度温泉を浴びればたちまち姿も麗しくなり，再び浴びればたちまちどんな病気もすべて治る。昔から今にいたるまで，ききめが無いということはない。だから，土地の人は神の湯と言っている」（荻原千鶴『出雲国風土記』講談社，2013年）。ここに，温泉地の原点を読み取ることができよう。一方，６世紀に仏教が伝来すると，仏典『温室経』において，「沐浴（洗浴）」の功徳が説かれ，寺院には浴堂が建てられるようになった。これが風呂の始まりとされる。僧侶だけではなく，施浴として庶民にも風呂が施され，裕福な家では，人々に「風呂ふるまい」を行った。室町中期以降，公卿や武士の間で，浴槽の周囲に山水や滝などをつくり，客を招いて入浴させ，酒宴を行う「接待風呂」が流行し，「淋汗茶の湯」も催されるようになった。村落では薬師堂や観音堂に信者が集まり，入浴後，持ち寄った酒や魚で宴会をする「風呂講」も見られるようになる。

江戸時代に入ると，各地で温泉町が発展していく。町の中核に源泉，その近くに共同浴場，浴場を囲んで湯宿が発達し，湯宿の間に料理屋や酒屋，貸本屋などが並び，小高い丘の上に温泉神社がつくられた。自然環境が違っても，温泉町の構成要素は同じで，現在も，その名残を目にすることができる。江戸後期には，遠来からも湯治客が訪れるようになり，旅の途中で温泉地に宿泊する「一夜湯治」も盛んとなった。旅の心得などが記された『旅行用心集』（1810［文化７］年）には，温泉でのふるまいに関する注意もあり，温泉地として292カ所が紹介されている。江戸中期以降，医療としての温泉研究がはじまっていたが，明治時代に東京帝国大学教授として招かれたエルヴィン・フォン・ベルツ博士（医師）によってドイツの温泉医学が伝えられ，国内の温泉分析，調査研究が進展した。近代以降，新規掘削による温泉開発や宿泊施設の内湯づくりが進み，娯楽施設もつくられるなど，温泉地は，観光地としても発展することになる。

温泉の効能には日常のストレスを解放し，疲労を回復させる「休養」，健康を保持し病気を予防する「保養」，医療として病気の治療をする「療養」の三養がある。ヨーロッパでは医療目的の場合，温泉を飲用することが多い。日本にも飲用できる温泉はあるが，入浴が中心である。温泉は，温度，味，色，においや肌触りなど様々であり，その違いが泉質である。戦後，定められた「温泉法」(1948年公布）では，「温泉とは，地中からゆう出する温水，鉱水及び水蒸気その他のガス（炭化水素を主成分とする天然ガスを除く。)」で，湧出する時の温度が25℃以上，もしくは19項目（18種類の指定物質）のうち，一つ以上の規定値を満たせば，温泉と定義され，療養泉は別途，基準が設けられている。泉質は劣化することがあり，温泉の不当表示の問題等で温泉法が改正され，環境省によって泉質調査が継続されている。入浴が主体の日本では，低温であれば，沸かす費用がかかり，温泉地として発展するには，温度と湧出量も大きな要素となる。

環境省の統計「温泉利用状況経年変化表」と「令和3（2021）年度温泉利用状況」によると，源泉総数（未利用含む）は，1960年代に1万本，80年代に2万本へ増加，2021年度末では2万7915本となった。同年度都道府県別源泉総数は，大分県（5093本）が突出して多く，全国1位である。宿泊施設のある温泉地の数は，70年代後半に2000カ所，2001年に3000カ所を超え，2006年の3185カ所をピークとして，2021年度末には2894カ所となった。温泉地数は，北海道（228カ所），長野県（192カ所），新潟県（137カ所）の順だが，宿泊施設数では，静岡県（2120施設）が最も多く，続いて長野県（995施設），大分県（858施設）となる。延宿泊利用人員に関しては，1950年代は4000万人ほどであったが，1967年に1億人を超え，その後，横ばい状態が続いたが，80年代後半以降，再び増加に転じ，1990年度は1億4000万人となった。だが，2019年度末には1億2650万人へと減少し，さらにコロナ禍において，2020，2021年度は，前年度の6割程度となった。多くの温泉地は，過疎化，高齢化といった問題が深刻である。担い手となる若者が少なく労働力不足という課題もある。延宿泊利用者数は減少し，温泉離れが進んでいるとはいえ，温泉旅行は根強い人気がある。環境省では，関連産業や関係団体等と連携して「チーム　新・湯治」を立ち上げ，温泉のもつ力を見直し，温泉資源の保護や有効利用を促進しながら，にぎわいを取り戻す取り組みを推進している（自然等の地域資源を活かした温泉地の活性化に関する有識者会議「自然等の地域資源を活かした温泉地の活性化に向けた提言～「新・湯治－ONSEN stay」の推進～」環境省，2017年)。

第2章
観光と旅行者の行動

1　観光サービスと観光行動

（1）観光サービスの特性

この章では，観光行動について，その対象となる観光対象について整理した上で，観光需要の側面，消費者行動の側面から考えてみよう。

「観光」は「何を消費」するのであろうか。一般的に，観光は「サービス」として扱われる。自宅と旅行先の間に利用する「交通サービス」（車を自分で運転する場合は自分で交通サービスを生産していることになる），旅行先で利用する「宿泊サービス」「飲食サービス」「観光施設のサービス」等，様々な企業等が提供するサービスの複合で成り立つのが観光である。

サービスの特性には，一般的に，無形性，同時性，異質性，消滅性がある。無形性とは，形がなく，目で見る，触るということができない性質である。旅行会社のツアーは，モノのように形があるわけではない。ツアー参加後には，モノではなく「体験からの思い出」が残る。また，こうした体験は，購入前に試すことはできない。観光地と観光客の居住地は離れているため，事前に情報を入手することも難しい。観光では広告などのプロモーションを使った事前情報の提供が重要であり，とりわけ旅行前に購買の決定が行われる宿泊産業や運輸産業では不可欠である（西川，2010）。

同時性とは，その場やその時でないと生産と消費ができないことである。観光客は，観光地に行かなければ景色を見たり，体験したり，宿泊することができない。企業も同様に，観光客が来なければ何も提供できない。宿泊施設は，宿泊客がいることで宿泊サービスを提供できる。飲食店は，利用客がいることで飲食サービスを提供できる。このように，生産と消費が同時に起きるため，生産者である企業と消費者である観光客が直接会うことになる。生産と消費の時点が異なる財よりも，企業と顧客との関係が構築されやすいことも特徴である。

異質性とは，生産側や消費側の要因により，常に同質とはならないことである。サービスの品質は，誰が，いつ，どこで，どのようにサービスを提供するかによって変化する上に，絶えず変動するため需要のピーク時に安定した品質が提供されにくい（西川，2010）。製品であれば，規格や機能等を均等にして同質とすることができる。しかしながら，サービスの場合，観光客によって要望が異なる，企業側の提供者によりサービスの差が出やすいということがある。また，同じ旅行でも，天候により質が変わることもある。

消滅性とは，生産と消費が同時に行われるため，貯蔵できないということである。同時性でも述べたように，観光客が来なければ企業は生産できない。そのため，ピーク時に対応するように，前もって作り置きするということは不可能である。また，観光客も一度受けたサービスを保管することはできないため，再度サービスを受けたい場合には観光地に訪れる必要がある。

サービスは，これら4つの性質すべてを満たす場合もあるし，部分的に満たす場合もある。観光行動を考える時には，こうしたサービスの特性を念頭に置かなければならない。パッケージツアーも一つの商品ではあるが，交通サービスや宿泊サービス等，様々なサービスから成り立っている。観光客は，様々なサービスを組み合わせて，観光を行う。

（2）消費行動におけるニーズ，ウォンツ，需要

消費行動を読み解く上で，まず，消費者のニーズ，ウォンツ，需要の関係を確認しておこう（Kotler et al., 2014）。ニーズは「人間としての要求」であり，衣食住のような基本的なものから，所属や快楽等の社会的ニーズ，知識や自己表現といった個人的なニーズまである。これらニーズは，文化や個々の性格により形成される。

ウォンツは，「人間としての欲求」であり，ニーズに対する関わり方である。

たとえば,「空腹を満たしたい」というニーズに対し，欲求であるウォンツは国や世代，文化等によって異なる。アメリカ人であればハンバーガーやフライドポテトを，日本人ならば米飯や味噌汁を欲するかもしれない。また，消費者が洗練されるにしたがい，たとえばワインのように，様々な種類を欲するようにもなる。

需要は，ウォンツが購買された時の状態である。人々は，ウォンツは無限にもつが，資源は限られている。そのため，最も満足が得られる商品やサービスを購買する。

（3）観光行動の要因

ここでは，観光行動の要因について考えてみよう。既に述べたように，需要はウォンツが購買された状態である。つまり,「余暇を楽しみたい」というニーズに対して,「観光したい」というウォンツがあり，実際に最も満足が得られる観光サービスを購買した状態が需要である。様々な旅行を観光行動全体として捉えることで，観光市場の需要を見ることができる。

経済学では，市場は供給と需要の関係で表すが，観光客の観光行動は「需要」の側面で捉えることができる。経済学における需要は，価格と量により決定される。つまり，価格が高ければ買う量を控え，価格が低ければたくさん買うということである。さらに，観光需要の場合には，需要に影響する要因として，観光サービスの価格のほか,「そこに行きたい」と思うような観光対象の魅力，観光客の所得，余暇時間などが挙げられる。表2-1にそって順に見ていこう。

まず,「行きたい」と思うような観光地や観光資源がなければ観光には行かないだろう（観光対象については，次節で取り上げる)。また観光対象の魅力は，旅行目的や旅行先ごとなど，それぞれに需要に影響する要因が異なる。たとえば海外旅行であれば，現地の治安や衛生状態，外国為替レート，航空便の新設（直行便が開設された等）も需要に影響する。そのほか，家族旅行や学生旅行などのメンバー別，温泉旅行やスキー・スノボー旅行などの目的地別，テーマパークや名所旧跡などの観光資源別などでも影響は異なるため，注意が必要である。

表2－1　観光行動の要因

1	観光対象の魅力	行きたくなるような観光地，観光資源
2	価格	観光サービスの価格，代替財の価格，為替レート
3	余暇時間	休暇日数，連休等の長さ
4	所得（可処分所得）	観光に費やせる金額（予算）
5	余暇に対する価値観	遠出したい，近場で過ごしたい等
6	政治的要因	政治や政策の変化等
7	文化的要因	宗教，習慣等
8	イメージ・情報	観光地の宣伝広報，イメージ，口コミ等

出所：筆者作成。

「観光サービスの価格」も重要である。魅力のある観光地であっても，滞在費や食事代などに，いくらでも出せるわけではないだろう。（1）で説明したように，観光サービスを消費するためには同時性の特性から，その場に行かなければならない。そのため，移動に長時間かかり，交通サービスの価格が高額になる場合には行くことが難しくなる。旅行先を決める場合，どこか別の観光地（代替財）と比較することはよくあることであり，代替財の価格は重要である。ある観光地への需要に影響を与える要因として，その競争相手となる観光地との相対価格を含めることもある（Stabler et al., 2010）。また昨今，若者が旅行しないといわれているが，その一つの要因として，費用をスマートフォン（スマホ）使用料金に費やすことや家で楽しめるゲームを選択することが指摘されている。これは，旅行代金とスマホ料金，旅行代金とゲーム代を比較して，代替財であるスマホ料金やゲーム代を選択しているということである。そのため，表2－1の「価格」には，観光サービスと競合するものの価格も含まれる。

また，需要には，余暇時間つまり休暇日数も関係する。観光に費やせる時間である休暇日数が長ければ，遠くの観光地や長期の旅行をすることが可能になる。毎年，ニュース等でゴールデンウィークやお盆，年末年始の休暇の長さが取り上げられ，休暇が長期になる年は観光客が多くなるといわれるのは，観光需要に休暇日数が影響するためである。

また，観光客の所得も関係する。たとえば，大学生の時の旅行と社会人になってからの旅行では，予算は社会人の方が高くなるだろう。一般的に社会人の方が所得が高いためである。

さらに，余暇に対する価値観も重要である。余暇を過ごす手段は，旅行だけとは限らない。夏休みの過ごし方を決める際，旅行をしようか，レストランで食事をしようか，誰かの家でパーティーをしようか，と考えるとする。その時，旅行は，レストランでの食事や家でのパーティーと競争することになる。つまり，旅行の代替財は，レストランでの食事や家でのパーティーである。

政治的要因には，政策の変化がある。たとえば，政府が長期休暇のための政策を実施すれば，労働者の休暇は増えることになり，観光需要にも影響を及ぼす。ヨーロッパの長期休暇（バケーション）や法律による週当たり労働時間の短縮等，様々な政策がある。また，訪日外国人に対してビザ発給要件の緩和をすることも挙げられる。実際に，日本政府が中国人観光客のビザ発給要件の緩和をしたことで，中国人観光客が増加した。

文化的要因には，宗教や習慣等が挙げられる。宗教では巡礼の旅があり，たとえばイスラム教では，世界中から教徒がメッカを訪れる。UNWTO（国連世界観光機関）の定義では，巡礼も観光に含まれている。そのほかには，移民の子孫が自分のルーツを訪ねる旅もある。こうした文化的背景も，観光需要の要因として無視できない。

また，そもそもその観光地を知らなければ，観光客は訪問先の選択肢に加えることはない，つまり，需要は発生しない。そのため，観光地のイメージや情報は重要である。観光客は好ましいイメージを抱いている観光地を選択し，そのイメージは現地での行動や満足，再訪意向にも影響を与えるといわれている。また，映画やドラマの舞台，撮影場所であるという情報は，観光客を増加させるインパクトになり，その効果は数年間にわたり持続する場合もある（中村，2013）。実際に，観光地の広報費用がその需要に影響するという研究結果もある（Stabler et al., 2010）。最近では，SNS が普及し，口コミも重視されるようになった。旅行前に SNS を通じて情報収集する人も多く，SNS を通じた情報配信も注目されている。

以上のように観光需要に影響を与える要因は様々あるが，まず消費者が観光に行きたいと思わなければ観光行動は起こらない。次節では，観光地の魅力について考えてみよう。

2　観光対象の分類

（1）観光地の魅力――観光対象

観光地の魅力は，様々な要素から成り立つ。その一つに，観光対象を挙げることができる。観光資源と観光施設（含サービス）から構成される観光対象は，表2-2のように整理できる。

表2-2によれば，観光資源は，自然観光資源，人文観光資源および複合型観光資源に大別される。自然観光資源の構成要素は，季節や気候，景観など多様である。人文観光資源は，人間によって生み出された有形・無形の資源である。無形資源のうち，催し物はイベントのことであり，博覧会やオリンピックなども含まれる。複合型観光資源は，自然および人文の複合である。たとえば，有名な社寺もそれ単体ではなく，周辺環境や文化的背景があることで資源となる。特に，最近では複合型観光資源が注目されている（詳細は次項）。

観光施設（サービスを含む）は，宿泊施設や観光案内施設のように，観光客のための施設もあるが，観光以外のために設けられる施設もある。たとえば，博物館や民族資料館は，その地域の歴史に関する資料を収集，保存することが目的であり，それらが公開されている施設である。また，レクリエーション施設には，テーマパークも含まれる。

（2）複合型資源の重要性

自然と文化の複合である複合型観光資源の役割が高まっていることは，現代の観光対象の大きな特色である。たとえばフランスの田園風景，郷土景観としての津和野や歴史景観としての妻籠宿は，個々の要素はそれほどの価値があるといえないが，全体として一つのまとまりを見せる時，観光対象として極めて強力な誘引力をもつといわれる。

また，複合型資源を維持するためには，構成要素を個々に保存するよりも，地域全体を全面的に保存対象とする考え方が有効である。観光資源については，ストーリー性やテーマ性の設定の重要性が度々指摘されるが，特に複合型資源

表2－2　観光対象の分類

大分類	小分類	例
観光資源		
1．自然観光資源	有形	山岳，高原，海洋・海岸，河川・湖沼，動・植物，温泉，気象（雪）
	無形	気象（暖かさ，涼しさ）
2．人文観光資源	有形	史跡，社寺，城跡・城郭，庭園
	無形	年中行事（祭，催し物）
3．複合型観光資源		大都市，農山漁村，郷土景観，歴史景観
観光施設		
1．宿泊施設		ホテル，旅館，キャンプ場
2．飲食施設		レストラン，バー
3．物品販売施設		土産物店，ショッピング・センター
4．レクリエーション施設	屋外スポーツ・趣味・娯楽施設	スキー場，遊歩道，レジャーランド
	屋内スポーツ・趣味・娯楽施設	ボーリング場，工芸教室
5．文化・教育施設		野外博物館，民族資料館，動・植物園
6．観光案内施設		観光案内所，ガイド，展望台
7．公共サービス施設		治安，安全，水，エネルギー，ゴミ処理

出所：前田・橋本，2015年，127頁，表13－1に一部加筆。

では，個々の構成要素を結びつけ，一つのまとまりを形成するために必要となる。

複合型観光資源を対象にする事業には，地域やその文化が大きく関係する。たとえば，地域の観光まちづくりや，祭りを通じた集客，リゾート事業である。わが国では，歴史的な風土景観・歴史景観の指定・保存が推進されつつあり，こうした傾向は複合型観光資源としての認識に基づくものであるといえる。

（3）観光客の行動の多様化と観光対象の変化

昨今，観光客の行動は多様化しており，表2－2のようにきれいに分類できるとは限らない。たとえば，ある地域の商店街が観光客の人気を集める，日本のアニメが海外で人気となり訪日外国人が舞台となった場所を観に来るなど，観光対象ではなかったものが新たに観光対象となることもある。さらに，新型コロナウイルスの世界的な蔓延により，人々の意識も変化している。なるべく混雑していないところや自然に囲まれた観光地が注目されるようになってきた。こうした社会環境の変化が観光行動に影響を及ぼすこともある。

また，こうした観光対象の分類と同時に，観光客のニーズとウォンツを捉えることも重要である。ニーズに対するウォンツを満たす対象が観光対象であって，観光対象が存在するからといって観光客が来るわけではない。たとえば，ニーズが「リラックス」で，ウォンツが「温泉に行きたい」ということであれば，「リラックスできる温泉地」が需要されることになる。観光地は温泉があればいいわけではなく，リラックスできるように整備する，広告でリラックスの雰囲気を前面に出すなど，工夫することが必要になる。

3　消費者行動論と観光行動

（1）消費者と消費行動

ここまで，観光需要，観光地の魅力（観光資源）について見た。ここからは，観光行動について，消費者行動論を基に，旅行前・旅行中・旅行後という一連の行動から考えてみよう。そのために，まず消費者行動論を学ぶことから始める。

消費者とは，財・サービスを購入し，消費する主体のことである。この消費者の一連の消費行動を対象にした学問が消費者行動論である（松井，2016）。

消費者行動論が対象とする一連の消費行動は，図2-1のとおり，「購入前」「購入の検討」「購入」「購入後」に分けられる。「購入前」「購入」「購入後」は企業が観察可能である消費者行動であるのに対し，「購入の検討」はブラック・ボックスであって観察は不可能である。言い換えれば，消費者の頭の中の現象であるため，消費者行動として観察することは難しい。また，「購入の検討」が常に「購買」に結びつくとは限らない。検討の結果，「購買をしない」こともある。企業は，「購入前」の段階で消費者にアプローチし（広告・宣伝

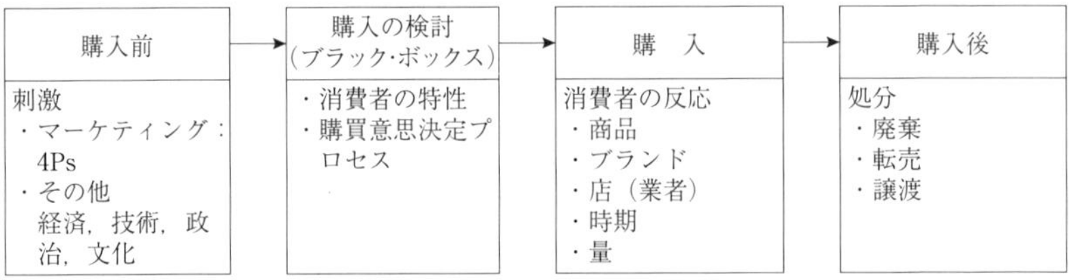

図2－1　消費者行動論の対象

出所：Kotler et al., 2014, p. 167, Figure 1に基づき，筆者作成（一部追加）。

等)，ブラック・ボックスである「購入の検討」を通じて，「購入」や「購入後」の消費者の行動につなげることを目標に，マーケティング戦略を考えることになる。まずは，各段階について見てみよう。

「購入前」は，消費者が「刺激」を受ける段階である。刺激は，企業のマーケティング戦略（広告・宣伝等。4Psは後述）によるものや，次のようなものがある。まず「経済」は自分の所得や貯蓄といった経済状態であり，たとえば「今月は少し余裕があるから外食しよう」と考えることである。「技術」は購買することができるという状態であり，たとえば「PCやスマホでオンライン購入しよう」というように，購買手段を利用できることである。「政治」は様々な政策の影響であり，「消費増税が予定されているから，今のうちに買っておこう」というように消費者の行動に影響を与える。「文化」も消費行動に影響を与える。たとえば，「成人式のために振袖を買う（あるいは借りる）」という行動は，日本の文化によるものである。

「購入の検討」は，消費者の頭の中のことであり，ブラック・ボックスである。このブラック・ボックス内には，「消費者の特性」「購買意思決定プロセス」がある。消費者は購入にあたり検討を行うが，その人の性格や置かれている環境にも影響を与えるということである。たとえば，１円でも安く買いたいので価格を比較するという人もいれば，価格は気にならないがデザインにこだわるという人もいる。あるいは，口コミサイトを丹念に調べて失敗しないようにする，という人もいるだろう。こうしたブラック・ボックスを明らかにしようと試みるため，「消費者を取り巻く諸要因（環境，文化，消費者の性格等）」を考えたり，「購買意思決定モデル（問題認識，情報探索，代替の評価，購入決定）」

を用いる。

「購入」は，「購入前」「購入の検討」の結果，消費者がとる行動であり，企業にも観察可能な段階である。すなわち，どの商品をどこで買うか，いつ，どれくらい買うか，似たような商品がある場合に特定のブランドにこだわるか，といった購買行動である。また，SNS 等で自分の考えや実際の情報を発信することもある。ただし，「購入しない」という行動も結果の一つであるが，これは観察することは難しい。

「購入後」は，購入後の使用方法や処分のことである。また，消費行動全体についての満足度やリピート意向も，この段階に含まれる。最近では，SNS 等を通じて自分の経験を発信する人も多いが，いわゆる口コミとして注目されている。企業は，この処分段階にも着目しなければならない。

（2）観光行動への消費者行動論の適用

観光の場合，観光客が消費者であり，宿泊や食事など，様々な行動をする。図２-２に基づき，観光行動について，消費者行動論の適用を考えてみよう。

①旅行前

余暇活動には，国内旅行や海外旅行のほかにも，飲食やゲーム，スポーツなど様々な種類がある。消費者は，こうした余暇活動の中から，自分のニーズに基づくウォンツを最も満たす活動を選択する。

「休みをどう過ごすか」と考える時，自分の周りにある様々な情報に気づくだろう。たとえば，流行や話題性のある出来事，余暇活動にいくら費やせるか，ほかの人たちはどのような余暇活動をしているかということも考えるだろう。また，web サイト，テレビ番組や雑誌記事の特集で情報を得ることもある。こうしたことが，刺激である。このほかにも，技術，経済，政治，文化などの要因が関わるのは前項で説明したとおりである。

購買意思決定プロセスはブラック・ボックスであるが，購買意思決定モデルにしたがえば，まず，休みの過ごし方の理想的な状況があり，現状とのギャップから問題認識をする（図２-２の点線枠部分）。たとえば，「なかなか趣味に時間を費やせない（現状）から，思い切り専念したい（理想）」「日頃は遠出がで

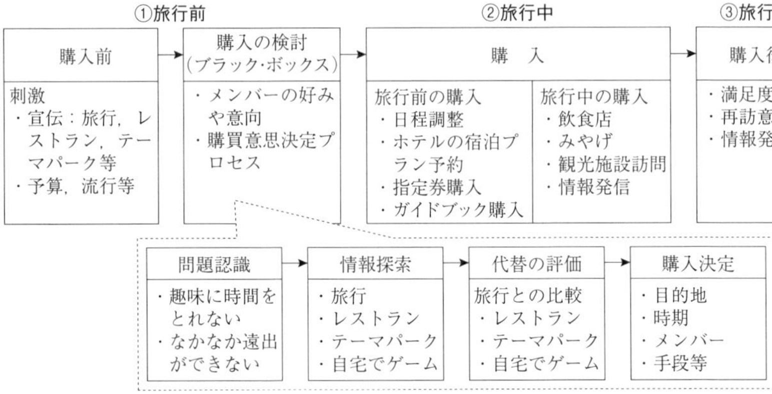

図2-2　観光行動と購買意思決定

出所：Kotler et al., 2014, p. 167, Figure 1および浦野，2016年，91頁，図6-2に基づき，筆者作成（一部追加）。

きない（現状）から，遠くまで行きたい（理想）」ということである。次に，その問題意識を満たす方法について情報探索をする。休みを有意義に過ごせそうな余暇活動は，旅行，レストランでの食事，テーマパーク，自宅でゲームをするなどがあるだろう。大抵の場合，どこに行きたいか，何をしたいか，いつ行きたいか，いくらなら払えるか，と様々なことを考えるだろう。探索する情報とは，こうしたことに関するものである。そして，集めた情報を基に，消費者が望むような休みの過ごし方にふさわしい方法を評価する（代替の評価）。その結果，「旅行がよい」ということになれば，具体的にどのような旅行がよいのか，いつ行くのか，どこにどのようにして行くのかといった決定をする（購入決定）。

さらに，複数名で決定することと，個人で決定することには違いが見られる。たとえば，誰かと一緒に決定する場合には，休みの過ごし方として旅行に決めることや日程等，メンバーで相談し，調整するということが生じる。そのような場合には，相談や調整にかかる手間や時間も勘案する必要がある。また，プレゼントのように，支払いは自分で消費は相手ということもある。この場合には，供給者はプレゼントの対象としての観光サービスの売り方を考えなければならない。旅行券は，「観光サービスをプレゼントしたい」というウォンツに対して，企業が対応した例といえるだろう。

②旅行中

購入決定後，実際に購入する段階になる。商品の場合であれば購入して入手するが，第1節で述べたように，観光サービスの場合は実際に現地を訪れなければ，そのサービスを消費できない（同時性）。旅行前に宿や交通サービスを予約することは，現地で消費するサービスを確約するための行動である。

旅行中は，交通サービスや宿泊はもちろん，飲食や土産物を購入したり，観光施設を訪れたりするなど，様々な消費行動をする。前項で取り上げたように，こうした消費行動は供給者（企業や観光地）が観察可能である。人気のホテルや観光施設，観光ルート，飲食や土産物の売上など，様々な行動から，当該観光地に対する観光客の評価を知ることができる。また，最近では，観光客によるSNSを通じた情報発信（口コミ）も，他の観光客や潜在的な観光客（将来の観光客）に影響を与えることから，注目されている。

③旅行後

購入後，すなわち旅行後の行動も重要である。なかでも重要な点として，満足度，再訪意向が挙げられる。一般的に，満足度が高ければ再訪することが多いといわれる。商品の購買においても同じことがいえるが，観光サービスの特徴として，満足度をどのように評価するのか，再訪意向については，同じメンバーで再訪したいのか，あるいは他のメンバー（一人旅も含む）で再訪したいのか，さらにいつ再訪したいのか，といったように，様々な種類が考えられる。通常，満足度は旅行全体の「総合満足度」，再訪意向は短期と長期で分けることが多い。

（3）観光行動を把握する必要性

消費者行動論は，マーケティングにとって重要である。企業は財・サービスを生産し，「消費者」に買ってもらわなければ，売上ひいては利益にならない。「消費者」に買ってもらうために，マーケティングが実施される。「消費者」をいくつかのタイプに分け（セグメンテーション），その中から自社のターゲットを決め（ターゲティング），そのターゲットを考え他社との差別化を図る（ポジショニング)。具体的に，どのような製品・商品（Product）を，どの程度の価格（Price）で，どのような流通チャネル（Place）で，どのように販売促進（Promotion）するのか，4Psと呼ばれるマーケティング・ミックスを考える。この時，「消費者」が，何を，いつ，どこで，どのように買うのか，その目的や理由は何か，ということを理解しなければ，マーケティング戦略は成り立たない。この消費者について理解する手段の一つが，消費者行動論である。

観光行動は，一般的な商品やサービスの消費行動よりも複雑である。どこに行くのか，いつ行くのか，満足したのか，また行きたいのかなど，同じ観光地でも，その旅行形態や時期によって，異なる商品（観光サービス）となる。観光行動を把握し，所有する観光資源を「どう売るのか」を考えることが必要である。そのためにも，観光需要，消費者行動モデルに基づく分析をし，観光対象の魅力や観光サービスを創り上げることが重要である。

引用・参考文献

浦野寛子「意思決定」松井剛・西川英彦編著『１からの消費者行動』碩学舎，2016年，87～104頁。

中村哲「観光行動に影響をおよぼすイメージと情報」橋本俊哉編著『観光行動論』（観光学全集第４巻），原書房，2013年，65～86頁。

西川英彦「観光ビジネスの本質」高橋一夫・大津正和・吉田順一編『１からの観光』碩学舎，2010年，194～208頁。

前田勇・橋本俊哉「観光行動の対象(1)」前田勇編著『新現代観光総論』学文社，2015年，125～136頁。

松井剛「イントロダクション」松井剛・西川英彦編著『１からの消費者行動』碩学舎，2016年，１～21頁。

Kotler, P. T., J. T. Bowen and J. Makens, *Marketing for Hospitality and Tourism*, 6th edition, London: Pearson, 2014.

Stabler, M. J., A. Papatheodorou and M. T. Sinclair, *The Economics of Tourism*, 2nd edition, N. Y.: Routledge, 2010.

コラム2　観光と世界遺産

アスワン・ハイ・ダムの建設によってナセル湖に水没する危機にさらされたエジプトのヌビア遺跡群の救済を目的としたユネスコの国際キャンペーンに端を発した世界遺産保全の思想は，世界の文化遺産及び自然遺産の保護に関する条約（1972年ユネスコ総会において採択）として実を結んだ（2022年５月現在194カ国が加盟）。世界遺産は，ユネスコの世界遺産リストに登録された人類が共有すべき「顕著な普遍的価値」を有する物件で，その総数は2023年１月現在で1157件（文化遺産900件，自然遺産218件，複合遺産39件）である。

世界遺産リストに登録するには，文化遺産については普遍的な価値を有している記念工作物や建造物群，遺跡，文化的景観であること等を示す６つの評価基準，また，自然遺産については，鑑賞上，芸術上，保存上顕著な普遍的価値を有している地形や地質，生態系，景観などを含む地域のことを指す等の４つの評価基準のうち１つ以上を満たしていなければならず，さらに，全体が残されているという「完全性」およびオリジナルな状態を維持しているという「真正性」の条件を満たし，それぞれの国の適切な保護管理法制がとられていることが必要とされている。文化遺産と自然遺産の両方の基準で登録されたものは複合遺産である。世界遺産は，各締約国政府が推薦し，各調査機関の審査，報告に基づき，年１回開催される世界遺産委員会（21カ国の委員国で構成）が，「世界遺産一覧表」への記載の可否を決定する。世界遺産保有国は６年ごとに遺産の保全状況をユネスコの世界遺産委員会に報告し，再審査の上，世界遺産としての価値を揺るがす脅威にさらされている場合には危機管理リストに掲載され（別途保存や修復のための財政的・技術的援助がある），さらに遺産としての価値が失われたと判断されれば登録抹消となる（2004年に登録され，2006年に危機管理リストに登載され，2009年に登録抹消されたドイツのドレスデン・エルベ渓谷等の例がある）。

登録の大半が文化遺産であり，中国の万里の長城，イタリアのフィレンツェ歴史地区，イギリスのロンドン塔，フランスのヴェルサイユの宮殿と庭園などは有名な文化遺産である。世界遺産登録件数が増えるにしたがって，欧州地域の遺産，都市関連遺産および信仰関連遺産，キリスト教関連遺産，先史時代および20世紀の双方を除く時代の遺産，建築物偏重等の傾向があることが指摘され，このような遺産登録自体の内在的な反省から，1994年「世界遺産一覧表における不均衡の是正および代表性，信頼性確保のためのグローバルストラテジー」等が採択された。従来反映されてこなかった「産業遺産」「20世紀の近代建築」，自然と人間の共同作品である「文化的景観」の登録が近年増加しているのは，このような取り組みの結果である。また，世界遺産とは別に，人から人に承継される遺産，ユネスコの無形文化遺産条約に基づく無形文化遺産がある（第18章参照）。

世界遺産の登録は，この条約が目的として謳っているように，それぞれの遺産を損傷や破壊などから守り，人類全体のための世界遺産として国際協力によって保護する遺産保全体制の確立にある。他方，世界遺産に登録されると，観光地としての知名度やブランド価値が向上し，観光客の増加につながることも期待される。

集客効果の観点から分析すると，2000年代初期までで，世界遺産登録の前後，入込客数に明らかな増加をみたのは「白神山地」「屋久島」「白川郷」「グスク遺跡群」である（服藤，2005）。さらに，2010年代までの「石見銀山」「紀伊山地」などを追加評価しているものもある。いずれも，効果が高いのは自然遺産か，あるいは人里はなれたところのものが世界遺産への登録を契機として全国的に知られるようになった〈全国ブランド化効果〉という典型的パターンと解釈できる。たとえば，「紀伊山地の霊場と参詣道」では，観光客数合計が登録前の2003年に1327万人であったのが，登録年の2004年に1484万人，その後2005年に1501万人，2010年に1514万人と約1500万人台前後で推移しており，一定の効果を示している。

遺産保全の観点からは，観光振興においてエコツーリズム等の側面を導入し積極的管理をすることの重要性も指摘される。世界遺産保護を前提としつつ，かつ地元地域の経済発展との両立を図る持続可能な観光振興が必要である。

また，観光形態の変化をとらえる観点から考えると，大型バス周遊型観光から，エコツーリズム等の自分の身体や五感を通して楽しむという自然体験型観光や参加体験型観光などへの対応，観光ガイドや世界遺産アカデミー主催の「世界遺産検定」をはじめとする学習情報ツールおよび土産品その他の関連産業の活性化が必要である。

最後に，観光などの広い意味での集客産業は，「お客様にきていただく＝大きな空間的移動のコストを前払いさせてしまう」というハンディを負っており，顧客は一度きたらできるだけ多くの満足を得ようとする（小長谷，2016）。世界遺産における観光は，集客増による地元経済発展を遺産保全と調和させ，観光形態の変化への対応を着実に行うとともに，遠路から観光客が訪れたいと思う最上級の魅力を持続可能な地域創造型観光として実現することが期待される。

引用・参考文献

大橋昭一・橋本和也・遠藤英樹・神田孝治編『観光学ガイドブック』ナカニシヤ出版，2014年。

小長谷一之「地域創造のための観光マネジメント」『地域創造のための観光マネジメント講座』学芸出版社，2016年。

服藤圭二「世界遺産登録による経済波及効果の分析」『調査研究情報誌 ECPR』2005年。

日本における世界遺産の分布（2022年度まで）

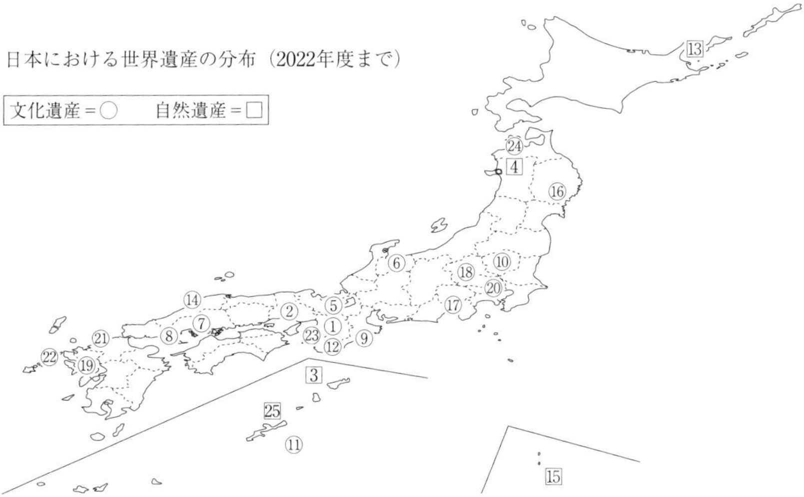

①	法隆寺地域の仏教建造物（奈良県，1993年記載，文化）
②	姫路城（兵庫県，1993年記載，文化）
③	屋久島（鹿児島県，1993年記載，自然）
④	白神山地（青森県・秋田県，1993年記載，自然）
⑤	古都京都の文化財（京都府・滋賀県，1994年記載，文化）
⑥	白川郷・五箇山の合掌造り集落（岐阜県・富山県，1995年記載，文化）
⑦	原爆ドーム（広島県，1996年記載，文化）
⑧	厳島神社（広島県，1996年記載，文化）
⑨	古都奈良の文化財（奈良県，1998年記載，文化）
⑩	日光の社寺（栃木県，1999年記載，文化）
⑪	琉球王国のグスク及び関連遺産群（沖縄県，2000年記載，文化）
⑫	紀伊山地の霊場と参詣道（三重県・奈良県・和歌山県，2004年記載，文化）
⑬	知床（北海道，2005年記載，自然）
⑭	石見銀山遺跡とその文化的景観（島根県，2007年記載，文化）
⑮	小笠原諸島（東京都，2011年記載，自然）
⑯	平泉―仏国土（浄土）を表す建築・庭園及び考古学的遺跡群（岩手県，2011年記載，文化）
⑰	富士山―信仰の対象と芸術の源泉（静岡県・山梨県，2013年記載，文化）
⑱	富岡製糸場と絹産業遺産群（群馬県，2014年記載，文化）
⑲	明治日本の産業革命遺産 製鉄・製鋼，造船，石炭産業（岩手県・静岡県・山口県・福岡県・熊本県・佐賀県・長崎県・鹿児島県，2015年記載，文化）
⑳	国立西洋美術館本館（東京都，2016年記載，文化）
㉑	「神宿る島」宗像・沖ノ島と関連遺産群（福岡県，2017年記載，文化）
㉒	長崎と天草地方の潜伏キリシタン関連遺産（長崎県，熊本県 2018年記載，文化）
㉓	百舌鳥・古市古墳群 -古代日本の墳墓群（大阪府，2019年記載，文化）
㉔	北海道・北東北の縄文遺跡群（北海道，青森県，岩手県，秋田県，2020年記載，文化）
㉕	奄美大島，徳之島，沖縄島北部及び西表島（鹿児島県，沖縄県，2021年記載，自然）

注：⑳は７カ国（日本，フランス，アルゼンチン，ベルギー，ドイツ，インド，スイス）にまたがる「ル・コルビュジエの建築作品――近代建築運動への顕著な貢献」の構成資産の一つ。
出所：筆者作成。

第3章
観光と産業・経済

1　訪日観光の現状

（1）拡大する訪日観光

わが国における2010年代に入っての急激な外国人旅行者の増加は目を見張るものがあったが，2020年から始まった世界的な新型コロナウイルス感染拡大は国際観光の様相を一変させた。2022年10月に入国制限に関する水際対策が解禁されるなどコロナ禍以前の状況に戻りつつある。このような困難な状況の中でも国際観光に対する期待は依然大きなものがある。本章では2019年までの世界的な国際観光の活況の中で訪日観光の現況がどのようなものであったかを概観するとともに経済統計，観光統計の観点から観光経済に対する見方を提示する。

日本が観光振興に本腰を入れるようになったのは21世紀に入ってからである。2003年４月に「ビジット・ジャパン・キャンペーン」が開始され，2006年12月に「観光立国推進基本法」が成立し，2008年10月に観光庁が発足した。「観光立国」は国の重要な成長戦略として位置づけられ，政府，地方自治体ともに観光振興に力を入れている。これら政策的な動きは観光の実態，特に訪日外国人旅行者の増加に反映され，2002年の524万人から2012年の836万人と，10年間で1.6倍にも増加した。それだけにとどまらず，2015年には2000万人に近い1974万人，2019年には3188万人に達した。訪日外国人旅行者数は2013年から2018年までのわずか５年間で1000万人から3000万人を突破するまで急増したわけだが，この急増ぶりは日本の観光の歴史に残る出来事といえるだろう。

図３-１は訪日外国人旅行者数の2003年以降の推移を示している。この期間中順調に増加してきているが，2009年には世界金融危機の影響で減少する。ま

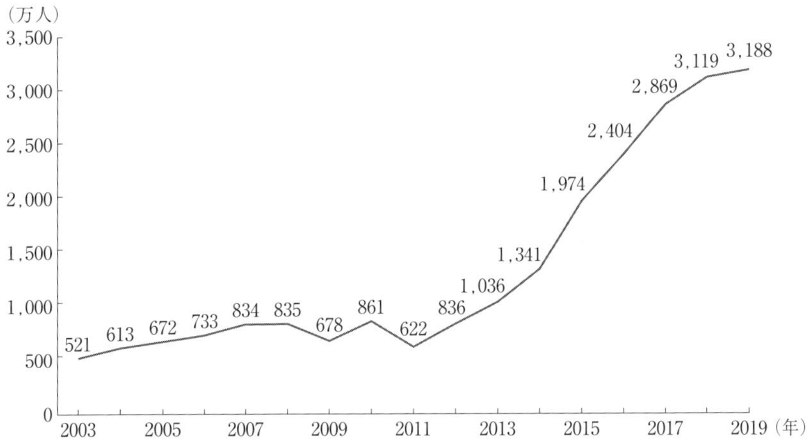

図3－1　訪日外国人旅行者数の推移

出所：日本政府観光局「国籍／月別訪日外客数（2003～2023年）」。

た，2011年にも東日本大震災の影響で減少しているが，2012年以降の急増ぶりはめざましい。グラフの傾きから読み取れるように，近年の訪日外国人旅行者の急増は2012年から始まったといえるだろう。

日本における外国人旅行者の急増の要因としては2012年からの円安，ビザ発給要件の緩和，外国人旅行者向け消費税免税制度の拡充，継続的な訪日プロモーションなどが挙げられるが，国際観光の好調は日本だけのものではない。UNWTO（国連世界観光機関）によると，世界全体の国際観光客到着数は2009年の一時的な減少を除くと一貫して増加しており，1996年の５億6000万人から2019年の14億6000万人まで達した。UNWTO による長期予測では2010年から2030年までの年間平均成長率は3.3%，2030年には18億人に達するとされている。2020年から始まる新型コロナウイルス感染拡大による影響は甚大であるものの，国際観光の成長は注目されるものである。

（２）観光経済の成長と日本

日本の外国人旅行者受入数を世界の中で見てみると，2012年には836万人で世界第33位であったが，2019年は3188万人で第11位と順調に順位を伸ばしてき

表３－１　国別訪日外国人旅行者数（2019年）

順位	国名	旅行者数（万人）	割合（%）
1	中国	959	30.1
2	韓国	558	17.5
3	台湾	489	15.3
4	香港	229	7.2
5	アメリカ	172	5.4
6	タイ	132	4.1
7	オーストラリア	62	2.0
8	フィリピン	61	1.9
9	マレーシア	50	1.6
10	ベトナム	50	1.6
	その他	425	13.3
合計		3,188	100.0

出所：日本政府観光局「訪日外客数（年表）」(2019年)。

ている。アジア各国の中では中国，タイに次ぐ第３位にまで上昇してきた。

受入数ランキング世界第１位のフランスは2019年の１年間に8940万人の外国人旅行者を受け入れているが，フランスの人口は6725万人（2019年）なので人口の約1.33倍もの外国人旅行者が訪れていることになる。それに比べると日本は0.25倍（2019年）にすぎず，ドイツ0.47倍，イギリス0.54倍，韓国0.30倍（いずれも2019年）などと比較してもまだ低い水準である。

表３－１は日本を訪れる外国人旅行者数を国別に第10位まで示したものである。2013年まで第１位は韓国であったが，2014年は台湾が追い抜き，2015年以降は中国がその位置を占めている。2019年では中国が959万人で全体の３分の１近くまでに達した。転換点となった2012年と比べると中国6.7倍，香港4.8倍，韓国2.7倍，台湾3.3倍と軒並み増加しているが，中国の増え方が最も大きい。このように訪日外国人旅行者の核となるのは中国，香港，韓国，台湾の東アジア近隣４カ国・地域であり，しかも４カ国・地域の全体に占める割合は2012年の64.8%から2019年の70.1%へとその比重を高めている。アジア各国全体で見ても2012年の76.4%から2019年の84.1%にまで上昇しており，日本への外国人旅行者がアジア中心であることがわかる。

特に注目すべきはタイ（第６位：5.1倍），フィリピン（第８位：7.2倍），マレーシア（第９位：3.9倍），ベトナム（第10位：9.0倍），シンガポール（第11位：3.5倍）といったその他のアジア各国においても2012年から2019年にかけて驚くべき成長が見られることだ。これは2014年以降に中国，タイ，マレーシアに対して行われたビザ発給要件の緩和が功を奏したわけだが，今後のアジア新興国の

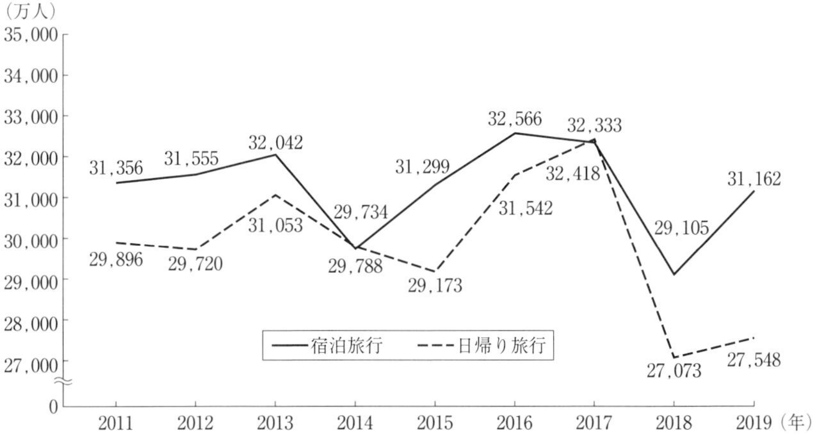

図3－2　国内宿泊旅行・日帰り旅行の推移
出所：観光庁『観光白書 令和2年版』（2020年）。

成長を考えると，近隣4カ国・地域以外のアジア各国は高いポテンシャルを有しているといえる。

ただし，アジア以外の市場においてもアメリカ（第5位）2.4倍，オーストラリア（第7位）3.0倍，イギリス（第12位）2.4倍，地域としては北米全体で2.5倍，欧州全体で2.6倍を記録しており，わずか7年間での数字としては決して低いものではない。

訪日観光ブームの陰で見過ごされがちなのは日本人による国内観光の動向である。図3－2は2011～2019年の国内宿泊旅行延べ人数，国内日帰り旅行延べ人数を示している。どちらも増減に幅があるものの訪日外国人旅行の好調に比べると停滞気味といえるだろう。

2　観光産業の定義

（1）産業分類と観光

近年の訪日外国人観光の好調は日々のニュースでよく取り上げられており，日本経済の明るい話題として大いに期待されているところである。その分，観光の活況によって身近な地域経済にどのような影響があるのか，日本経済にどれだけプラスとなりえるのかという関心は高まっているといえるだろう。

そのため，様々な経済活動の中で観光がどの部分を占めているのか，言い換えると観光産業の範囲はどこまでなのかを明確にする必要がある。観光産業はしばしば裾野の広い産業であると形容され，観光，旅行と直接に結びつくところでは旅行業，宿泊業，飲食業，観光施設，小売店，交通業が連想される。

しかし，本来，産業とは同一または類似の生産活動を行う生産者をまとめる概念である。日本の産業分類原則である日本標準産業分類では，産業分類の基本原則を「財またはサービスの生産と供給において類似した経済活動を統合したものであり，実際上は同種の経済活動を営む事業所の総合体」と定義している。そこでは事業所において行われる経済活動を①財・サービスの種類（機能・用途），②財・サービスの提供方法（設備，技術），③原材料の種類，サービスの対象，商品の種類を主な観点として区分している。この原則にしたがって区分された産業分類は大分類，中分類，小分類，細分類から成る４段階構成となっている。時代によって経済活動の構成変化や以前にはなかった経済活動が生じてくるため，分類を見直す改定が行われており，現在は2007年の第12回改定を基準としている。

このような産業分類の原則を考えると，観光産業とは供給側から見た概念ではなく，需要側から見た概念であることがわかる。そのため，日本標準産業分類に観光は独立した分類としてまとめられておらず，様々な産業分類に分散している。ある事業所が生み出した財・サービスは一般消費者にも観光客にも提供されるので，観光に関連した産業がそれぞれどの程度の比率で観光客に財・サービスを提供しているかを計測しなければ，どこまでを観光産業に含めるか判断することはできない。産業分類の観点に立つと「観光産業」というより「観光関連産業」と表記するのが正確だと思われるが，「観光産業」は定着した表現であるので本書でもそのように表記する。

（２）TSA（旅行・観光サテライト勘定）

産業分類が供給側の概念であるため，観光産業は従来の産業分類に明示されることがなく，今まで観光産業の規模の計測が十分に進んでこなかった。しかし，第1節でも見たように観光，旅行に関する経済活動は従来から世界的に成長率が高く，今後の成長可能性の高い分野である。観光が様々な産業において雇用と経済活動を生み出していることから，観光産業と観光経済活動の規模を計測することの必要性が世界各国で求められるようになってきた。

一国の経済活動のマクロ状況を体系的に捉えたものを国民経済計算（SNA: System of National Accounts）といい，現在は1993年に国連が採択した基準（93SNA）を基に各国が国内経済活動の計測・記録を行っている。93SNAでは従来のSNAでは捉えることのできなかった特定の経済活動を別勘定として推計するサテライト・アカウントという方式が取り入れられることになった。旅行・観光サテライト勘定（TSA: Tourism Satellite Account）は93SNAのサテライト・アカウントの一つとして採用されたものであり，UNWTOが国際基準「TSA Recommended Methodological Framework 2008（TSA: RMF08）」を示している。日本では国土交通省が2000年度から導入を検討し始め，2009年からSNAを用いたTSAの作成・公表を行っている。現在は観光庁から毎年，「旅行・観光消費動向調査」「旅行・観光サテライト勘定（TSA）」「旅行・観光産業の経済波及効果」を構成項目として「旅行・観光産業の経済効果に関する調査研究」が公表されている。

以下，SNA体系に基づいたTSAが日本国内の観光産業をどのように捉えているかを解説する。序章でも触れたが，まず，UNWTOのTSA: RMF08では「観光」自体の定義をしており，「観光とは日常生活圏外に出る旅行で滞在期間1年以内，雇用以外の目的のものであり，その個人を観光客と呼ぶ」としている。日本のTSAでは「所要時間が8時間以上，または片道の移動距離が80 km以上を日常生活圏外とし，宿泊を伴う場合はすべて日常生活圏外とする」としている。

次に，観光産業とは「主として観光特有商品を生産する」事業所の集団であり，「事業所は複数の商品を生産することもあるため，観光産業が非観光特有商品を生産することもあれば，非観光産業が観光特有商品を生産することもある」と定義している。TSAでは観光に関わる商品分類を観光特有商品，観光

表３－２　TSA における商品分類

観光特有商品	宿泊サービス，飲食サービス，鉄道旅客輸送サービス，道路旅客輸送サービス，水運旅客輸送サービス，航空旅客輸送サービス，輸送機器レンタルサービス，旅行会社およびその他の予約サービス，文化サービス，スポーツおよびレクリエーションサービス	
観光関連商品	財貨	農産物，水産物，農産食料品，水産食料品，菓子類，その他の食料品，繊維製品，木製品・紙製品，医薬品・化粧品・フィルム，ガソリン・軽油，履物・皮革製品，陶磁器等，カメラ・眼鏡・時計，電気製品，運動用品，新聞・出版，その他の製造品
	サービス	旅行保険等，展示会の企画・運営サービス，医療サービス，温泉等共同浴場，写真撮影，写真現像・焼付，道路管理・駐車場

出所：観光庁『旅行・観光産業の経済効果に関する調査研究 2019』（2021年）を基に筆者作成。

関連商品に分け，２つを合わせて観光商品としている。観光特有商品とは訪問客がいないと存在しえない，または消費の水準が著しく減ってしまうもので，観光関連商品とはある国において観光特有商品以外で観光に関連するものとして独自に設定されるものである。表３－２は観光特有商品，観光関連商品の詳細を示したものである。TSA による観光産業の定義は①宿泊業，②飲食業，③鉄道旅客輸送，④道路旅客輸送，⑤水運，⑥航空輸送，⑦その他の運輸業，⑧スポーツ・娯楽業の８産業に分けられている（後掲表３－４）。

（３）観光 GDP と観光雇用

観光商品と観光産業の定義のもとに観光 GDP は推計されている。注意すべきことは，観光 GDP は観光客に提供された財貨，サービスの粗付加価値であるが，「観光客が購入したものは非観光特有商品であっても含み，観光特有商品であっても非観光客が購入したものは含まない」とされていることである。表３－３は2014～2019年の観光 GDP と GDP 全体に占める観光 GDP の比率を示している。2019年の観光 GDP は11兆1450億円であり，名目 GDP の561兆2670億円に占める比率は2.0％になる。観光 GDP の期間中の推移を見ると，GDP 全体に占める観光 GDP の比率は最近で1.7～2.0％である。

表３－４は TSA 観光産業分類による産業別の観光 GDP を示している。観光 GDP の定義で示されていたように，観光産業の８産業だけで観光客向けのす

表3-3　観光GDPの推移

年	2014	2015	2016	2017	2018	2019
観光GDP（10億円）	8,631	9,796	10,585	10,896	10,820	11,145
対GDP比率（%）	1.7	1.8	2.0	2.0	1.9	2.0

出所：観光庁『旅行・観光産業の経済効果に関する調査研究 2019』（2021年）。

表3-4　産業別観光GDP（2019年）

	観光GDP（10億円）	構成比（%）	GDPに対する観光GDPの割合（%）
合計	11,145	100.0	2.0
観光産業	8,967	80.5	24.0
宿泊業	2,356	21.1	77.8
飲食業	1,599	14.3	15.1
鉄道旅客輸送	1,811	16.2	34.2
道路旅客輸送	501	4.5	21.1
水運	33	0.3	2.8
航空輸送	568	5.1	83.8
その他の運輸業	934	8.4	12.5
スポーツ・娯楽業	774	6.9	12.2
その他の産業	2,179	19.6	0.4

出所：観光庁『旅行・観光産業の経済効果に関する調査研究 2019』（2021年）。

表3-5　観光産業における就業者数

年	2014	2015	2016	2017	2018	2019
観光産業における就業者数（万人）	643	635	644	619	645	657
就業者総数に対する割合（%）	9.8	9.6	9.6	9.3	9.5	9.6
観光消費に対応する就業者数（万人）	176	201	196	205	213	230
就業者総数に対する割合（%）	2.7	3.0	2.9	3.1	3.1	3.3

出所：観光庁『旅行・観光産業の経済効果に関する調査研究 2019』（2021年）。

べての財貨・サービスを生産しているわけではないので，2019年観光GDPの11兆1450億円のうち観光産業が8兆9670億円（80.5%）を生み出し，非観光産業が2兆1790億円（19.6%）を生み出している。

また，8産業それぞれも生産しているすべての財貨・サービスが観光客向けというわけではない。産業別総生産に占める観光GDPの比率を見ると航空輸送の83.8%，宿泊業の77.8%は比較的高いものの，飲食業では15.1%，スポーツ・娯楽業では12.2%となり，観光産業全体の平均では24.0%となる。

表3-5上段は観光産業における就業者数の推移を示しているが，2019年は657万人であり，全就業者数の9.6%を占めることになる。ただし，この数値は観光産業に分類された8産業の就業者数を単純合計したものである。諸外国では非観光産業も含めた各産業において観光客への財貨・サービスに従事した従業者数を推計しており，表3-5下段は同様の方法で推計された数値である。これによると，2019年の観光消費に対応する就業者数は230万人であり，全就業者数の3.3%を占めている。様々な経済活動の中で観光消費に携わる就業者数は最近で2.7～3.3%ということになる。

（4）観光消費と国内経済への影響

表3-6は国内旅行消費額を日本人国内宿泊旅行，日本人国内日帰り旅行，訪日外国人旅行に分けて推移（2012～2019年）を示したものだが，2019年で日本人国内宿泊旅行消費17兆2000億円（全体の61.6%），日本人国内日帰り旅行消費4兆8000億円（17.2%），訪日外国人旅行消費4兆8000億円（17.2%）になる。2012年から訪日外国人旅行者数が急増しているが，訪日観光消費（訪日外国人旅行消費）も2012年の1兆1000億円から2019年の4兆8000億円へと7年間で4.4倍にも大きくなっている。日本人国内宿泊旅行・国内日帰り旅行による旅行消費額は20兆円前後で推移しているので，訪日観光消費が増加したことによって国内旅行消費の総額は2012年の21兆8000億円から2019年の27兆9000億円と大幅に増加している。

訪日外国人旅行者数は日本の人口の約25%（2019年）だが，旅行消費額では既に日本人日帰り旅行と同額にまで達してきており，観光経済の中で大きな存

表３－６　旅行消費額の推移

年	2012	2013	2014	2015	2016	2017	2018	2019
旅行消費額（兆円）	21.8	22.8	21.6	24.8	25.8	26.7	26.1	27.9
日本人国内宿泊旅行	15.0	15.4	13.9	15.8	16.0	16.1	15.8	17.2
日本人国内日帰り旅行	4.4	4.8	4.5	4.6	4.9	5.0	4.7	4.8
訪日外国人旅行	1.1	1.4	2.0	3.5	3.7	4.4	4.5	4.8

出所：観光庁「旅行・観光消費動向調査2019年年間値」（2020年）。

在感をもつようになってきている。一方，訪日観光ブームによって観光による経済活性化は大きく期待されているが，表３－３の観光GDP，表３－５の観光雇用の推移が示すように経済活動全体の中での観光の比重は付加価値２％前後，雇用３％前後で推移している。日本人自身の観光行動が停滞していることは長期にわたるデフレ傾向や旅行スタイルの変化などが影響していると考えられるが，日本人による国内観光の活性化をはからなければ，訪日観光の好調を経済振興に活かすことはできないだろう。

また，訪日観光については消費額の割合以上に社会経済に対して大きな影響を及ぼしていると考えられる。日常空間における外国人観光客の増大は販売・サービス方法の改善といった商業面の変化だけでなく，外国人観光客とどう接するのか，日本文化をどう伝えていくのかという一般市民への変化も迫ることになるからである。

3　観光統計

現在，日本の観光経済は急激な変化を遂げており，現状を正確に捉えるために観光統計を有効に活用することが必要となる。第２節では観光統計の体系であるTSAについて詳しく見たが，ここでは個別の観光統計について説明する。日本において観光統計の整備が本格的に取り組まれることになったのは観光立国推進基本法が制定された2006年が出発点である。2008年には観光庁が発足し，その下で観光統計が整備・公表されるようになっているが，観光庁が実施している主な調査としては「旅行・観光消費動向調査」「訪日外国人消費動向調査」「宿泊旅行統計調査」の３種類が挙げられる。また，従来，都道府県の観光統計は調査方法などが統一されていなかったので，観光庁が共通基準を策定し，都道府県への導入を進めている。さらに，訪日外国人旅行者数については日本政府観光局が出入国管理統計を基に公表している。ここでは日本の観光統計で代表的な５つについて概要を説明する。

（１）旅行・観光消費動向調査

「旅行・観光消費動向調査」は日本国民の旅行・観光の消費実態を明らかにするものである。住民基本台帳から抽出された日本国民２万5000人を１万2500人ずつのグループに分け，それぞれに四半期ベースで年に２回調査を実施し，延べ人数で５万人分の標本を確保している。ここでの国内旅行の旅行消費額，海外旅行の旅行消費額（国内支出分）は TSA における日本人国内観光支出として利用されている。この調査からわかる主なことは，日本人国内旅行者を宿泊旅行と日帰り旅行に分けた時の①旅行消費額，②延べ旅行者数，③１人１回当たり旅行単価である。

（２）訪日外国人消費動向調査

「訪日外国人消費動向調査」は訪日外国人の消費実態，訪問地などを明らかにするものである。四半期ごとに訪日外国人9710人を対象にして年間３万8400人分の標本数で調査が実施されている。この調査からわかる主なことは，国籍別に①旅行消費額，②１人当たり旅行消費額と①②それぞれの費目別金額（宿泊料金，飲食費，交通費，娯楽サービス費，買い物代）である。

（３）宿泊旅行統計調査

「宿泊旅行統計調査」は宿泊旅行の全国規模の実態を明らかにするものであり，従業者数十人以上の宿泊施設は全数調査，従業者数９人以下の施設はサンプル調査となっている。この調査からわかる主なことは，月別，47都道府県・10地域別に①延べ宿泊者数と外国人延べ宿泊者数，②実宿泊者数，③宿泊者の居住地（都道府県），④外国人宿泊者の国籍である。

「宿泊旅行統計調査」は調査の信頼性が高く，月別に詳細な都道府県別データが得られることから，最も正確に旅行者の地域分布を分析できるものとして利用されることが多い。ただし，日帰り旅行者が含まれていないのはもちろん，日中で観光していた場所と夜間で宿泊する場所が異なる旅行パターンを考慮すると，宿泊者数だけで地域分布を見ることの限界もある。また，近年，急速に拡大している民泊，クルーズ船，車中泊といった宿泊パターンは調査対象外であることから，2015年以降は統計上の数字と実態の乖離が顕著になりつつあり，調査方法の改善が求められる。

（4）共通基準による観光入込客統計

観光庁，日本政府観光局による統計は日本全体のものだが，これ以外に都道府県や県庁所在都市も観光入込客数や観光消費額を公表している。しかし，都道府県による調査は定義や調査手法がまちまちで，それらを厳密に比較することができないという問題があった。それを解決するために2010年から「観光入込客統計に関する共通基準」に基づき都道府県が調査を実施し，観光庁がそれらをとりまとめ，全国集計値を公表している。

この共通基準は現在，大阪府を除く46都道府県で導入されているが，集計に時間がかかるため，集計済みの都道府県数は2013年44，2014年42，2015年40となっている。この調査からわかる主なことは，都道府県別に①観光入込客数，②観光消費額単価，③観光消費額総額，④観光地点数と行祭事・イベント数である。ただし，この共通基準に基づく都道府県別の観光入込客数や観光消費額と各都道府県が個別に公表している数値が異なることも珍しくないので注意を要する。

（5）訪日外客数

前述の4種類の統計は観光庁が所管しているが，外国人旅行者の動向については日本政府観光局（JNTO：独立行政法人国際観光振興機構）による「訪日外客数」が最もよく利用されている。訪日外客とは訪日外国人旅行者のことであり，この統計は法務省の出入国管理統計を基に算出されている。この調査からわかる主なことは，月別の①国籍別外国人旅行者数と②出国日本人数である。近年の訪日外国人旅行者の急増ぶりはこの統計が明らかにしており，集計・公表が迅速であることから訪日外国人旅行者の動向を把握するには最初に参照すべき統計である。

旅行者の地域分布に関しては１日中同じ都市で観光している者もいれば，１日でいくつかの都市を横断して観光する者もいるだろう。旅行者の行動パターンを把握することは技術的に計測が難しいというだけでなく，それをどのように理解するのかということ自体，意見の分かれるところである。また，近年の日本の観光動向は変化が激しく，ほんの２，３年前の状況把握がすぐに陳腐化してしまう。それゆえ，観光に興味をもつ者は観光統計に親しみ，使いこなせるようになることが求められている。また，観光庁の設立から15年がたち，観光統計の整備・公表体制は整備されてきているものの，観光に関心をもつ多くの一般の人にとってわかりやすいものになるよう，一層の改善が求められる。

引用・参考文献

石井昭夫「観光産業の構造変化に関する研究」『産業としての観光とその現状把握』日本産業リサーチセンター，2007年。

大橋昭一・山田良治・神田孝治編『ここからはじめる観光学』ナカニシヤ出版，2016年。

観光庁『観光白書 令和２年版』2020年。

観光庁『旅行・観光産業の経済効果に関する調査研究 2019』2021年。

観光庁「旅行・観光消費動向調査2019年年間値」2020年。

塩谷英夫「マクロ統計から見る観光経済の現状と課題」『AD STUDIES』Vol. 59，吉田秀雄記念事業財団，2017年。

柴田浩喜「観光の経済効果と地域課題」『エネルギア地域経済レポート』NO. 489，中国電力，2015年。

日本政府観光局「国籍／月別訪日外客数（2003年～2023年）」。

林清編著『観光産業論』（観光学全集第６巻），原書房，2015年。

松本和幸「観光の経済波及効果計測方法について」『立教大学観光学部紀要』第13号，2011年。

第Ⅱ部
観光産業論

第4章
旅行産業

1　旅行産業の特質

（1）旅行産業とは

旅行産業は法律上，どのように定義づけられているのだろうか。旅行会社を対象とした「旅行業法」では，旅行業とは「報酬を得て，次に掲げる行為を行う事業」と定義づけられ，1～9号の行為が列記されている。そのうち，1号について要約すると「旅行者とサプライヤーとの間を仲立ちすることによって，利益を得る行為」とする旨が記されている。

旅行会社が扱う商品は交通機関や宿泊施設，食事手配，観光スポットの案内，人的サービスに至るまで多岐にわたっている。ただ，旅行会社自体は有形財産を所有しているわけではないので，これらの商品をサプライヤーに代わって販売したり，あるいは組み合わせて販売している。さらに旅行会社は通常，仕入れたサービスの買い取りを行わず，また旅行商品自体，形のないサービスであるため，キャンセルの場合を除いて，売れ残りのリスクや在庫の負担がほとんどない。

このように，法律上においても，販売手法においても，旅行産業の仲介者としての特徴が示されている。

一方，旅行商品は無形であるがため模倣されやすく，類似品が多数流通し，他社商品との差別化が難しいため，いきおい価格競争に走る傾向にある。したがって旅行産業は他産業と比べて，低収益体質にならざるをえないといえる。

（2）旅行会社の業務

では，旅行会社の業務はどのように規定され，遂行されているのだろうか。

旅行業者と旅行者との間で締結される標準旅行業約款では，旅行会社が取り扱う商品は企画旅行と手配旅行の2種類に分類されている。そのうち企画旅行については，募集型と受注型との2種類に分けられる。募集型企画旅行とは，旅行会社が旅行の目的地や日程，運送や宿泊サービスの内容などを企画・手配して旅行代金を定め，旅行者を募集する旅行を指す。一方，受注型企画旅行とは旅行会社が旅行者の依頼を受けて，旅行企画を立てて実施する旅行をいう。

両企画旅行実施にあたり，旅行会社が負わなければならない義務・責任が3つある。まず1つは，日程表に記載された旅行スケジュールの内容の履行を保証する旅程保証の責任である。2つ目は旅行者が円滑に旅行サービスを受けられるよう旅程を管理する旅程管理の責任である。3つ目は旅行者が旅行中に生じた一定の損害に対して，補償金を支払う特別補償の責任である。

手配旅行とは旅行者の依頼を受けて運送や宿泊，その他の旅行に関するサービスを旅行者に代わって手配することを指す。航空券，列車，船などのチケットやホテルの手配などがこれにあたる。旅行者に対する料金の提示の仕方は，運賃や宿泊料などの費用と旅行業務取扱料金，すなわち旅行会社の報酬あるいは手数料の2つに分けてなされる。手配旅行では，企画旅行とは異なり，旅行会社が上記商品の代理販売をするもので，旅程を作成するわけではないことから，旅程保証，旅程管理，特別補償は適用されない。

（3）旅行会社の分類

旅行会社の分類について，「旅行業法」をはじめとする法律の観点と資本系列別の2点から説明する。

まず，前項のような法的な業務の取り扱いに基づいて，旅行会社は表4-1のように登録区分がなされている。

第1種旅行業者はすべての業務を行うことが可能であり，第2種旅行業者は海外の募集型企画旅行以外の業務を行うことが可能である。第3種旅行業者は募集型企画旅行以外の業務を行うことができるが，例外として拠点区域と設定

表4－1　旅行会社の区分

旅行業等の区分		登録行政庁	業務範囲						登録要件	
			企画旅行				手配旅行		営業保証金（万円）	基準資産（万円）
			募集型		受注型					
			海外	国内	海外	国内	海外	国内		
旅行業者	第1種	観光庁長官	○	○	○	○	○	○	7000	3000
旅行業者	第2種	都道府県知事	×	○	○	○	○	○	1100	700
旅行業者	第3種	都道府県知事	×	△	○	○	○	○	300	300
旅行業者	地域限定	都道府県知事	×	△	×	△	×	△	15	100
旅行業者代理業		都道府県知事	所属旅行業者から委託された業務						不要	特に定めなし
観光圏内限定旅行業者代理業		国土交通大臣の認定	所属旅行業者から委託された業務（観光圏内限定，対宿泊者限定）						不要	特に定めなし

注1：△は営業所の存する市町村とこれに隣接する市町村の区域及び観光庁長官の定める区域においてのみ実施可能。

注2：記載の営業保証金の金額は年間の取扱額が最小の区分の場合であり，取扱額の増加に応じて，供託すべき金額が加算される。

出所：e-Gov 法令検索 HP「旅行業法」（https://elaws.e-gov.go.jp/document?lawid=327AC0100000239）改正日2022年6月17日（2023年7月16日閲覧），e-Gov 法令検索 HP「旅行業法施行規則」（https://elaws.e-gov.go.jp/document?lawid=346M50000800061）改正日2023年5月1日（2023年7月16日閲覧），e-Gov 法令検索 HP「観光圏の整備による観光旅客の来訪及び滞在の促進に関する法律」（https://elaws.e-gov.go.jp/document?lawid=420AC0000000039）改正日2022年10月1日（2023年7月16日閲覧），観光庁 HP「旅行業法」（http://www.mlit.go.jp/kankocho/shisaku/sangyou/ryokogyoho.html）最終更新日2023年6月2日（2023年7月16日閲覧）を基に筆者作成。

されている旅行の催行区域が，一つの営業所の存する市町村とこれに隣接する市町村，および観光庁長官の定める区域である限りにおいて，国内の募集型企画旅行の実施が可能である。地域限定旅行業者とは，その地域の観光資源を活用した着地型旅行商品の開発・提供を促進するために設定された旅行業者である。その業務の範囲は，募集型・受注型両企画旅行，および手配旅行のいずれにおいても，拠点区域に限定される。

旅行業者代理業は，所属旅行業者から委託された業務のみを行うことが可能である。また，観光圏内限定旅行業者代理業とは，国土交通大臣の認定を受けた滞在促進地区内の宿泊業者が，観光圏内における宿泊者の旅行について，旅行業者代理業の営業を行うものである。

以上から，旅行会社の区分の基準は，募集型企画旅行と海外旅行の取り扱いが許可されるか否かにあることがわかる。その理由として，これらの要件は万が一，旅行会社が経営破綻した場合，消費者へのインパクトが大きいからである。そのため，これらの業務を含む場合，営業保証金と基準資産の額が高く設定されている。

次に資本系列別の分類について見ていきたい。HIS やワールド航空サービスなどは他の資本に属することなく旅行業を立ち上げた会社であるが，ほとんどの旅行会社は他産業からの参入，あるいは系列下にある。旧国鉄・JR 系ならば JTB や日本旅行，私鉄系ならば KNT-CT ホールディングス（近畿日本ツーリスト）や阪急交通社，京王観光，名鉄観光，西鉄旅行，物流系ならば日通旅行や日進航空サービス，新聞系ならば毎日企画サービスや読売旅行，産経旅行，航空系ならばジャルパックや ANA X，インターネット系ならば楽天トラベル，カード会社ならば JCB トラベル，農協・生協ならば農協観光や大学生協などである。その他に，大企業の系列会社で自社グループ内の出張やインセンティブ（報奨）ツアーを扱うインハウス・エージェントと呼ばれるものがある。

（4）旅行産業の市場

表4-2は旅行業者の登録区分別に旅行会社数を示したものである。その数は第3種旅行業者が最も多く，第2種旅行業者，第1種旅行業者の順に少なくなる。

旅行会社総数は2015年まで総じて減少傾向にあり，特に第1種旅行業者と第3種旅行業者の減少が著しい。地域振興を目的に第3種旅行業者が一定の条件の下で募集型企画旅行の実施が可能となり，加えて登録要件が緩和された地域限定旅行業者が新設され，それが増加しているにもかかわらず，2014年度と2015年度の旅行会社総数は1万社を割っている。しかし，2016～19年にかけて，

表4－2　旅行業者数の推移

（単位：社）

年	第1種旅行業者	第2種旅行業者	第3種旅行業者	地域限定旅行業者	旅行業者計	旅行業者代理業者	合　計
2006	817	2,757	6,088	――	9,662	959	10,621
2007	808	2,793	6,153	――	9,754	930	10,684
2008	812	2,804	6,098	――	9,714	892	10,606
2009	791	2,787	5,957	――	9,535	901	10,436
2010	769	2,744	5,891	――	9,404	879	10,283
2011	738	2,785	5,837	――	9,360	880	10,240
2012	726	2,799	5,749	――	9,274	872	10,146
2013	701	2,869	5,738	――	9,308	837	10,145
2014	696	2,777	5,625	45	9,143	835	9,978
2015	697	2,776	5,524	77	9,074	810	9,884
2016	708	2,827	5,668	118	9,321	779	10,100
2017	704	2,914	5,789	144	9,551	750	10,301
2018	688	2,980	5,816	200	9,684	706	10,390
2019	691	3,022	5,803	267	9,783	675	10,458
2020	686	3,043	5,692	369	9,790	620	10,410
2021	670	3,036	5,451	453	9,610	564	10,174

出所：日本旅行業協会HP「旅行業者数の推移」記載のデータを基に筆者作成。

地域限定旅行業者を中心に，第2種旅行業者と第3種旅行業者の増加が旅行業者代理業の減少数を上回り，再び旅行業者総数が1万社台を回復している。ただ，2020年と2021年は地域限定旅行業者を除く，全種別において減少に転じた。その結果，旅行業者総数が減少している。

では，旅行産業の取扱高の状況はどうなっているだろうか。確認できる総取扱額が日本交通公社の2014年度の調査が最後になるが，それによると，2014年度は6兆600億円で，そのうち第1種旅行業者が5兆1600億円を占め，残りが第2種旅行業者，第3種旅行業者の取扱高である。つまり，数では全体のわずか7％にすぎない第1種旅行業者が，総取扱高の85％を占めているのである。そこから，資本力のある旅行会社に旅行商品の取り扱いが集中していることがわかる。

2　旅行産業の形態

(1) 旅行商品と仕入れの仕組み

旅行商品は俗に「アゴ」「アシ」「マクラ」と呼ばれる食事，交通，宿泊といった旅行素材で構成されている。旅行素材にはこれら以外に，名所旧跡，自然，博物館，美術館，スポーツ観戦などの主に見ることを主眼においた観光，あるいはテーマパークや遊園地などの遊び，ハイキング，登山，スキー，スケートなどのスポーツ的体験，ホームステイや農作業，漁などを通じた体験学習的な観光など様々なものがある。さらに，添乗員や現地ガイド，現地係員といった人的サービスも旅行素材の一つである。

このような旅行素材は，単体でも商品として成立するものであり，その販売は前述のとおり，旅行業法上の手配旅行にあたることが多い。

一方，いわゆるパッケージツアーと呼ばれる企画旅行は，これら旅行素材を仕入れて，旅行商品として造成されたものである。海外旅行の場合を例にすると，仕入れ先はエア（航空会社）とランド（ツアーオペレーター）の2つに大きく分かれる。エアは航空会社が提供する，出発地から目的地までの航空機の座席を指す。仕入れ方法は，航空会社から直接仕入れる方法とディストリビューターを通じて仕入れる方法の2通りがある。他の産業でいえば前者が生産者で，後者が問屋に相当する。ランドは目的地の宿泊をはじめとする旅行素材すべてを指し，海外のツアーオペレーターがこれらを仕入れて，日本の旅行会社に卸す。日本国内にはこのランド手配を専門にする会社もあり，そこを通じて手配依頼する場合がある。この場合，日本のツアーオペレーターは海外のツアーオペレーターを通じて旅行素材を仕入れるので，海外のサプライヤーと旅行会社との間には2つの「問屋」が介在することになる（図4-1）。

他方，後述するように，インターネットの普及と旅行スタイルの個人化にともない，消費者が旅行会社を介さずに，エアやランドから直接旅行素材や旅行商品を購入することが増えている。ただし，たとえば消費者が海外ツアーオペレーターへ，インターネットを通じて旅行の手配を依頼した場合，日本の旅行

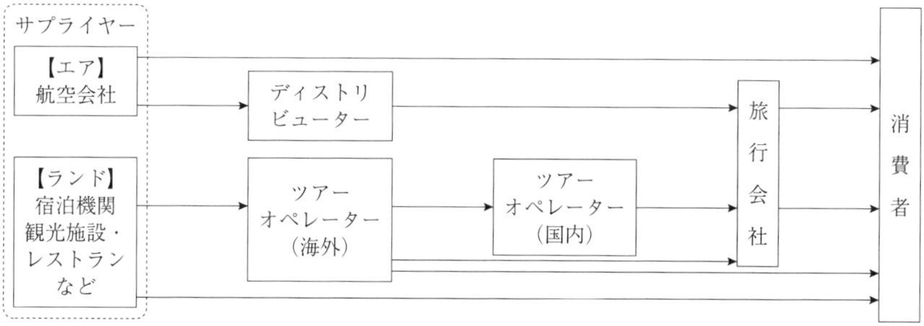

図４－１　旅行素材（海外旅行）の流通構造

出所：筆者作成。

業法や旅行業約款が適用されないことは留意しておくべきだろう。

（2）消費者と標準旅行業約款

旅行者が旅行会社へパッケージツアーを申し込む，あるいは航空券を購入するという行為は，両者が契約を結ぶことを意味する。この契約のルールをあらかじめ定めたものが約款である。

旅行業約款には，観光庁が定めた標準旅行業約款があり，ほとんどの旅行会社がこれと同じ約款を用いている。

ここでは旅行者と旅行会社との間のトラブルとしてよく見られる，キャンセル料や現地手配のミスについて，標準旅行業約款ではどのように定められているのか見ていこう。

旅行商品購入の契約は，企画旅行の場合，旅行者が旅行会社へ申込書と申込金を提出して，はじめて成立するものである。仮にキャンセル料が発生する期日以降に，電話やカウンターなどで口頭で申し込み，その後取り消しても，申込書と申込金を提出していなければ，旅行者は旅行会社からキャンセル料を請求されることはない。ただし，手配旅行の場合，同様のケースに対し旅行会社はキャンセル料を請求できる。

パンフレット記載内容と実際の内容が異なっていたというトラブルも多い。この場合，標準旅行業約款では旅程管理や旅程保証の項目において解決されるのがほとんどである。航空会社の予約過剰により，予定の便に搭乗できず，翌日の代替便に変更となった場合，あるいはパンフレットでは，「海が見えるホテルの部屋を確約」と記載されていたが，実際は異なっていたという場合がこれにあたる。これらは，それぞれ航空会社とホテルの責任ではあるが，旅行会社は代替サービスの手配を行うとともに，それが約款上の定めを満たしていない場合は，約款に定められた変更補償金を支払わなければならない。

企画旅行中の不慮の事故による身体生命および携行品の損害については，旅行会社の責任の有無にかかわらず，特別補償規程によって処理される。また，旅行会社の故意や過失によって旅行者に損害を与えた場合の損害賠償請求についても約款に明記されている。

ところが，このような契約条項があるにもかかわらず，旅行者と旅行会社間のトラブルは絶えず，裁判での争いに発展することもある。身体生命に関わる事故の場合，旅行会社側の安全確保義務の範囲が争点となる。だが，その範囲と過失をどのように線引きするのか，具体的な記述は標準旅行業約款にはない。現行の標準旅行業約款では解決しえない部分に，旅行会社がいかに真摯に旅行者に向き合えるか，人の命をも預かるサービス業の存在意義が問われている。

3　旅行産業の現状と展望

（1）インターネットの普及とノーコミッション時代

インターネットが出現する以前，旅行会社は列車の切符や航空券，ホテルなどの客室の旅行素材をサプライヤーに代わって販売する場合，それぞれのサプライヤーから契約に基づくコミッションを収受していた。コミッション率は国内線航空券で価格に対して５％，国際線航空券で９％，宿泊施設で10～15％程度であった。

インターネットの普及により，旅行会社は旅行商品をインターネット上で広告，販売することで，パンフレット作成や新聞，雑誌への広告の場合よりも販売までに時間をかけることなく，人件費や店舗コストを大幅に圧縮することが可能となった。しかし，その一方で旅行会社へ販売を委ねていたサプライヤー側が，インターネットを通じて直接販売に乗り出し，旅行会社に対しては漸次コミッション率の引き下げに入り，国際線航空券の場合だと，2009年には基本的に廃止となった。つまり，旅行会社が果たしてきた媒介機能がインターネットに取って代わられたといえる。

（2）オンライン旅行商品の流通――OTA の登場と台頭

このような状況のもと，リアルな店舗を持たず，インターネット上だけで旅行商品を販売する旅行会社が登場した。これを Online Travel Agency といい，一般的に頭文字をとって OTA と呼ばれる。なお，前節で触れたような既存の旅行会社（OTA に対して TTA：Traditional Travel Agency と称されることがある）も，店舗販売のほかにオンラインにおいても販売しているが，これは OTA と呼ばれず，あくまでもネット空間のみを販売の場とする旅行会社が OTA である。現在，日本では楽天トラベルが日本最大の OTA である。

ただし，実店舗を持たないオンライン専業者でも，いくつかの形態に分かれており，それぞれ適用される法律や約款，規約が異なる。したがって，これらをすべて OTA として一括りにすることには議論が分かれる。いずれにせよ，各々の形態の違いに消費者は注意する必要があろう。たとえば，宿泊施設の予約の場合，楽天トラベルや一休.com は利用に際して，旅行業法に基づき標準旅行業約款の手配旅行契約が適用される。一方，じゃらんネットは宿泊施設に対して，インターネットの売り場を提供することで，宿泊機関から手数料を徴収して，消費者から代金を徴収することはない。消費者が直接宿泊施設と契約を結ぶという形の利用契約となっている。このような形態を「場貸しサイト」という。しかしながら，既存の旅行会社のオンライン販売にも，この「場貸しサイト」が見られるので，注意を要する。また，エクスペディアや Booking.com（ブッキング・ドットコム）のような外資系の OTA は，日本語サイトであってもサーバーが海外にあるため，日本の旅行業法は適用されず，したがって手配旅行契約は結ばれない。他方，複数の OTA の価格を比較できるトリバゴやトリップアドバイザーといったメタサーチエンジンが存在感を増している。最近，これらメタサーチエンジンを経由して，消費者が OTA にアクセスするケースが増えているが，メタサーチエンジン自体は消費者と直接取引するわけではないので，場貸しサイト同様，旅行業法の適用を受けない。

さらに，企画旅行商品においても，ネット上においてオーダーメイドでパック商品を作ることができるダイナミックパッケージと呼ばれる商品が出現した。これは航空券にホテルや観光を組み合わせて予約購入するものであるが，消費者とは募集型企画旅行契約が結ばれるのが原則である。欧米では2000年代初頭にサービスが始められたが，日本では2005年から出現した。現在はOTAだけでなく，JTBなどの既存の旅行会社も販売を強化している。

（3）旅行産業にとってのインバウンド

2003年「ビジット・ジャパン・キャンペーン」の発表以降，インバウンド振興を目指す政策が次々と打ち出された。その結果，2002年の訪日外国人旅行者数が523万8963人であったのに対し，2019年は3188万2049人へと著しく増加した。また，2019年の日本国内の旅行消費額約27兆9000億円のうち，訪日外国人旅行者による旅行消費額は約4兆8000億円で，全体のおよそ20.8%を占めた。ところが，旅行業者の取扱額はコロナ禍前の2019年度の主要48旅行会社の実績においても，全体の取扱額約4兆2913億156万1000円のうち，インバウンドの売上高は1996億1998万1000円で，全体のおよそ4.7%にすぎない。

この理由として以下の3点が考えられる。まず1つ目は，欧米人は旅行会社を通さないFIT（Free Indivisual/Independent Traveler）主体の旅行スタイルが一般的である点である。2つ目に，インバウンド受け入れとは，すなわちツアーオペレーター業務を指すが，このツアーオペレーターは旅行会社に対して立場が弱いため元来収益性が低いという実情がある。したがって，これまで送客型の業務を行ってきた日本の旅行会社が，あえてこのツアーオペレーター業務を行うことに対して躊躇している点が挙げられる。3つ目は，アジア系の訪日観光客の取り扱いには，在日コリアンや華僑が経営する民族系ツアーオペレーターが多く参入している点である。たとえば華僑系の場合，ツアーを受注するために中国の旅行会社に対して安い見積りを提示する一方，実際のツアーでは利益を確保するために，観光の時間を短縮させてでも旅行者を免税店に連れて行き，高額な商品を購入させて，免税店側からコミッションを得る方法を取っていた。あるいは，バス貸し切りの予約を複数のバス会社に同時に依頼しながら，料金値下げ交渉を執拗に行い，最終的に最安値を提示したバス会社を選択して，他の会社への予約はキャンセルするという行為が見られた。このような商習慣の違いから，日本の旅行会社が民族系ツアーオペレーターに太刀打ちするのは難しい状況にあった。

こういった悪質行為を排除するために，2018年からツアーオペレーターを旅行サービス手配業と位置づけ，旅行業法を適用させて登録することとした。この法改正によって，どれほど改善されたのかが判然としないうちにコロナ禍を迎えたが，これが終息してインバウンドが本格的に復活した折に，具体的にどのような効果が見られるのか，注目したいところである。

では，日本の旅行会社はインバウンドの盛り上がりに対して何ら策を講じていないのだろうか。業界最大手のJTBは，インバウンド事業を展開してきた国際旅行事業部を分社化し，「JTBグローバルマーケティング&トラベル」を設立した。その後，JTBグループ内の他のインバウンド系企業を統合して現在に至っている。その業務内容は対旅行者と対法人に分けられる。対旅行者向けパッケージツアーには，1964年から販売されている「サンライズツアー」や体験ツアーに特化した「エクスペリエンス・ジャパンツアー」がある。また，インターネット販売にも力を入れており，個人旅行者向けの“JAPANiCAN.com”というサイトがあり，ホテルや列車の切符，ツアーの販売がなされている。

法人対象に対しては，企業のビジネスミーティング（Meeting）やインセンティブツアー（Incentive），国際会議（Convention），展示会・大型イベント（Exhibition/Event）などのMICE（マイス）に力を入れている。とりわけ国際会議では，宿泊やオプショナルツアーといった旅行素材の手配を主催者側から受注するだけではなく，会場手配やその運営を含めパッケージで請け負う。主催者側にしてもこのようにパッケージで一社に依頼する方がコスト面でも運営面でも効率がよいという。すなわち，従来の旅行業の業務範囲にとどまらない問題解決型のビジネススタイルが垣間見られる。

（4）コロナ禍とその後――旅行産業の展望

人流と交流をビジネスとする旅行業がコロナ禍のなか，未曾有の苦境に立っているのは事実であるが，同時に変革のチャンスである。

コロナ禍において，自宅から車で1～2時間圏内の近場の旅行を推奨するマイクロツーリズムや観光地でリモートワークをしながら休暇を楽しむワーケーション，あるいはインターネットを通じて疑似旅行を体験するオンラインツアーなどが新たに出現した。これらがコロナ禍終息後，国内・国際各観光客が戻ってきた時にもさらなる発展をし得るものかは，今後注目すべきところである。では，旅行会社はコロナ後に向けてどのような展望を描いているのか見てみよう。

これまで述べてきたとおり，コロナ禍前においてもインターネットの普及や人々の価値観の多様化に伴う旅行スタイルの変化によって，旅行会社も変化を強いられてきた。たとえばJTBでは，店舗の削減やリモート接客などによってコスト面の効率化を図るとともに，OTAの市場のシェア拡大に対し，オンライン販売に比重を移しつつあった。その取り組みの一つが，2017年度に立ち上げられた「ダイナミックJTB」というダイナミックパッケージ商品である。

他方，地域に目を向けてみると，地域資源を用いた着地型旅行商品を造成し集客していくことによって，地域の活性化を図ることが大きな課題となっている。JTBは，このような課題解決に積極的に関わる地域交流事業を早くから推進してきた。その具体的な商品の一つが，2009年に始まった「地恵のたび」である。これは地域の着地型旅行商品造成に関わりながら，企業や学校などの団体向けの企画商品として流通させる取り組みである。

さらに，2018年4月に「新たな価値提供に向けた経営改革」を発表した。これはチケット代売を主とする創業時，パッケージ商品の大量販売を主とする第2創業期に続く「第3の創業」と位置づけられている。その目指すところは業務のデジタル化とソリューションビジネスへの転換である。ソリューションビジネスは，法人顧客の価値向上を目指すビジネスソリューション領域と地域の価値向上を目指すディスティネーションエコシステム領域の2つに分かれる。このうちビジネスソリューション領域はMICE事業に垣間見られた，従来旅行会社が手掛けてこなかった非旅行事業への参入を目指すものである。

そして，コロナ禍の2020年7月より中期経営計画「『新』交流創造ビジョン」をスタートさせた。この計画では，「ツーリズム戦略」「エリアソリューション戦略」「ビジネスソリューション戦略」という3つの成長戦略が示されている。「ツーリズム戦略」では商品のダイナミック化が強調され，「エリアソリューション戦略」では前述の着地型旅行商品の造成・流通だけではなく，地域のマネジメント全般に関わろうとしている。また，「ビジネスソリューション戦略」ではより一層，非旅行事業へのソリューション提案が強調されている。要するに，コロナ禍以前から行われきた経営戦略の見直しを，コロナ禍が強力に後押しした形ともいえよう。また，このような動きは，これまで旅行会社が旅行シーンにおいて発揮してきた媒介機能を，他業態にも押し広げていこうとするものともいえる。

この動きはJTBだけではなく，KNT-CTホールディングスや日本旅行などがコロナ禍で発表した中期経営計画にも見られる。

これまでの常識を覆す新たな旅行業の姿が立ち現れてくるのを期待したい。

引用・参考文献

e-Gov法令検索HP（https://elaws.e-gov.go.jp）。

一休.com『一休.com利用規約』（https://www.ikyu.com/help/ex/kiyakuGuest.htm）最終更新日2023年1月13日（2023年7月16日閲覧）。

柏木千春「コロナショック――観光氷河期における旅行業の進化の行方」『大正大学公共政策学会年報』2，2022年，17〜34頁。

観光庁HP（http://www.mlit.go.jp/kankocho/index.html）。

「企業研究（Vol. 160）JTB旅行業 変身なるか苦境の巨人」『日経ビジネス』1948，2018年，56〜59頁。

近畿日本ツーリストHP『「場貸し型宿泊予約サービス」利用規約』（https://shopsadmin-eyado.knt.co.jp/resources/inc/kiyaku/ek20151201.pdf）改正日2015年12月1日（2023年7月16日閲覧）。

KNT-CTホールディングス株式会社HP「中期経営計画 2021年度〜2025年度――中期経営計画（骨子）の策定について」（https://www.kntcthd.co.jp/ir/chuuki_keiei.html）掲載日2021年2月9日（2023年7月16日閲覧）。

公益財団法人日本交通公社『旅行年報2015』2015年。
佐藤千洋「旅行業における新たな収益源確保への模索――着地型観光商品の開発を事例として」『観光研究』33(1)，2021年，41～48頁。
JTB グローバルマーケティング＆トラベル HP（http://www.jtbgmt.com/jp/）。
JTB 広報室 HP「2018年度 連結決算概要 経営改革のさらなる推進に向けた特別損失・営業外損失の計上により増収減益」『News Release』（https://press.jtbcorp.jp/jp/2019/05/20190524-2018kessan.html）掲載日2019年５月24日（2023年７月16日閲覧）。
JTB『JTB GROUP PROFILE』2021年。
JTB『地恵の旅』（2018年４月～2019年３月団体・グループ旅行企画書）。
島川崇『新しい時代の観光学概論――持続可能な観光振興を目指して』ミネルヴァ書房，2020年。
じゃらん net HP『じゃらん net 宿泊施設等予約サービスご利用規約』（https://cds.p.recruit.co.jp/terms/jln-t-1002/index.html）改正日2015年３月16日（2023年７月16日閲覧）。
高井典子・赤堀浩一郎『訪日観光の教科書』創成社，2014年。
日本旅行 HP「日本旅行グループ中期経営計画 2022～2025について」『News Release 日本旅行ニュース2021』（https://www.nta.co.jp/news/2021/__icsFiles/afieldfile/2021/12/24/cyukei-kakusei.pdf）掲載日2021年12月24日（2023年７月16日閲覧）。
日本旅行業協会 HP（https://www.jata-net.or.jp/）。
林清編『観光産業論』（観光学全集第６巻）原書房，2015年。
三浦雅生『標準旅行業約款解説第２版』自由国民社，2018年。
森下晶美編『新版旅行業概論――旅行業のゆくえ』同友館，2018年。
楽天トラベル HP『「楽天トラベル」利用規約』（https://travel.rakuten.co.jp/info/agreement.html）改正日2023年６月１日（2023年７月16日閲覧）。
立教大学観光学部旅行産業研究会編『旅行産業論改訂版』公益財団法人日本交通公社，2019年。

第5章
宿泊産業

1　宿泊産業の現状

（1）宿泊産業の定義

われわれは，日常生活において，個人や団体での観光旅行，仕事での出張，帰省，家事などを目的にして，ホテル，旅館，実家，別荘，友人宅などの場所を，宿として選択して泊まっている。ここで，改めて「宿泊」の意味を『広辞苑（第六版）』で確認すると，「宿」とは「一時泊まる所。旅先で泊まること，また，その家」であり，「泊」とは「宿をとること」とされている。なお，「宿泊」とは，「自宅以外の所に泊まること」とされている。

ホテルや旅館等の定義や基準を定める法律である旅館業法では，「宿泊」を「寝具を使用して施設を利用すること」とした上で，「宿泊料を受けて人を宿泊させる営業」を，「旅館業」（ホテル，旅館等を含む）としている。また，同法では，宿泊料を徴収しない場合は適用外としており，施設の宿泊者がその宿泊する部屋に生活の本拠を持たないことを原則としている。

以上のことから，本章における「宿泊産業」とは，「様々な目的の旅行者に対して，一時的に宿泊するための場所（＝宿泊施設）を有償で提供する営業を行っている業種から構成される産業」と定義する。

先述した旅館業法では，宿泊産業における業態を，表5－1のとおり，「ホテル・旅館営業」「簡易宿所営業」および「下宿営業」の3種類に分類している。ただし，同法では，実際に営業する際に施設で使用する名称については規制しておらず，旅館営業の許可を得ながら「ホテル」と称している施設がある。また，ペンションや民宿には，旅館営業の許可を得ているものと簡易宿所営業の

表５－１　旅館業法による営業形態の分類

種　類	内　容
ホテル・旅館営業	施設を設け，宿泊料を受けて，人を宿泊させる営業で，簡易宿所営業及び下宿営業以外のものをいう。
簡易宿所営業	宿泊する場所を多人数で共用する構造及び設備を設けてする営業。
下宿営業	施設を設け，１月以上の期間を単位とする宿泊料を受けて，人を宿泊させる営業。

出所：厚生労働省「旅館業法概要」を基に筆者作成。

許可を得ているものがあり，まちまちである。したがって，現に営業している施設については，法規上の位置づけの確認が必要となる。

（２）宿泊産業の市場規模

公益財団法人日本生産性本部の『レジャー白書』によると，宿泊産業におけるホテルと旅館の市場規模は，2018年度は，ホテルが一兆5040億円，旅館が１兆4010億円，2019年度は，ホテルが１兆6450億円，旅館が１兆3760億円であった。2020年度は，コロナ禍の影響により，ホテルが8320億円，旅館が7000億円と，いずれもほぼ半減した。一方，厚生労働省の「衛生行政報告例」によると，ホテルと旅館の軒数は，2018年３月末の時点では，ホテルが１万402施設，旅館は３万8622施設となっている。軒数の規模でみると，旅館はホテルをはるかに上回っており，売上高の規模からして，旅館には，小規模・零細な経営の施設が多いことが推察される。

宿泊産業全体の市場規模は，1980年代までは拡大基調にあった。しかしながら，バブル崩壊後の1992年以降は，長期にわたる景気低迷によるビジネス・観光需要の停滞，地方経済の衰退により供給過剰になった施設の廃業により減少してきた。2012年からは，景気の底打ちに加えて，急速な訪日外国人旅行客によるインバウンド需要の拡大により増加に転じていたが，2020年からは，コロナ禍により大きく縮小した。

施設別にみると，表５－２のとおり，ホテルの市場規模は，年により若干の落ち込みがあったものの概ね拡大基調を保ってきたが，2005年から2011年までは落ち込んだ。その後，2012年からは増加に転じ，コロナ禍までは，対前年で

表5-2　ホテルと旅館の市場規模の推移

	ホテル		旅館		合計	
年	売上高(億円)	増減率(%)	売上高(億円)	増減率(%)	売上高(億円)	増減率(%)
1982	4,730		18,870		23,600	
1985	5,600	18.4	21,410	13.5	27,010	14.4
1990	9,330	66.6	32,020	49.6	41,350	53.1
1991	9,860	5.7	35,020	9.4	44,880	8.5
1995	9,900	0.4	28,310	-19.2	38,210	-14.9
2000	10,250	3.5	22,080	-22.0	32,330	-15.4
2005	10,410	1.6	19,700	-10.8	30,110	-6.9
2010	9,760	-6.2	14,570	-26.0	24,330	-19.2
2011	9,490	-2.8	14,250	-2.2	23,740	-2.4
2012	9,790	3.2	13,990	-1.8	23,780	0.2
2013	10,820	10.5	13,950	-0.3	24,770	4.2
2014	12,010	11.0	14,200	1.8	26,210	5.8
2015	12,840	6.9	14,430	1.6	27,270	4.0
2016	13,160	2.5	14,600	1.2	27,760	1.8
2017	13,840	5.2	14,050	-3.8	27,890	0.5
2018	15,040	8.7	14,010	-0.3	29,050	4.2
2019	16,450	9.4	13,760	-1.8	30,210	4.0
2020	8,320	-49.4	7,000	-49.1	15,320	-49.3
2021	9,360	12.5	6,760	-3.4	16,120	5.2

出所：公益財団法人日本生産性本部『レジャー白書2022』，公益財団法人日本生産性本部『レジャー白書2017』，財団法人余暇開発センター『レジャー白書92』を基に筆者作成。

二桁増となっていた。

旅館の市場規模は，1991年をピークに大きく減少し，2013年には，1991年に対し6割減まで落ち込んだが，2014年からは増加に転じていた。

また，表5-3のとおり，軒数の推移は，ホテルが一貫して増加してきたのに対し，旅館は減少傾向が続いており，小規模・零細な旅館が減り続けていることが推察される。

（3）宿泊産業と外部環境

宿泊産業に影響を与える法律には，旅館業法，国際観光ホテル整備法，都市計画法，建築基準法，消防法，住宅宿泊事業法などがある。

旅館業法では，ホテル・宿泊営業，簡易宿所営業，下宿営業には，都道府県知事等の許可が必要であること，許可にあたり，法令が定める構造設備基準や

表5-3　旅館とホテルの軒数の推移

	ホテル		旅館		合計	
年	軒数	増減率(%)	軒数	増減率(%)	軒数	増減率(%)
1982	2,416		81,926		84,342	
1985	3,332	37.9	80,996	-1.1	84,328	-0.0
1990	5,734	72.1	75,952	-6.2	81,686	-3.1
1991	5,837	1.8	74,889	-1.4	80,726	-1.2
1995	7,174	22.9	71,556	-4.5	78,730	-2.5
2000	8,220	14.6	64,381	-10.0	72,601	-7.8
2005	8,990	9.4	55,567	-13.7	64,557	-11.1
2010	9,629	7.1	46,906	-15.6	56,535	-12.4
2011	9,863	2.4	46,196	-1.5	56,059	-0.8
2012	9,796	-0.7	44,744	-3.1	54,540	-2.7
2013	9,809	0.1	43,363	-3.1	53,172	-2.5
2014	9,879	0.7	41,899	-3.4	51,778	-2.6
2015	9,967	0.9	40,661	-3.0	50,628	-2.2
2016	10,101	1.3	39,489	-2.9	49,590	-2.1
2017	10,402	3.0	38,622	-2.2	49,024	-1.1
2018	-	-	-	-	49,502	1.0
2019	-	-	-	-	51,004	3.0
2020	-	-	-	-	50,703	-0.6
2021	-	-	-	-	50,523	-0.4

出所：厚生労働省「衛生行政報告例」，中村（2012），羽田（2008），原・岡本・稲垣（1991），を基に筆者作成。

換気，採光，照明，防湿，清潔などの衛生基準を満たすこと，広く顧客を宿泊させる義務，宿泊者名簿の常備義務などを定めている。旅館業法は，2018年に改正されたが，「ホテル営業」と「旅館営業」が統合され，「旅館・ホテル営業」となった。これにより，室数の少ない旅館の営業が可能になり，新たなサービスの可能性が広がっている。

国際観光ホテル整備法は，外国人客の宿泊に適当な必要最低限の設備基準を設け，この基準に合致し登録されたホテルを「政府登録ホテル」とすることを定めている。

都市計画法では，ホテルや旅館等を建築できる区域（用途地域）の規制があり，建築基準法では，ホテルや旅館の建物の耐火性能，採光，換気などの仕様に関する規制がある。また，消防法では，ホテルや旅館は，防火のための一定の管理義務が生じる防火対象物として指定され，建物内での一定の防火性能の具備や消防用設備の設置・維持の義務が定められている。

また，オリンピックや万博など国家的イベントの開催，地方創生，地方観光振興，訪日外国人旅行客の誘致，国際的なカジノ施設の誘致などの政策により，国内の宿泊産業の需要は，大きく影響を受ける。

さらに，テロの発生など国際情勢の悪化，リーマンショックのような世界経済情勢の悪化，国内における地震など天変地異の発生，新型コロナウイルスなど疫病の発生，世間での自粛ムードの発生なども，国内の宿泊産業の需要に大きな影響を与える。

（4）宿泊産業の経営構造

宿泊産業は，経営構造上，「立地依存性」「資本集約性」「労働集約性」「事業の複合性」の4つの特徴を有している。

1つ目は，立地依存性について見ていこう。宿泊産業においては，施設の立地条件として，鉄道や幹線道路などアクセスの利便性といった交通条件，気候，景観，観光資源の所在などの環境条件，地元の経済力などの経済条件がある。たとえば，「駅やインターチェンジから近い」「集客力のある観光地や繁華街が近接する」「出張の需要をもつ企業が近くにある」「施設からの眺望がとてもよい」など立地条件がよい施設は，経営上有利になる。ただし，この立地条件は，経営努力によって変化させることはできないため，立地条件に劣る場所に施設を建設した場合，顧客の獲得に苦労することになり，経営上不利になる。

2つ目は，資本集約性である。施設の建設においては，建物本体，館内の電気・空調・給排水・照明などの設備，客室やロビーに配置される家具・什器・備品について，防火管理，安全管理，衛生管理の面はもちろん，高級感や文化性・芸術性といった内部空間の雰囲気づくりなど多様な要件が求められる。また，顧客のニーズに合った客室タイプやレストランなどの組み合わせといった施設構成，サービス提供，清掃作業，設備のメンテナンスのしやすさなど効率的な運営上のレイアウトが考慮されなければならない。そのために，建設には，多額の設備投資が必要となってくる。これに対し，客室における宿泊料金には，タリフ料金と呼ばれる定価が存在し，また客室数やレストラン数などの収容力にも上限があるため，想定できる最大の売上は，実際には，施設の建設の段階で決まってしまう。したがって，投資額が割高なものであった場合は，減価償却費など不動産コストが固定的な費用として，経営を圧迫することになり，投資回収が不可能なものであった場合は，経営破綻に至る。

３つ目が，労働集約性である。宿泊産業は，建物・設備や内装・インテリアに加えて，人的サービスにより顧客価値を提供する側面をもつ産業であり，顧客に提供する客室での滞在や食事といった「商品」は，無形性，同時性，異質性，消滅性といったサービス業としての特性を有する。このため，事前のブランドイメージの構築，施設や商品についての正確な情報の提供，予約のスムーズさ，感動や驚きをもたらす滞在時のおもてなしなど，サービスクオリティを実現するために，多様で，教育訓練された従業員が必要となる。仮に，短期的な利益を求めて費用削減のために，人的サービスの担い手である従業員を減らすと，サービスクオリティの低下により，顧客満足度は低下して，結果的に収益性は落ちてしまう。したがって，宿泊産業では，一定数の従業員の雇用が必要となり，労働集約性が高くなる。その上で，おもてなしのプロとなる人材の採用と教育訓練，顧客に満足を与えるスタッフのモチベーション管理，繁閑に応じた効率的な人員配置など，人事労務管理のノウハウが極めて重要になる。

最後に，事業の複合性である。宿泊産業では，施設によって，客室サービス，朝食や夕食などのレストランサービス，宴会サービス，婚礼サービス，大浴場・フィットネスクラブ・リラクゼーションサロンのサービスなど，多様な種類のサービス機能を組み合わせて提供している。これらのサービスはそれぞれに専門性が高く，特化した営業活動と人材の雇用を要するので，独立した複数の経営・運営ノウハウが必要となる。とりわけ，レストランや宴会など料飲部門の規模は，全体の収益性に大きな影響を与える。料飲部門は，食材などの材料費と調理・接客スタッフの人件費だけで，売上高比率が50％を超えてしまうため，部門としての利益率は低い。そのため料飲部門の規模が大きい場合，需要が増えて売上が伸びると全体の収益性に大きく貢献する一方で，需要が少なくなり売上が減ると，全体の収益性を大きく圧迫する。また，調理や接客の面で顧客に支持されるサービスを提供できるためには，相当なノウハウの蓄積が必要となる。これらのことから，料飲部門は，一般に事業リスクが高いとされている。

2　宿泊施設の運営

（1）宿泊施設の業態分類

宿泊施設の業態については，近年多様化が進む一方で，統一した分類の尺度がないため，任意の名称が用いられている。

ここでは，一般に認められる，「客室の販売価格帯」「提供するサービス機能」「施設全体の規模」の3つの尺度により，ホテルと旅館での基本的な業態分類を行う。

まず，客室の販売価格帯については，提供される人的サービスのグレードとも併せ，概ね，「最高級」「高級」「中級」「低価格」「格安」の5段階のグレードとなる（グレードとホテルの価格帯イメージを表5-4に示す）。

提供するサービス機能については，前述したとおり，施設によって，客室，レストラン，宴会，婚礼，浴場・フィットネスクラブ・リラクゼーションサロンなどの機能がある。

施設全体の規模については，総客室数と提供するサービス機能の組み合わせにより，客室，レストラン，宴会，婚礼など多様な機能を提供し大規模なもの，客室とレストランのみの機能を提供し総客室数に応じて中から小規模のもの，客室のみの機能を提供し総客室数に応じて中から小規模のものがある。

次に，ホテルと旅館の分類について，この3つの尺度を用いて，代表的な業態名称として用いられる「シティホテル」「宿泊特化型ホテル」「ビジネスホテル・バジェットホテル」「リゾートホテル」「温泉旅館・観光旅館」「小規模高級旅館」「B&B旅館」について分類を行うと，表5-5のとおりである。

（2）宿泊施設の事業主体

宿泊施設の経営形態は，単独の事業主体が，敷地を取得・所有して建物を建設し，家具・什器・備品等の購入を行い，従業員を直接雇用して，日常の運営

表５-４　宿泊施設のグレードとホテルでの価格帯イメージ

グレード	ホテルでの価格帯イメージ
最高級（スーパーラグジュアリー）	４万円以上
高級（ラグジュアリー）	２万円～４万円
中級（ミドル）	１万円～２万円
低価格（エコノミー）	５千円～１万円
格安（バジェット）	５千円以下

出所：作古（1998），鈴木（1964），鈴木・大庭（1999），中村（2012），中村（2020），羽田（2008），林（2015），原・岡本・稲垣（1991）を基に筆者作成。

表５-５　ホテル・旅館の代表的な業態の分類

種類	業態	価格帯	提供機能	規模	内容
ホテル	シティホテル	最高級～中級	多機能	大	概ね500室以上の客室数で，最高級から中級までの多様な客室料金設定。法人宴会，婚礼宴会に対応した大中小の宴会場と和洋中のレストラン，バーなどを持ち，料飲部門の規模が大きい。フィットネスクラブなど付帯施設も充実している。
	宿泊特化型ホテル	最高級～高級	複数機能	中小	客室を300室前後に絞りつつ，最高級から高級までの客室料金設定をし，料飲部門の比率を抑えながら，客室やパブリックスペースの居住性・デザイン性を高め，宿泊客を中心にパーソナルサービスを提供する。
	ビジネスホテル・バジェットホテル	低価格～格安	単機能	中小	出張ビジネスマンをターゲットに，１室あたりの客室面積を抑え客室数を増やして，低価格から格安での料金設定とローコストオペレーションを両立。直営レストランを持たず収益性を追及。格安価格帯のものはバジェットホテルと呼ばれる。
	リゾートホテル	高級～中級	多機能	大	保養地，行楽地，テーマパーク隣接で立地し，観光客をターゲットに営業。家族向けのツインルームが主体。料飲施設，付帯施設も充実させている。
旅館	温泉旅館・観光旅館	高級～中級	多機能	大	報奨や慰安などの法人・団体旅行の需要に対応した，高級から中級までの料金設定。広めの和風客室，和風宴会場，劇場などエンターテインメント施設，土産物などの物販店，観光バスの大型駐車場などを備える。ホテルの影響を受けた和洋折衷の大型施設。
	小規模高級旅館	最高級～高級	複数機能	小	個人客をターゲットにプライベート性，デザイン性に優れた，離れ形式の客室や露天風呂付の客室とこだわりの料理の提供を行う。最高級から高級までの客室料金設定。
	B&B 旅館	低価格～格安	単機能	中小	ファミリーや個人グループ向けに，和室へのベッドの導入，夕食の提供はせずにブッフェ形式による朝食提供のみとするなど合理化を進めたローコストオペレーションにより，低価格での客室料金設定を実現。

出所：作古（1998），鈴木（1964），鈴木・大庭（1999），中村（2012），中村（2020），羽田（2008），林（2015），原・岡本・稲垣（1991）を基に筆者作成。

表5-6　宿泊施設の主な経営形態（リファーラル方式，アフリエイト方式は省略）

分　類	内　容
所有直営方式	単独の事業主体が土地や建物を所有し，直接，経営・運営する方式。
リース方式	単独の事業主体が土地や建物を所有者から借りて，経営・運営する方式。
運営委託方式	所有者ないし所有・経営会社が，運営を専門とするホテルチェーン等に，運営の一切を委託する方式。売上・利益に応じて委託料を支払う。
フランチャイズ方式	加盟金を支払ってホテル等のチェーンに加盟し，ブランド，運営マニュアル，予約システム等の提供を受けて経営・運営する方式。売上に応じてロイヤリティを支払う。

出所：鈴木・大庭（1999），中村（2012），中村（2020），原・岡本・稲垣（1991）を基に筆者作成。

表5-7　国内の代表的なチェーン（ブランド）

分　類	チェーンないしはブランド
専業会社によるホテルチェーン	帝国ホテル，ホテルオークラ，藤田観光，リーガロイヤルホテルなど
異業種からの参入によるホテルチェーン	プリンスホテル，東急ホテル，京王プラザホテル，阪急阪神第一ホテル，都ホテル&リゾート，東武ホテル，JR東日本ホテルチェーン，JR東海ホテルズ，JR西日本ホテルズ，ANAホテルズ，JALホテルズ，ロイヤルパークホテルズ，東京ドームホテル　リゾート・トラストなど
新興ビジネスホテル企業	東横イン，APAホテルズ，スーパーホテルズ，α—1，ルートインなど
外資系ホテルブランド	マリオット，ヒルトン，アコー，インターコンチネンタル，シェラトン，ハイアット，メディリアン，フォーシーズンズ，リッツ・カールトン，パークハイアット，マンダリン・オリエンタル，ペニンシュラ，シャングリ・ラ，ラッフルズなど
旅館再生企業	星野リゾーツ，湯快リゾート，大江戸温泉物語　など

出所：作古（2006），中村（2012），中村（2020），永宮（1999），原・岡本・稲垣（1991）を基に筆者作成。

を行う「所有直営方式」が基本形である。

一方で，資本集約性，労働集約性，事業の複合性という経営構造からくる制約を解消するために，所有・経営・運営の分離という手法が生み出されており，表5-6のとおり，「リース方式」「運営委託方式」「フランチャイズ方式」などにより，宿泊施設を所有・経営する事業主体と，宿泊施設の運営に特化した事業主体とが，契約により役割を分担する経営形態が広がっている。

ホテルでは，運営委託方式やフランチャイズ方式によるチェーン化が進んでいる。地方に立地するホテルの場合，有力者が迎賓館的に建設したホテルもあり，所有直営方式も存在する。一方，旅館では，所有直営方式による経営形態がほとんどを占めていた。しかしながら，バブル崩壊後に相当数の旅館が経営破綻した際，建物等を取得した不動産投資ファンド等が，旅館再生を事業とする企業に運営委託するなど，所有・経営・運営の分離が進みはじめている。

宿泊施設の事業主体としては，まず，様々な経営形態により施設を全国展開しているチェーン系の事業主体と，単体で地場産業的に経営している事業主体とに大別される。ホテルの場合，国内系チェーンホテルと外資系チェーンホテルがある。旅館の場合は，各地の温泉地・観光地で営業している有名旅館や地元の旅館，前述した旅館再生の専門会社によりチェーン化された旅館がある。また，資本系列としては，当初からホテル・旅館を営んでいる専業の企業に加え，不動産業，鉄道業，航空会社など異業種から参入した企業がある。表5-7に，代表的なホテルと旅館のチェーンを示す。

（3）宿泊施設の施設構成

宿泊施設においては，客室の広さが，建物の柱スパンや給排水設備の位置など建築上の骨格を決め，客室の料金設定が，施設全体のグレードを決める。そのため，施設構成の検討においては，客室の構成が重要になる。

まず，ホテルの客室に関しては，対象顧客やグレードにより，シングルルームとツインルームの比率，それぞれの客室面積，ベッドの大きさや仕様，バスルームの大きさや仕様，リビングスペースの大きさや仕様，配置される家具類の仕様，アメニティ類やルームサービスなどの客室サービスが組み合わされて検討される。たとえば，ビジネス客を対象とするホテルであれば，シングルルームの比率が高くなり，ビジネス客だけでなく観光客も対象とするホテルでは，ファミリーの利用を想定したツインルームの比率が高くなる。

これに対して，温泉旅館や観光旅館においては，客室は，定員が5～6名で，10畳程度（40～50 m^2）の面積を有している。また，素足・浴衣で自宅のようにくつろげ，布団で就寝する和室の仕様が引き継がれている。食事提供に関しては，自宅と同様にくつろいだままで食事ができる部屋食と館内レストランとの併用となっている。温泉に関しては，自然景観を活かした露天風呂の導入がスタンダードになっている。

なお，小規模高級旅館では，離れ形式など個人客向けのプライベート性を高めた客室となっており，家族や夫婦が貸し切りで入浴できる露天風呂や客室付帯の露天風呂が増えてきている。

（4）宿泊施設の販売

宿泊施設の客室は，宿泊施設の予約担当への電話や自社の予約サイトを経由した個人客からの直接予約などのほかに，JTB などの旅行代理店への販売委託，大口顧客としての優遇契約を締結している企業や団体等への直接営業を通じて販売される。

その際に，宿泊施設は，販売対象となるセグメントごとに，販売数量や個別ニーズに応じて，異なる料金設定をしている。個人客に対しては，宿泊需要の波動に応じて，需要が多い時には正規料金に近い料金で販売し，需要が少ない時には正規料金から大きく下げて，稼働を喚起する。一方，年間を通じて一定の予約数が見込める旅行代理店や企業・団体に対しては，割安な料金を提示する。これらを通じて，年間を通して客室収入の最大化を図ろうとしている。また，事前に施設のブランドイメージや商品・サービス・館内施設についての正確な情報を伝えるために，話題性のあるプラン作りやメディアへの広報にも力を入れている。

また，近年では，ICT 革命により，客室のインターネット経由での販売が拡大している。インターネットを経由した販売には，自社の予約サイトを通じた販売，旅行代理店が設けた予約サイトを通じた販売，楽天トラベル，じゃらん net，Expedia，Booking.com などのネット専門の宿泊予約サービス，すなわちオンライン・トラベル・エージェント（OTA）を通じた販売がある。自社の予約サイトでは，需要変動に応じて価格設定が容易にでき，手数料もいらないため，収益の最大化が可能になる。そのため，宿泊施設は，取り扱いの拡大に力をいれている。

このうち，オンライン・トラベル・エージェントは，顧客サイドからすると，他施設の比較が容易であること，ポイントサービスが充実していることから，利用が増えている。

また，宿泊施設の多様化・拡大による競争激化により，顧客が宿泊に求めるニーズは高度化しており，施設の清潔感や提供内容の正確性などは，あって当たり前となっている。そこで，接客サービスにあたるスタッフのおもてなしにより，顧客に感動や驚きなどプラスアルファの満足を提供することにより差別化することが求められている。そのため，ホテルや旅館は，顧客のニーズを先読みするための情報システム投資，教育・訓練，サービスパッケージの開発に取り組んでいる。

3　コロナ禍の影響と宿泊産業の今後の展開

（1）コロナ禍の宿泊産業への影響

2020年からの新型コロナウイルスの感染拡大は，世界規模での人の移動の抑制によるインバウントの激減，国内における外出自粛によるビジネス出張や国内観光旅行の激減により，稼働率の大幅な減少，客室単価の大幅な低下による経営悪化，ホテル・旅館の倒産増加など，宿泊産業に深刻な影響を与えた。その後，ウイルス変異やワクチン接種拡大などもあり，2022年からは，ウイズコロナでの社会経済活動が行われるようになり，2023年にかけて宿泊産業の需要もかなり回復してきた。

また，コロナ禍により，近場での休暇滞在（ステイケーション）や，都市近郊や地方の自然の中でのサテライトワークや休暇滞在（ワーケーション）のニーズが高まってきており，それらに対応したシティホテルやリゾートホテル，旅館でのサービスの利用が進んでいる。今後は，コロナ禍で高まったニーズに対応した新たな業態開発が進むものと予想される。

（2）ホテル業の展開

国内における近年のホテル開発は，事業リスクの高い料飲部門の割合を最低限に絞り込んだ宿泊特化型ホテルが主流となっている。

宿泊特化型ホテルは，これまでシティホテルを運営してきたホテルチェーンが新たに業態開発したものと，ビジネスホテル・バジェットホテルを運営してきたホテルチェーンが，客室の仕様や温泉設置などにより高付加価値化したものとがある。宿泊特化型ホテルは，ホテル事業として安定的な収益性が見込めることや回復する訪日外国人旅行客への対応も含めて，これからも展開が続くものと予想される。

一方，日本企業のグローバル展開や外資系企業の日本への進出により外国人ビジネスマンの宿泊需要が増えたことと，大規模都市開発におけるエリアブランドを高めることもあり，1970年代から外資系ホテルの進出が続いてきた。

外資系ホテルは，日本のシティホテルと比べて，レストランや宴会場などの料飲部門を最低限の規模に絞り込むことで，事業リスクを下げつつ，最高から高級の価格帯で客室を販売することで，比較的高い収益性を実現している。そして，日本のホテルに，建物の建築・デザイン，経営・運営ノウハウの高度化，人材の育成といった点で，大きな影響を与えてきた。

今後も，コロナ禍からの需要回復に伴う訪日外国人旅行客への対応や，潜在需要がまだまだあると想定されている日本における富裕層マーケットの開拓に向け，外資系ホテルの進出は続くことが予想される。

（3）旅館業の展開

旅館業においては，コロナ禍前から，団体客から個人客へのシフト，1泊2食付のような宿泊と食事のセット販売から，客室と食事を別々に販売する泊食分離へのシフトが課題となってきたが，コロナ禍により，団体客の利用はほとんどなくなり，マイクロツーリズムやワーケーションのニーズの高まりもあり，個人客や家族客の利用が増え，客室や施設面での改装や部屋食提供への変更なども進展している。

また，コロナ禍前から，星野リゾートなどの宿泊業の再生を手掛ける企業により，経営不振に陥った旅館が，パーソナルサービスを売りにした高級価格帯の旅館やリゾートホテル，格安均一料金など簡素で定型化されたサービスによる低価格帯の旅館として，業態変更され再生される動きが顕著であったが，コロナ禍での旅館へのニーズ変化を受けて，業態変更が加速化することが予想される。

（4）インバウンド需要の回復期待

日本における訪日外国人旅行客数は，2012年の812万人から2019年には3188万人まで伸びてきたが，コロナ禍により，2021年には25万人まで激減した。2022年から入国制限は徐々に緩和され，383万人まで回復し，国際情勢への不安はあるものの，日本政府は，2030年に訪日外国人旅行客数6000万人を目指す目標は変更していない。

訪日外国人旅行客による宿泊者が増加すれば，客室稼働と販売価格が上昇し，収益性が格段に高まることが予想され，宿泊産業にとって，インバウンド需要の回復は大いに期待されるところである。

また，訪日外国人旅行客による宿泊者の増が長期的に続けば，海外の大都市と同様に比較的高い客室の正規料金設定が可能になり，日本の宿泊産業が，高収益な事業に変貌する可能性もある。収益性が高まれば，労働分配率を高め従業員の給与水準を上げることができ，優秀な人材の採用を通じて，生産性の向上が見込めることになる。

さらに，コロナ禍の前には，訪日外国人旅行客の間では，京都，大阪，東京などの大都市に加えて，飛騨高山，城崎といった歴史があり日本文化を体験できる温泉地・観光地の人気が高まっていた。インバウンド需要の回復と共に，地方の温泉地・観光地に立地するリゾートホテルや旅館が再評価されていくことも期待される。

（5）民泊サービスの見通し

民泊サービスとは，自宅の一部や別荘，マンションなどの空室を使って，宿泊サービスを提供するものである。このサービスは，これらの空室を短期で貸したい人と旅行者や観光客をインターネット上で仲介するサイトを運営する会社に提供されており，米国の Airbnb（エアービーアンドビー）がその草分けである。

民泊サービスに対しては，空き家対策など地域活性化や訪日外国人旅行者の宿泊需要への対応への期待があったが，安全面や衛生面など適切な法規制が必要であったたため，2018年に民泊サービスのルールを定めた住宅宿泊事業法（民泊新法）が施行された。

2023年現在，民泊サービスは，民泊新法の基準を満たすホストや管理業者がまだまだ少ないこともあり，市場の拡大は緩やかであるが，コロナ禍においても堅調であったため，今後は，既存の宿泊産業とのすみわけが課題となっていくことが予想される。

引用・参考文献

大野正人『ホテル・旅館のビジネスモデル』現代図書，2019年。
北川宗忠編著『現代の観光事業』ミネルヴァ書房，2009年。
公益財団法人 日本生産性本部編『レジャー白書2017』公益財団法人 日本生産性本部，2017年。
公益財団法人 日本生産性本部編『レジャー白書2022』公益財団法人 日本生産性本部，2022年。
厚生労働省「衛生行政報告例」https://www.mhlw.go.jp/toukei/list/36-19.html（2023年4月29日閲覧）。
厚生労働省「旅館業法概要」https://www.mhlw.go.jp/stf/seisakunitsuite/bunya/0000130600.html（2022年10月9日閲覧）。
国土交通省『観光白書　令和4年版』https://www.mlit.go.jp/statistics/file000008.html（2022年10月9日閲覧）。
国土交通省観光庁「訪日外国人旅行者数・出国日本人数」https://www.milt.go.jp/kankocho/siryo/toukei/in_out.html（2023年4月29日閲覧）。
財団法人余暇開発センター編『レジャー白書92』財団法人 余暇開発センター，1992年。
作古貞義『ホテル旅館経営選書　ホテルマネジメント』柴田書房，1998年。
作古貞義編著『サービスマネジメント概論』学文社，2006年。
『週刊東洋経済』2016年2月6日，東洋経済新聞社。
鈴木博『近代ホテル経営論』柴田書店，1964年。
鈴木博・大庭祺一郎『基本ホテル経営教本』柴田書店，1999年。

鈴木宏『ホテル』（日経産業シリーズ）日本経済新聞社，1988年。
徳江順一郎編著『宿泊産業論』創成社，2020年。
中村恵二『図解入門業界研究　最新ホテル業界の動向とカラクリがよ～くわかる本』秀和システム，2012年。
中村恵二『図解入門業界研究　最新ホテル業界の動向とカラクリがよ～くわかる本（第2版）』秀和システム，2020年。
永宮和美『ホテル業界のすべてがわかる本』ぱる出版，1999年。
羽田耕治『地域振興と観光ビジネス』ジェイティービー能力開発，2008年。
林清編『観光学全集第6巻　観光産業論』原書房，2015年。
原勉・岡本伸之・稲垣勉『産業界シリーズ・649　ホテル産業界』教育社，1991年。

第6章
運輸産業

1　運輸産業の特質

（1）交通サービスの特性

「観光」と「交通」は，非常に密接な関係にある。たとえば，海外旅行に行くには飛行機に乗ることになるであろうし，国内旅行に行くには，飛行機のほかに新幹線や高速バス，または自家用車などの交通手段を利用することになるであろう。交通は，観光者と観光対象を物理的に結びつける「媒介機能」として，観光を構成する重要な役割を担っている。

交通サービスの特性の一つとして「派生需要」であることが挙げられる。派生需要とは，「本源的需要」を達成するために必然的に付随する需要のことであり，本源的需要とは，それ自体が目的となる需要のことである。

たとえば，新幹線に乗って温泉地へ旅行する場合，「温泉地に行くこと」が本源的需要であり，「新幹線に乗車すること」が派生需要となる。したがって，交通サービスは，本源的需要に大きく依存せざるをえないという性格を有することになり，そうした意味においても，観光地における本源的需要の多寡は，交通事業者にとって非常に重要な関心事となるのである。

ただし，近年の傾向として，JR 九州の「ななつ星 in 九州」や JR 西日本の「トワイライトエクスプレス瑞風（みずかぜ）」のようなクルーズトレイン，全国各地で運行される観光列車に見られるように，鉄道旅行を楽しむこと自体を目的とする，いわば交通サービスを本源的需要として商品化する試みが注目を集めている。

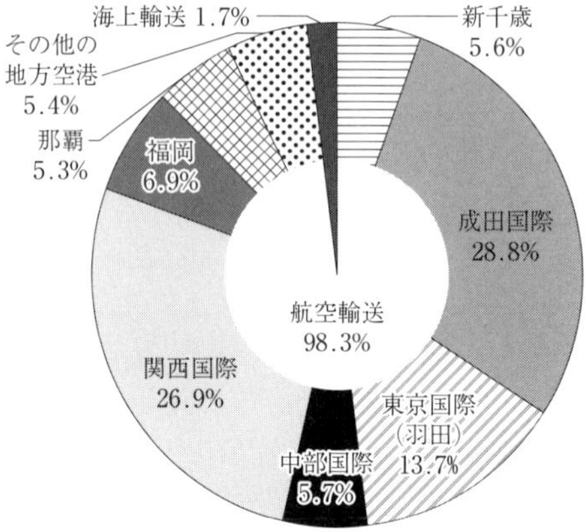

図6－1　入国外国人の旅客輸送の内訳（2019年）
出所：観光庁，2021年，297頁を基に筆者作成。

（2）運輸産業における市場構造

わが国は島国であり，ヨーロッパの国々のように徒歩や自動車などの陸上交通手段で国境を越えて移動することはできない。したがって，わが国におけるインバウンド観光では，航空輸送と海上輸送に必然的に依存することになる。図6－1は，入国外国人の旅客輸送の内訳を示したものである。これによると，全体の98.3%が航空機を利用して入国しており，残りの1.7%が船舶による入国である。また，入国旅客の約4割（42.5%）が首都圏空港（成田と羽田）を利用しており，このことからも首都圏空港の相対的な重要性が明らかである。

続いて，国内輸送について，輸送機関別の分担率を見てみよう。図6－2は国内旅客輸送の分担率に関する統計である。左図は「輸送人数」，右図は「輸送人キロ」で示したものである。

ここで，交通の単位について触れておきたい。交通では，その産出量を表す指標として，旅客では「人キロ」，貨物では「トンキロ」という単位を用いることが一般的である。「輸送人数」や「輸送トン数」でも産出量として表すことができるが，その場合，100人の旅客（あるいは100トンの貨物）を10キロ輸送した時も，100人の旅客（あるいは100トンの貨物）を1000キロ輸送した時も，同じ「100人」（あるいは「100トン」）という産出量になってしまう。交通とは，移動を伴うサービスであるがゆえに，何人（あるいは何トン）を何キロ（国によっては「何マイル」）輸送したかという「人キロ」や「トンキロ」という指標を使用した方が，より適切に産出量を表すことができるのである。

したがって，10人の旅客を10キロ輸送した時には100人キロ（10人×10キロ），同様に，10トンの貨物を10キロ輸送した時には100トンキロ（10トン×10キロ）

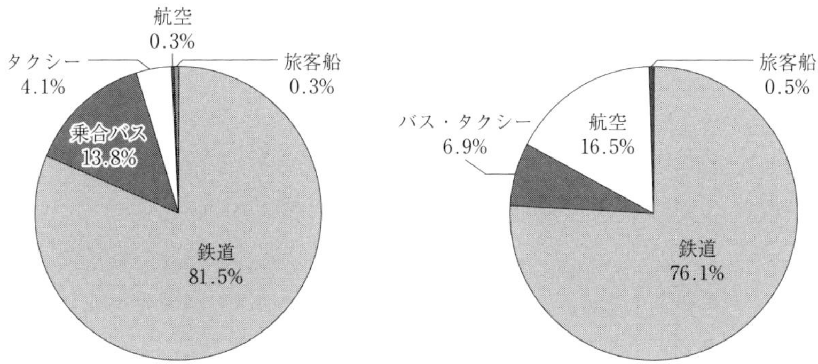

図６－２　国内旅客輸送の分担率（2019年度）（左：輸送人数ベース，右：輸送人キロベース）

出所：国土交通省，2021年，31頁，33頁を基に筆者作成。

という計算になる。

それでは，話を戻して，再び図６－２に目を転じてみよう。わが国の旅客輸送に関しては，「輸送人数」と「輸送人キロ」ともに，鉄道が圧倒的な比率を占めていることが明らかである。『鉄道輸送統計年報』の2019年度の統計によると，その内訳は，輸送人数では新幹線が1.5%，新幹線を除く JR が36.3%，JR 以外の民鉄が62.3%である。他方で，輸送人キロで見ると新幹線が22.8%，新幹線を除く JR が39.7%，JR 以外の民鉄が37.5%となり，長距離輸送を得意とする新幹線の特徴がよく表れた結果となっている。

（３）運輸産業と観光

続いて，観光の視点から鉄道との関係を見てみると，冒頭で述べた派生需要としての基本的な輸送業務のほかに，JR のクルーズトレインのような，鉄道旅行を楽しむこと自体を目的とする本源的需要の側面に焦点を当てた事例が注目される。また，地方の中小私鉄では，乗降客数を増やすため，観光需要に着目した様々な取り組みを実施している。

なかでもユニークな取り組みとして，たとえば，和歌山～貴志間の全長14.3キロを結ぶ和歌山電鐵では，三毛猫の「たま」を駅長とすることで観光客の人気を集めている。車両や駅舎に加えて併設するカフェのメニューやインテリアまで徹底して「ネコ」をモチーフにすることにこだわった取り組みは，数多くの観光客を国内外から呼び込むことに成功している。

また，他の事例として，千葉県の銚子～外川間の全長6.4キロを結ぶ銚子電気鉄道は，慢性的な赤字経営の打開策として，銚子市が醬油の製造で有名なことを活かして，特製の「ぬれ煎餅」を販売した。そして公式サイトに「ぬれ煎餅買ってください。電車修理代を稼がなくちゃいけないんです」という異例のお願い文を掲載したところ，全国的な話題を呼び，乗降客数の回復による鉄道部門の赤字減少と，ぬれ煎餅などの副業の利益が合わさり黒字基調の経営に転換することに成功している（銚子電気鉄道ホームページより）。

わが国の多くの中小私鉄は，自家用車の普及や昨今の少子化による通学需要の減少による乗降客数の減少に直面しており，こうした観光需要に着目した取り組みに各社とも知恵を絞っている。

続いて，バスについて見てみよう。バスは，「輸送人数」と「輸送人キロ」ともに，鉄道と比較すると，その比率は相対的に低い。しかし，観光との関係から見ると，とりわけ，かつて「高速ツアーバス」と呼ばれた業態が様々な側面から社会的に注目を集めてきたため，ここでも少し触れておくことにしたい。

ツアーバスとは，旅行会社が貸切バスを用いた旅行商品（パック旅行）の一形態であり，そのうち高速道路を経由する２地点間輸送のみを主としたものを高速ツアーバスという。高速ツアーバスは，形態としては貸切バスでありながら，実質的には高速乗合バスと同様に同一区間を同一時刻で毎日運行するといった定時定路線運行を基本としている。こうした高速ツアーバスは，高速乗合バスのような道路運送法に基づく厳格な規制を受けずに市場に参入することができるため，低価格でサービスを提供することで旅行者の人気を集めてきた。

その一方で，参入の容易さゆえの安全性に関する懸念がかねてから指摘されており，その中で2012年に関越自動車道において運転手の過労による居眠りが原因とみられる衝突死亡事故が発生した。これを受けて新規参入時や安全に関する規制が大幅に強化され，高速ツアーバスという業態は廃止され「新高速乗合バス」という新しい制度に移行するとともに，貸切バス事業者そのものに対する安全規制も厳格化された。

しかし，今度は2016年に軽井沢において運転手の技量不足が原因とみられるスキーバスによる転落死亡事故が発生し，この時に，事故を起こしたバス会社の法令遵守に関する意識が極めて希薄であったことが問題視された。こうした事故を二度と起こさないためには，貸切バス事業における構造的な問題を抜本的に洗い直すことが必要である。

最後に，航空について見てみると，「輸送人数」と比較して「輸送人キロ」の方が高い比率（16.5%）を示している。このことは，鉄道やバスをはじめとする他の輸送機関と比較して航空機の方が長距離輸送において活躍していることを意味するものである。次節では，観光の視点から見た航空輸送産業について取り上げてみよう。

2　航空会社の経営戦略

（1）ハブ・アンド・スポーク型の路線ネットワーク

前節で指摘したように，インバウンド観光に関していえば，わが国では航空輸送が必然的に重要な役割を担っている。そこで本節では，航空輸送産業について，観光を学ぶ上で重要なポイントを取り上げる。はじめに，航空会社の経営戦略について見てみよう。

海外旅行に行く時，目的地への直行便があると非常に便利である。しかし，実際には他都市での乗継便を利用することが少なくないであろう。たとえば，全日空と日本航空がヨーロッパ路線で直行便を飛ばしているのは，ロンドン，パリ，フランクフルト（ドイツ）をはじめとするわずか数都市の空港に限られている。これらの空港は，いずれもヨーロッパを代表する「ハブ空港」として知られており，そこから数多くの航空路線がヨーロッパ各地へと展開されている。ハブ空港とは，どのような役割をもち，航空会社や旅客にとってどのような影響を与えるのであろうか。

規制緩和により自由化された航空輸送市場では，激しい競争に直面する航空会社にとって，効率的に路線を構築することは経営上の重要な課題となる。そこで考え出されたのが，「ハブ・アンド・スポーク」という路線ネットワーク

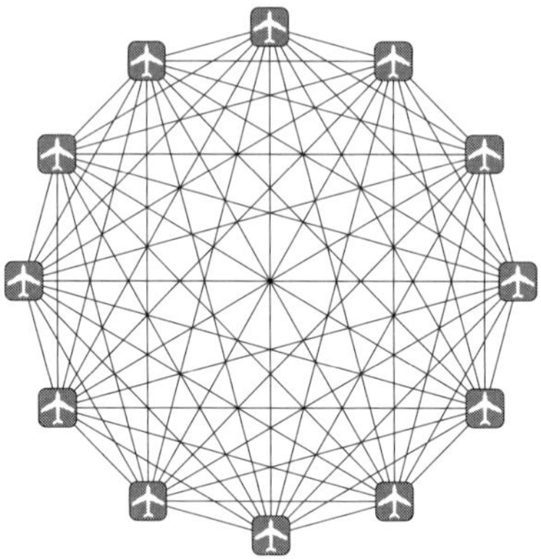

図6－3　2地点間の直行輸送によるネットワーク
出所：筆者作成。

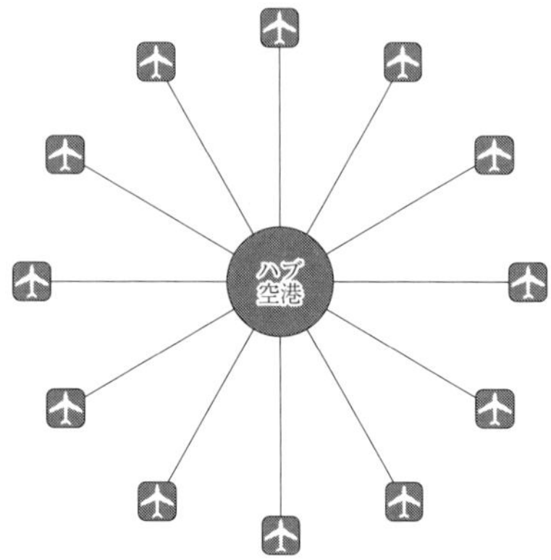

図6－4　ハブ・アンド・スポーク型のネットワーク
出所：筆者作成。

である。これは，拠点となる空港を「ハブ」と定めて，このハブ空港から放射状に路線（スポーク）を展開するネットワークのことである。

従来の2地点間の直行輸送では，すべての空港を結ぶためには｛n×(n－1)÷2｝の路線数が必要となる（n＝空港の数）。しかし，ハブ・アンド・スポーク型の路線ネットワークでは，ハブ空港における乗り継ぎが必要とはなるものの，(n－1)の路線数ですべての空港を結ぶことができる。

たとえば，図6－3は12の空港（あるいは都市）を2地点間の直行輸送で結んだ場合を示したものである。これによると，すべての空港を結ぶには66本の路線が必要となる。しかし，ここにハブ空港を介してハブ・アンド・スポーク型のネットワークを構築した場合，図6－4に示されるように，（空港の数はハブ空港が増えて13となり同一の条件での比較とはならないが）わずか12本の路線ですべての空港を結ぶことができる。

このように，ハブ・アンド・スポーク型の路線ネットワークは，少ない路線数で，より多くの空港や都市を結ぶことができるため，航空会社にとっては非常に効率的なネットワーク戦略である。しかし，その反面で，多数の路線がハブ空港に集中することで，時間帯によってはハブ空港が非常に混雑するという課題が挙げられる。一般的に，航空会社は旅客の乗り継ぎ時間の最小化を考えてスケジュール（航空ダイヤ）を設定する。たとえば，各地からハブ空港への到着便を午前10時台に集中させて，１時間後の午前11時台に各地への出発便を集中させるといった具合である。

したがって，とりわけ離発着容量に余裕のないハブ空港では，特定の時間帯に離発着便が集中することにより慢性的な遅延が生じることになる。こうしたケースでは，旅客は混雑したハブ空港を避けて直行便を選択するか，あるいはより混雑の少ない空港を経由地として選択することになるかもしれない。

（2）イールド・マネジメント

観光客は，飛行機に乗って旅行をする時に，なるべく安い航空券を購入したいと考えるであろう。ある航空会社のホームページを調べてみると，ある日の大阪（伊丹）から東京（羽田）の片道運賃は，最も高い普通運賃で２万5490円，最も安い割引運賃で１万4590円と，約１万円の開きが観察された。これは他の航空会社でも同様であり，一般的に同一のフライトに対して様々に価格の異なる運賃が設定されている。なぜ航空会社は運賃設定に差異を設けるのであろうか。それは，航空会社の「イールド・マネジメント」という経営戦略によるものである。

イールド・マネジメントとは，路線，季節，曜日，時間帯，旅行目的などによって種々に異なる「需要の価格弾力性」に応じて割引運賃の種類と販売数や適用条件を細かく設定して収入最大化を目指す戦略のことである。

ここで，需要の価格弾力性とは，価格の変化に対する（価格変化のみによって生じる）需要量の変化であり，

$$\text{需要の価格弾力性} = (\text{需要量の変化率}) \div (\text{価格の変化率})$$

として表すことができる。

需要の価格弾力性をe，需要量を表す変数をQ，価格をP，変化分を各々の前に$\varDelta$をつけて表すと，次の式によって需要の価格弾力性を計算することができる。

$$e = -\frac{\Delta Q}{Q} \bigg/ \frac{\Delta P}{P} = -\frac{dQ}{dP} \cdot \frac{P}{Q}$$

より簡単に表現するのであれば，「需要の価格弾力性が高い」ことは，よく弾む「ゴムボール」であり，「需要の価格弾力性が低い」ことは，落としてもほとんど弾まない「ボウリングの玉」と置き換えればわかりやすいかもしれない。つまり，需要の価格弾力性が高いと，価格の変化に対して需要はゴムボールをついた時のように大きく上下に変動する。他方で，需要の価格弾力性が低いと，価格が変化しても需要はボウリングの玉を落とした時のように，ほとんど変動しない。

一般的に，ビジネス旅客（会社の出張などを目的とする旅客）は旅程や目的地があらかじめ定まっており，価格（運賃）の多寡によって需要は左右されないため，需要の価格弾力性は低い（非弾力的）傾向にある。他方で，レジャー旅客（余暇などを目的とする旅客）は価格（運賃）によっては旅程や目的地を柔軟に変更する可能性をもつため，需要の価格弾力性は高い（弾力的）傾向にある。

こうした特性を利用して，航空会社は需要の価格弾力性が低いビジネス旅客に対しては，予約変更やキャンセルなどの運賃の適用条件を最大限に柔軟に設定（たとえば手数料不要でキャンセルを可能とするなど）する代わりに，できる限り高い運賃を設定し，逆に需要の価格弾力性が高いレジャー旅客に対しては，運賃の適用条件を厳しく設定（たとえばキャンセルを不可とするなど）する代わりに，できる限り低い運賃を設定することによって，全体としての収入最大化を図っている。

実際の現場では，コンピュータを活用した複雑かつ精緻な価格設定が行われており，航空会社は過去の搭乗実績等のデータに基づいて，フライトごとに正規運賃や各種割引運賃に対して，それぞれ最適な販売座席数を事前に割り当てているのである。

3　LCC の発展

（1）LCC とは

近年の航空輸送市場における大きな変化として，LCC の台頭が挙げられる。たとえば大阪（関西）からソウルまで片道運賃が5000円台と，驚くような価格で飛行機を利用することができる。こうした LCC の効果により国内外を問わず安価に移動することが可能となり，多くの観光地がその恩恵を受けていると考えられる。実際に，LCC の誘致を地域活性化の起爆剤にしようとしている自治体は少なくない。

LCC とは，「ロー・コスト・キャリア（low cost carrier）」のことであり，「低費用航空会社」と訳される。わが国では「格安航空」という呼び方が一般的になっているが，本来 LCC は低価格ではなく低費用を目的とするビジネスモデルであり，海外の LCC では独占的に運航している路線で運賃が高止まりしているケースもあるため，「格安航空」という呼び方は必ずしも厳密ではない。

経営学の視点から LCC のビジネスモデルを説明すると，これは「垂直的製品差別化」にあたる。製品の差別化戦略は，「水平的製品差別化」と「垂直的製品差別化」に大別される。前者では好みの順位は買い手によって異なり，後者では好みの順位は買い手の間で同じとなる。たとえば，トヨタ自動車の「クラウン」は，様々なボディカラーを用意している。これは水平的製品差別化であり，白色が好きな人もいれば，黒色が好きな人もいる。他方で，トヨタ自動車は「クラウン」以外にも価格帯に応じて様々な車種を用意している。これは垂直的製品差別化であり，誰もが高級車である「クラウン」を購入できるものなら手に入れたいと思っているが，そこまで車にお金をかけず気軽に乗りこなしたいと思っている人は，より価格の安い「カローラ」を実際には購入することになる。

したがって，LCC のターゲット層は，「サービス品質に優れた既存大手航空会社（全日空や日本航空など）に乗れるものなら乗りたいが，そこまで品質にこだわるつもりはなく，それよりも運賃の安さの方が重要なので，いろいろと不便なところはあるが安価な運賃に免じて我慢しよう」という旅客であり，こうした旅客を取り込むことで既存大手航空会社と差別化を図っているのである。

（2）LCC の史的展開

表6-1は世界の主なLCCについて運航開始順にまとめたものである。世界で初めてLCCのビジネスモデルを確立したのは，1971年に運航が開始されたアメリカの「サウスウエスト航空」であり，ここからLCCの発展が始まることになる。このサウスウエスト航空の成功を目の当たりにしたアイルランドの「ライアンエアー」は，1991年に同社をモデルとしてLCCをビジネスモデルとする航空会社に転換し，ヨーロッパで最初のLCCとなった。続く1995年にはイギリスで「イージージェット」が運航を開始した。そして2001年にはマレーシアで「エアアジア」が運航を開始し，アジアにもLCCが誕生することになった。とりわけ所得水準の低いマレーシアでLCCが誕生したことによって，これまでバスなどで長距離を移動していた旅客は，場合によってはバスよりも安い運賃で航空機を利用できるようになり，エアアジアは“Now Everyone Can Fly（もはや誰でも空を飛べる）”をスローガンに爆発的に旅客を増やしていった。そして，2004年にはオーストラリアで「ジェットスター」が運航を開始した。

2012年には，わが国で初めてのLCCとなる「ピーチ・アビエーション」が関西国際空港を拠点に運航を開始した。わずか数千円で大阪から国内各都市へ移動できることに当時は驚きをもって迎え入れられた。さらに同年には成田空港を拠点とするジェットスター・ジャパンとエアアジアジャパン（2013年に共同出資企業のエアアジアが撤退し，「バニラエア」に商号変更を経て，2019年にピーチ・アビエーションに事業統合）も相次いで運航を開始した。2014年には中国のLCCである「春秋航空」が出資する「春秋航空日本」（現在は「スプリング・ジャパン」）が成田空港を拠点に運航を開始した。2020年には，日本航空の完全子会社として「ZIPAIR Tokyo」が運航を開始した。同社は，LCCのビジネスモデル上，これまで難しいとされてきた中長距離国際線を専門とする航空会社である。2022年の時点では，4社のLCCがわが国に存在することとなり，今

表6-1　世界の主なLCCのあゆみ

運航開始年	航空会社	国籍
1971	サウスウエスト航空（Southwest Airlines）	アメリカ合衆国
1985	ライアンエアー（Ryanair）（LCC転換は1991年）	アイルランド
1995	イージージェット（easyJet）	イギリス
2001	エアアジア（Air Asia）	マレーシア
2004	ジェットスター（Jetstar Airways）	オーストラリア
2012	ピーチ・アビエーション	日本
	ジェットスター・ジャパン	日本
	エアアジアジャパン（2013年に「バニラエア」に商号変更，2019年にピーチ・アビエーションに事業統合）	日本
2014	春秋航空日本（2021年に「スプリング・ジャパン株式会社」に社名変更）	日本
2020	ZIPAIR Tokyo	日本

出所：各航空会社HPを基に筆者作成。

後はLCC同士の競争が激しくなっていくことが予想される。

（3）LCCのビジネスモデル

次に，LCCのビジネスモデルを見てみよう。なぜLCCは低費用で操業が可能なのであろうか。その仕組みは以下のとおりである。

①ノンハブ

既存大手航空会社のようなハブ・アンド・スポーク型のネットワークを形成しないことにより，旅客の乗り継ぎの手間を省略し，さらにハブ空港の混雑による遅延を回避することができる。

②セカンダリ空港の活用

都心に近いセカンダリ空港（2番手空港）を運航拠点にすることで，既存大手航空会社との競争を回避するとともに，セカンダリ空港であるがゆえの安価な空港使用料（着陸料など）で空港を利用することができる。

③機種の統一

使用する機種を統一することにより，運航コストと整備コストを低減することができる。なお，世界のほとんどのLCCは，130～190席クラスの「ボーイング737」シリーズか「エアバスA320」シリーズのいずれかを使用している。

④多頻度運航による機材稼働率の向上

表6－2　世界の航空会社における定期旅客数ランキング（2018年）

（単位：千人）

順位	国際線		国内線	
	航空会社	旅客数	航空会社	旅客数
1	ライアンエアー*	136,719	サウスウエスト航空*	159,045
2	イージージェット*	80,154	デルタ航空	125,725
3	エミレーツ航空	59,177	アメリカン航空	120,518
4	ルフトハンザドイツ航空	51,453	中国南方航空	89,514
5	ブリティッシュ・エアウェイズ	40,806	ユナイテッド航空	85,911
6	ターキッシュ・エアラインズ	40,554	中国東方航空	81,311
7	KLMオランダ航空	34,170	中国国際航空	58,299
8	エールフランス航空	33,992	インディゴ*	56,635
9	ウィズエアー*	30,507	LATAM航空グループ	52,958
10	ノルウェー・エアシャトル*	30,214	全日空	39,679

注：＊はLCCを示す。

出所：International Air Transport Association, 2019.

機材稼働率を向上することで収益性を高める。たとえば，大阪～東京間を既存大手航空会社が1日に1機あたり4往復するところを，LCCは1機あたり5往復することで機材稼働率を向上させる。ただし，その代償として必然的に空港での折り返し時間が短くなるため，LCCにとって遅延は定時運航に対して致命的となる。こうした点からも，遅延リスクの低いセカンダリ空港を使用することが合理的な選択肢となる。

⑤ノンフリル

機内サービス（飲食，機内誌，オーディオプログラムなど）を省略または有料とすることで費用の削減を図り，さらには座席指定や受託手荷物をオプション（別料金）とすることで基本運賃を安く設定している。

このように，LCCは既存大手航空会社と差別化を図る様々なビジネスモデルを採用することで，世界の航空輸送市場において急速に成長を遂げてきた。表6－2は，世界の航空会社における定期旅客数ランキング（2018年）を示したものであるが，国際線で1位（ライアンエアー）と2位（イージージェット），国内線で1位（サウスウエスト航空）を占めているのはLCCであり，その存在の大きさを理解することができるであろう。

わが国では，アメリカの約40年後にLCCが誕生するなど，遅きに失した感は否めないが，今後はLCCの発展とインバウンド観光の拡大が相乗効果を発揮することで，観光産業はさらなる発展を遂げることが期待される。

4　パンデミックの影響

2019年12月に端を発した新型コロナウイルス感染症によるパンデミック（世界的大流行）は，運輸産業に深刻な影響を与えた。諸外国におけるロックダウン（都市の封鎖）や，わが国における「緊急事態宣言」による移動制限は，人の流れを著しく抑制し，地域交通から国際交通に至るまで大きな打撃を受けることになった。

（1）国内輸送における影響

いわゆるコロナ禍では，職場でのテレワークの推進や学校等における遠隔授業の導入により通勤通学需要が大きく減少した。令和３年版の『交通政策白書』によると，企業等の雇用者でテレワークに従事する比率は三大都市圏で相対的に高く，首都圏では2019年の18.8％から2021年には42.1％にまで増えた。同時に，旅行の自粛や制限などにより観光をはじめとするレジャー需要も大きな影響を受けた。観光庁が実施する「旅行・観光消費動向調査」によると，第１回目の緊急事態宣言が発出された2020年４－６月期では，前年同期と比較すると，日本人の国内延べ旅行者数は77.4％の減少，同じく国内旅行消費額は83.3％の減少となった。

こうした背景から，2020年５月の旅客輸送では，前年同月と比較すると，鉄道は56.2％の減少，バスは81.3％（乗合60.3％，貸切97.2％）の減少，国内定期航空は93.4％の減少となった（いずれも人キロベース）。その影響が長引くにつれて，多くの交通事業者で減便や運休を強いられることとなり，収益面でも厳しい状況に追い込まれた。

（2）国際輸送における影響

国際輸送では，国を跨いだ移動制限の影響などから，需要の蒸発ともいえる深刻な事態が生じた。ICAO（国際民間航空機関）のレポートによると，2020年の世界における定期航空旅客数は前年と比較して60％の減少となった。特に，わが国では厳格な入国制限が長く続いたことで，外国人の入国はもちろん日本人の海外渡航も困難な状態が続いた。

こうした背景より，2020年５月の本邦航空会社による国際航空旅客は，前年同月と比較して97.2％（人キロ）の減少となった。一般的に，入出国の制限ルールや感染者数は国により異なることから，コロナ禍からの回復速度は国内輸送よりも国際輸送のほうが遅い傾向にあり，わが国でも国際旅客需要に回復の兆しの見えない期間が長期にわたり続いてきた。

（３）今後の展望

現在（2022年末）では，世界的にワクチン接種が進み，効果的な治療薬も開発されて，それに伴い一部の国では感染者の隔離措置や公共施設等でのマスク着用義務が緩和・撤廃されてきた。コロナ禍の長いトンネルは，ようやく出口が見えた感がする。国際旅客輸送においても，「ゼロコロナ」政策を堅持する中国をはじめとしたアジア太平洋地域で回復速度が遅いなど，国や地域で差はあるものの，おおむね世界的に需要が回復する傾向にある。

通勤や出張等のビジネス需要の一部はテレワークやオンライン会議などに置き換わることから，コロナ禍より以前の水準には戻らないという予想が多くみられる。ある研究では，コロナ禍においてLCCは従来型の航空会社よりも提供座席数の減少幅が小さいことが示された。LCCはレジャー旅客の比率が相対的に高く，コロナ禍からの回復力が相対的に高いことが示唆される。こうした状況では，交通事業者にとって観光需要の取り込みが非常に重要となるであろう。

他方で，鉄道やバスでは，これまでも厳しい利用者減に直面してきたローカル輸送において，コロナ禍による需要の急減は，廃線などの存廃論議を一気に加速することとなった。少子化とそれに伴う生産年齢人口の減少により，近い将来に予想されていたことが，コロナ禍により突然に目の前の現実となったとも理解することができる。一部のJRでは，沿線地域に現状への理解を求めるために初めて路線別の収支を公表するなど，ローカル輸送の運営は大きな転機を迎えている。人口減少社会における輸送のあり方を再構築することは，交通事業者にとって急務である。

引用・参考文献

観光庁『旅行・観光消費動向調査2020年 4－6 月期（速報)』2020年。

観光庁『観光白書 令和 3 年版』2021年。

国土交通省『航空輸送統計速報（令和 2 年 5 月分)』2020年。

国土交通省『自動車輸送統計月報（令和 2 年 5 月分)』2020年。

国土交通省『鉄道輸送統計月報（2020年 5 月分)』2020年。

国土交通省『交通政策白書 令和 3 年版』2021年。

国土交通省『鉄道輸送統計年報』2022年。

小島克巳「航空輸送業」高橋一夫・大津正和・吉田順一編著『1からの観光』碩学舎，2010年，35〜50頁。

髙橋望・横見宗樹『エアライン／エアポート・ビジネス入門［第 2 版]』法律文化社，2016年。

竹内健蔵『交通経済学入門［新版]』有斐閣，2018年。

村上英樹・加藤一誠・髙橋望・榊原胖夫『航空の経済学』ミネルヴァ書房，2006年。

横見宗樹「航空事業」塩見英治監修・鳥居昭夫・岡田啓・小熊仁編著『自由化時代のネットワーク産業と社会資本』八千代出版，2017年，101〜114頁。

横見宗樹「アフターコロナにおける航空輸送市場の展望――航空輸送データに着眼した考察」『運輸と経済』82(9)，交通経済研究所，2022年，27〜32頁。

International Air Transport Association (IATA), *World Air Transport Statistics*, IATA: Canada, 2019.

International Civil Aviation Organization (ICAO), *Effects of Novel Coronavirus (COVID-19) on Civil Aviation: Economic Impact Analysis*, 10 June 2022.

第7章
テーマパーク産業

1　遊園地・テーマパークの歴史

（1）遊園地とテーマパーク

内閣府が毎年発表している「国民生活に関する世論調査」によれば，現代の日本人が今後の生活の中で最も力点を置きたいと考えている項目において，「レジャー・余暇生活」は，1983年に「住生活」を上回って以来，ほとんどの期間において最上位となっている。1983年は東京ディズニーランド（以後 TDL と略す）と長崎オランダ村が続けて開園し，日本の「テーマパーク元年」ともいわれる年である。時を同じくして日本人のレジャー志向の高まりとテーマパークの時代が始まったといえるわけだが，新型コロナウイルス感染拡大前においてはテーマパーク（遊園地も含む）を訪れる人々は年間約8000万人にも上り，わが国のレジャー活動においてテーマパークは欠かすことのできない施設となっている。

また，近年は日本を訪れる外国人旅行者にとってもテーマパークは訪日動機の重要な一項目となっている。コロナ禍前の2019年の観光庁「訪日外国人消費動向調査」によれば，外国人が訪日前に最も期待していたことのうち，「テーマパーク」は，「日本食を食べること」（27.6%），「自然・景勝地観光」（14.2%），「ショッピング」（11.3%）に次いで第4位（7.3%）であった。ここ数年の訪日動機において，常に上位に入っているテーマパークはわが国の重要な観光対象の一つともいえよう。

ところで，一般的に遊園地とテーマパークは同一視されることが多いが，両者には明確な区別が存在する。経済産業省の「経済構造実態調査」によれば，

「入場料をとり，特定の非日常的なテーマの下に施設全体の環境づくりを行い，テーマに関連する常設のアトラクション施設を有し，パレードやイベントなどを組み込んで，空間全体を演出する事業所」をテーマパークと定義している。一方，遊園地は「主として屋内・屋外を問わず，常設の遊戯施設を３種類以上（直接，硬貨・メダル・カード等を投入するものを除く）有し，フリーパスの購入もしくは料金を支払うことにより利用できる事業所」と定義され，両者の違いとしてパーク全体の空間演出におけるテーマ性の有無があるといえる。

（2）遊園地の歴史

日本における最初の遊園地は，江戸時代の1853（嘉永６）年に誕生した「浅草花やしき」とされるが，観覧車やメリーゴーランドといった機械式の遊戯施設が設置される遊園地が誕生するようになるのは20世紀になってからであり，そのきっかけをつくったのは明治時代に開かれた博覧会であるといえよう。

19世紀の欧米諸国で盛んに開かれるようになった博覧会を日本に紹介したのは福澤諭吉であるが，開国後の日本において，博覧会は西洋文明の移入や国内の産業育成を目的として，世界の文化や新時代の産業技術・機械を紹介する役割を果たしていく。その後，次第に博覧会の新鮮味が薄れはじめるようになると，集客の目玉として遊具の設置や動物の曲芸などの娯楽要素を取り入れるようになり，その中で登場したのが電気動力による機械式の遊戯施設であった（國，2010）。電気の時代が到来した20世紀初頭に大阪の天王寺で開催された第５回内国勧業博覧会では，回転木馬「快回機」と「ウォーターシュート」といった機械式の遊戯施設が登場し，その後も観覧車などが博覧会の目玉になるなど，子供が楽しめる遊戯施設は新たな博覧会の魅力となっていく。博覧会で紹介される遊戯施設によって都市部には近代的な遊園地が誕生することとなり，東京の浅草と大阪の天王寺に開園した「ルナパーク」（図７-１）はその先駆けであったとされる（橋爪，2000）。

そして日本の遊園地はそれが都市部から郊外に広がっていったところに特徴がある。20世紀の前半には，電鉄各社の沿線開発とともに郊外型遊園地が誕生しはじめることとなり，その代表格として挙げられるのが歌劇でも有名な宝塚

図7-1　ルナパーク内の「サークリングウェーブ」（絵はがき）
出所：筆者蔵。

である。箕面有馬電気軌道（現在の阪急電鉄）創業者の小林一三は，明治時代に入って温泉街として発展を遂げていた宝塚に1912年，宝塚新温泉を開業，続けて翌年には遊戯施設や室内プールを兼ね備えた西洋風の施設「パラダイス」も建設し，子供連れの家族が一日楽しめるアミューズメントパーク化を図った。その後，1924年には宝塚大劇場が開場，宝塚は鉄道会社によるエンタテインメント事業モデルのお手本ともなり，彼の手法を模した遊園地を核とした郊外型レジャー施設が大正時代から昭和初期の日本に次々と登場することになる（たとえば「枚方遊園地」1912年，「あやめ池遊園地」1926年，「甲子園娯楽場」1929年，「谷津海岸遊園」1924年，「多摩川園」1924年，「向ヶ丘遊園」1927年など）。

これらの遊園地は戦前戦後を通して，昭和の日本の家族にとっての行楽の場の代名詞となったが，やがて1990年代に入るとバブル崩壊後の景気の低迷や少子化等の社会環境の変化，またテーマパークの登場により消費者の嗜好も多様化することとなり，次第に来園者が減少していく。近年では，関東地区では向ヶ丘遊園（2002年），としまえん（2020年），また関西地区では宝塚ファミリーランド（2003年），エキスポランド（2009年）といった歴史のある老舗遊園地が次々に閉園することとなった。

（3）テーマパークの歴史

日本のテーマパークの先駆けとしては1960～1970年代にかけて開園した博物館明治村（1965年），東映太秦映画村（1975年）が代表的な施設として挙げられるが，1980年代に入ると，TDLと長崎オランダ村が開園し，日本のテーマパーク時代が本格化することとなる。

TDLの建設は京成電鉄が千葉県浦安市舞浜地区の開発の一環として計画されたものであり，戦前から見られる電鉄による郊外型遊園地の歴史を受け継ぐものであった。浦安での開園に向けて設立された㈱オリエンタルランドは，ウォルト・ディズニー・プロダクションズ（現ディズニー・エンタプライゼズ・インク）とのライセンス契約を締結し，1983年に約50haの敷地に4つのテーマエリアからなるTDLを開園，開園年の入園者数は当初の予想を上回る993万人を達成した。1985年にはエレクトリカルパレードのスタート，1988年にはビッグサンダーマウンテンを投入するなどして，1990年代にかけて入園者数を順調に伸ばし，東京ディズニーシー（以後TDSと略す）を開園させた2001年には年間2000万人を動員，TDL，TDSに周辺施設を合わせた東京ディズニーリゾート（以後TDRと略す）はわが国を代表するテーマパークとなった。

TDLの成功は，地方活性化を目的として1987年に制定された総合保養地域整備法（通称リゾート法）と相まって1990年代の日本にテーマパーク建設ブームを起こすこととなる。1992年には長崎にハウステンボス（以後HTBと略す），1997年には岡山に倉敷チボリ公園が開園するなど，地方都市を中心に大型テーマパークが次々と計画され誕生した。

ブームに沸くテーマパークであったが，計画期から開園までに長い投資期間を必要とするテーマパークにとって，建設期間中の経済環境の変化は開園後の経営環境を左右する大きなリスク要因となる。多くのテーマパークが計画されたバブル期から数年の間に日本経済は停滞期へと大きく様変わりし，実際に開園した1990年代後半には計画段階の目標の入場者数を達成できずに収支が悪化，巨額の投資債務を抱え経営困難に追い込まれるテーマパークが続出することとなる。2000年代に入り，シーガイア（2001年），HTB（2003年），レオマワールド（2003年），スペースワールド（2005年），ユニバーサル・スタジオ・ジャパン

（以後 USJ と略す）（2005年）といった大型テーマパークが会社更生法や民事再生法，産業再生法の適用を申請する事態に至った。

2010年代以降になると，USJ や HTB が経営主体の変更などによってＶ字回復を果たし，現在は TDR とともにわが国の遊園地・テーマパークの上位を占める施設となっている。

2　テーマパーク産業の市場環境と特性

（1）遊園地・テーマパークの市場環境

経済産業省の「特定サービス産業動態統計調査」によれば，2022年の遊園地・テーマパークの年間入場者数は約5767万人で，新型コロナウイルス感染拡大前の2019年の7946万人の約73％，売上高は2019年の6412億円の約84％となる約6000億円であった。コロナ禍前の2019年の数字で他のレジャー産業と比較してみると，映画館の売上高は約2938億円，入場者数は約１億6240万人であり，また興行場・興行団の売上高は約１兆4072億円，入場者数は約9761万人である（ともに2019年度の数字，経済産業省「2019年経済構造実態調査報告書二次集計結果【乙調査編】）。

新型コロナウイルス感染拡大により，大きくマイナスの影響を受けた遊園地・テーマパークだが，2000年代以降での入場者数，売上高の推移を見てみると，2000年に約5593万人であった入場者数が2019年には約7946万人へと約1.4倍増加，また2000年には約2985億円であった売上高が2019年には約7184億円へと約2.4倍増加するなど，20年の間に大きく市場が拡大してきた産業であることが窺える（図７-２参照）。単体の施設で見てみると，2019年の TDL の入場者数が約3256万人，同じく USJ が約1450万人であり，２つのテーマパークだけで全体の入場者数の約６割を占めている。

一方で，市場規模が拡大してきた遊園地・テーマパークではあるが，事業所の数自体は減少している。2001年には118あった遊園地の事業所は2020年には51に減少し，テーマパークも2001年に46あった事業所が2020年には23に減少するなど，両者を合わせると約20年間で半数以下に減少しているのが現状である

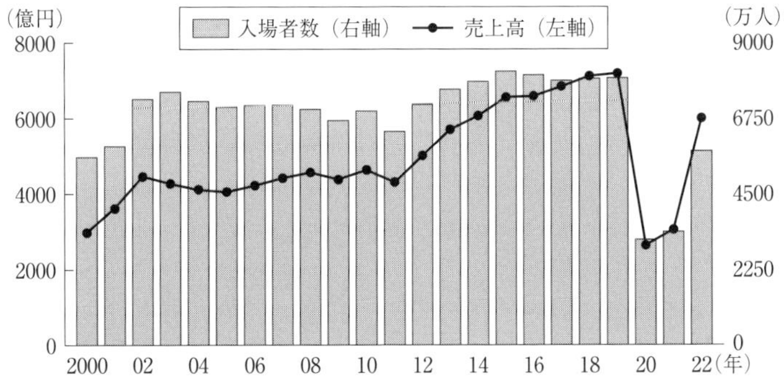

図7－2　2000年以降の遊園地・テーマパークの売上高，入場者数の推移
出所：経済産業省「特定サービス産業動態統計調査」を基に筆者作成。

(経済産業省「平成13年特定サービス産業実態調査」，経済産業省「2020年経済構造実態調査報告書二次集計結果【乙調査編】)。

今後，コロナ渦が収束を迎えたとしても，子供や若年層がメインターゲットとなる遊園地，テーマパークにとって，少子化や人口減少といった構造的な課題に直面する中で，市場を取り巻く環境は決して容易なものではないともいえよう。

(2) 遊園地・テーマパークの事業構造

先に挙げたように遊園地の多くは鉄道会社の郊外開発であった歴史から，社内のレジャー・エンタテインメント事業部門傘下またはグループ会社であることが多いが，テーマパークは実に多様な事業から成り立っている総合サービス産業といえよう。その事業内容はパークの開発から，広報・宣伝，アトラクションの企画・製造，運営・設備管理，またチケット販売やグッズ・土産物販売，パーク内の飲食提供，ホテルの運営に至るもので，これは産業別に見ると土地開発・不動産業，製造業，小売業，飲食業，宿泊業などに対応する。したがってテーマパークとは各種産業を横断的に担う産業といえるのである。

その事業の多様性をTDRの運営にあたる㈱オリエンタルランドの事業構造で見てみると，同社の事業はTDLとTDSの「テーマパーク事業」，ディズニーアンバサダーホテルなどの「ホテル事業」，複合型商業施設・イクスピアリやモノレール・ディズニーリゾートラインなどの「その他の事業」から成り立っている。これを売上高の構成比率（2023年３月期）で見てみると，テーマパーク事業が全体の82.0％（約3961億円）を占め，ホテル事業が15.3％（約739億円），その他の事業が2.7％（約132億円）となっている。

このうちテーマパーク事業は「アトラクション・ショー」「商品販売」「飲食販売」などの部門から構成され，これを売上高の構成比率（2023年３月期）で見てみると，アトラクション・ショー収入が総売上の41.0％（約1978億円），商品販売収入が25.4％（約687億円），飲食販売収入が14.2％（約687億円）となっている（㈱オリエンタルランド「ファクトブック2023」）。アトラクション・ショー観覧のためのチケット収入がテーマパーク事業の主な収入源であることには間違いないが，グッズ販売やレストランなどの小売・飲食部門も事業収入の重要な柱となっており，テーマパークの運営には，エリア・アトラクションの魅力の向上だけでなく，土産物となるグッズやレストランメニューの商品企画力，販売戦略などの，幅広い複合的なマネジメント力が不可欠であるといえよう。

（３）テーマパークの持続条件

そのようなテーマパークを持続的に経営する条件として，まずは「集客力」「アトラクションへの継続的な投資」「従業員のホスピタリティ力」などが挙げられる。

集客力　テーマパークの事業が発展，継続していく上で，重要な要素の一つであるといえるのが集客力であり，したがって立地する場所が鍵となる。全国の遊園地・テーマパークの集客数の上位を見てみると，その多くが大都市圏またはその周縁地域に立地しており，人口規模や交通アクセスの面において優位性を備えている（表７-１参照）。たとえば，全国一の集客力を誇るTDRが立地する千葉県浦安市を抱える首都圏１都３県の人口は約3686万人，第２位の集客力を誇るUSJが立地する大阪府大阪市を抱える関西圏２府４県は約2044万人の人口を有している。さらにTDRは東京都心から鉄道で約15分，また東京国際空港からはリムジンバスで約40分，一方，USJは大阪都心から鉄道で約10分，関西国際空港からは鉄道で約１時間と，集客力の高いテーマパークは

表7-1　主な遊園地・テーマパーク（有料施設）の2019年度，2020年度の年間入場者数

施設名	所在地	2019年度入場者数（人）	2020年度入場者数（人）
東京ディズニーランド	千葉県浦安市	17,910,000	4,160,000
東京ディズニーシー	千葉県浦安市	14,650,000	3,400,000
ユニバーサル・スタジオ・ジャパン	大阪市此花区	14,500,000	4,901,000
ハウステンボス	長崎県佐世保市	2,547,000	1,386,000
鈴鹿サーキット	三重県鈴鹿市	2,042,146	691,000
サンリオピューロランド	東京都多摩市	1,987,000	680,000
よみうりランド	東京都稲城市	1,568,189	1,059,000
ひらかたパーク	大阪府枚方市	1,377,222	551,389
志摩スペイン村パルケエスパーニャ	三重県志摩市	1,188,000	745,000
東京ドイツ村	千葉県袖ヶ浦市	865,370	633,648

出所：綜合ユニコム『レジャーランド＆レクパーク総覧』2021年，TEA/AECOM 2022 Theme Index and Museum Index を基に筆者作成。

アクセス面が優れている。

一方で，今後は都市部においても人口減少が見込まれ，国内需要の規模縮小に直面していく中においては，海外からの集客が不可欠であり，インバウンド市場の開拓が極めて重要なものとなっていくだろう。そのような意味においても SNS 等を通じた海外への効果的な魅力の発信だけでなく，空港からのアクセスの利便性向上にも注力していくことが求められるであろう。

アトラクションへの継続的な投資　テーマパークの魅力を高める最大の要素がパーク内のアトラクション施設である。安全性を担保するための投資はもちろんのこと，その魅力の維持や向上を図るための設備の更新や新規アトラクションに費やされる追加的投資が欠かせない。さらにはテーマパークを構成するエリアの拡張も欠かせないだろう。近年では，TDR が毎年300億円を超える金額を投入しており（図7-3参照），2024年開業予定の TDS の新エリアには約3200億円の投資が発表されている。また，USJ では2015年に約450億円の投資により「ウィザーディング・ワールド・オブ・ハリー・ポッター」を建設，2021年には約600億円を投入して「スーパー・ニンテンドー・ワールド」が開業した。任天堂のエリアは2024年度までに約1.7倍の拡張が計画されており，追加投資も数百億円の規模が見込まれる。

このような巨大な投資に耐えうる財務体質に加え，長期間にわたる回収も維

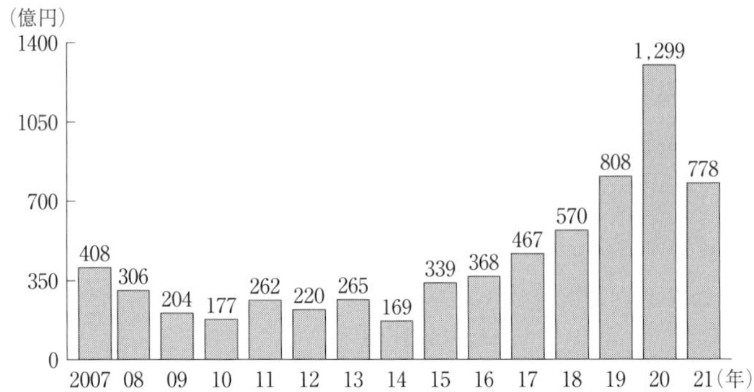

図7-3　オリエンタルランドのテーマパーク事業の設備投資額の推移
出所：㈱オリエンタルランドの資料を基に筆者作成。

持できるような綿密な計画性がテーマパークの経営には必要となるが，現実にはTDRやUSJのように巨大な資本による投資ができるところは限られており，その他の事業所にとっては，限られた投資資金で集客力を高めることができるような発想力やアイデアも必要とされる。

従業員のホスピタリティ力　テーマパークは魅力あるアトラクションもさることながら，その営業を支えているのは多くの従業員であり，従業員のパフォーマンス力がテーマパークの評価を決めると言っても過言ではない。したがってテーマパークにとって従業員教育，ホスピタリティあふれる人材の育成は最も重要なマネジメントの一つである。ホスピタリティとは期待を超えた感動や驚きを顧客に提供し，満足度や再来訪意向を高める概念であり，今やテーマパークのリピート率向上には欠かせない要素となっている。

一方で，現場において高いレベルの接客を実践している従業員の多くはパート・アルバイトといった非正規の労働力であり，2021年度の遊園地やテーマパークで働く約3万6000人の就業者のうち，正社員が約1万人に対して，パート・アルバイト従業員は約2万6000人となっている（経済産業省「特定サービス産業動態統計調査」）。少子化の中で，国内の従業員の確保も課題となっていく中で，繁忙期と閑散期が宿命づけられているテーマパーク産業にとって，比較的調整しやすい非正規労働者の雇用は効率的な経営管理上避けられない条件ではあるものの，賃金の格差是正，職場環境の向上や改善といった労働問題についても，各パークが積極的に取り組むべき経営課題といえよう。

3　テーマパークのこれから

（1）テーマパークの「テーマ・コンセプトの独自性」

先に挙げたものに加えて，テーマパークの持続条件を考える上で特に重要な点は，パーク全体の空間演出における「テーマ・コンセプトの独自性」にあるといえる。テーマパークの時代が到来した1990年代，TDL の成功を受けて各地に誕生したテーマパークは，ディズニーのような非日常的な世界観やファンタジー性を模範として，「外国のまち並み」や「宇宙」などの独自のテーマ性こそがパークが存立するための第一条件と考えていた。

しかし2000年代にかけて，他のテーマパークが決して真似することのできない強力なテーマ性やキャラクターをもつ TDL のみが一人勝ちし，多くのテーマパークの経営環境は悪化していった。もちろん，ディズニーのような独自のテーマ性こそがテーマパークの存在意義であることには変わりがないが，近年はテーマ性にこだわらずに，経営改革を進めてきたテーマパークも少なくない。

その代表例が2010年代以降に V 字回復を果たした USJ である。ユニバーサル社の映画をテーマ・コンセプトとして開園した USJ は2000年代，集客に伸び悩んでいたが，2012年にハローキティやスヌーピー，セサミストリートといったユニバーサル社以外のキャラクターを集めた「ユニバーサル・ワンダーランド」を開業して以来，ファミリー層の獲得に成功している。さらには様々な分野のコンテンツの導入に積極的に取り組んでおり，『ワンピース』や『エヴァンゲリオン』などのマンガ・アニメ作品とのコラボレーション，また『モンスターハンター』や『バイオハザード』などのゲーム業界とのコラボレーションを展開している。

「クールジャパン」とも称される，そのデザインやストーリー，音楽などに高い水準を備え，世界から高い評価を受ける日本発のコンテンツの導入は，映画以外のエンタテインメントに枠を広げたパークのコンセプトの大転換でもあり，このようなUSJの成功は，他のテーマパークにとってもテーマパークを構成する新たなテーマやコンセプトの再定義の可能性を示すものでもあるといえよう。

(2) バーチャルとリアルの融合

SNSの発展や急速なオンライン化の進行に加えて，コロナ禍によって大きく社会構造が変化する中で，テーマパークのようなリアルな大規模集客施設は様々な課題に直面している。特にVR技術やメタバースなどの進展により，リアルな空間にいなくても経験できる娯楽も登場している。そのような中でテーマパークはリアル空間に加えて，オンライン空間も融合させながら，魅力的なコンテンツを提供していかなければならないだろう。

たとえば，サンリオピューロランドでは，2018年に360度VRコンテンツ「ピューロランドVR」を導入したことが話題となったが，バーチャル空間のパーク内では，コロナ禍により来場できない人々に向けたキャラクターやパークの魅力の紹介だけでなく，VRの音楽フェス「SANRIO Virtual Fes in Sanrio Puroland」も開催されるなど，オンラインビジネスの積極的活用を進めている。

先にも述べたとおり，歴史的に見れば，テーマパーク（遊園地も含めて）のはじまりは博覧会である。博覧会とは最新の科学技術や工業製品，世界の文化といった幅広いコンテンツ群を“博（ひろく）”“覧（みる）”ことのできる経験を人々に用意するものであった。人々は博覧会を通してまだ見ぬ世界各国の風俗や新技術を駆使した娯楽を見出し，そこから家族で楽しめる遊園地という場が生まれたのであり，そのような意味においては，現代のテーマパークは最先端のコンテンツを揃える博覧会のようにも捉えることができよう。さらにニューノーマルの時代のテーマパークにおいては，これまで同様リアルな世界でこそ提供できる魅力的なコンテンツやイベント，そしてパーク内のスタッフのホスピタリティに加えて，遠隔地にもパークの魅力が訴求できるような，オンラインの新たな技術をふまえたパークの空間的拡張も求められているといえそうである。

引用・参考文献

大阪商工会議所『テーマ・パークに関する調査』大阪商工会議所，1992年。

㈱オリエンタルランド「ファクトブック2023」https://www.olc.co.jp/ja/ir/library/factbook.html（2023年７月22日閲覧）。

國雄行『博覧会と明治の日本』吉川弘文館，2010年。

黒羽義典「テーマパーク・観光施設事業」林清編著『観光産業論』（観光学全集第６巻），原書房，2015年，189〜204頁。

経済産業省 HP「特定サービス産業実態調査」https://www.meti.go.jp/statistics/tyo/tokusabizi/index.html（2023年７月22日閲覧）。

経済産業省 HP「特定サービス産業動態統計調査」https://www.meti.go.jp/statistics/tyo/tokusabido/result-2.html（2023年７月22日閲覧）。

経済産業省「経済構造実態調査報告書二次集計結果【乙調査編】」https://www.meti.go.jp/statistics/tyo/kkj/index.html（2023年７月22日閲覧）。

綜合ユニコム『レジャーランド＆レクパーク総覧2022』2021年。

中藤保則『遊園地の文化史』自由現代社，1984年。

橋爪紳也『日本の遊園地』講談社，2000年。

森山正「テーマパーク事業」北川宗忠編著『現代の観光事業』ミネルヴァ書房，2009年，133〜162頁。

Martin Palicki TEA/AECOM 2022 Theme Index and Museum Index：The Global Attractions Attendance Report,, Themed Entertainment Association（TEA）. https://www.aecom.com/wp-content/uploads/documents/reports/AECOM-Theme-Index-2022.pdf（2023年７月22日閲覧）.

第8章
文化施設と観光

1　文化施設をめぐる動き

（1）文化施設の機能

文化施設とは，一般的に，劇場や音楽ホール，博物館や美術館，図書館に，映画館等も含めて，文化事業や文化活動を行うための施設を総称するものとして理解されよう。文化施設と観光について考える上で，まずは「文化」とは何か，ということからはじめよう。

「文化」は，大きく2つの意味に分けられる。広義には，社会の道徳・信仰・法律・風習などから成る生活様式であり，文化人類学者は基本的にこの意味で文化概念を用いている。「これに対して，もう一つの意味で用いられるのは，より狭義で，芸術のように人間にはとって価値のあるもの，を指している」（山田，2019）。前者は人間が集団をつくり，生活を営んでいく中で共有されてきた行動や思考パターンのことであり，たとえば，日本文化やアジア文化，あるいは企業文化などを挙げることができる。後者は，その中で創り出されてきた，学術や思想，宗教や芸術など，主として精神的な成果のことをいう。

施設という言葉には，ハード面のイメージがあるが，文化の意味を踏まえると，文化施設には，国や地域の伝統を継承するとともに，人々の精神的な活動を促し，創造性や自己表現を養い，それらの成果を共有しながら，人と人のつながりをつくっていく機能がある。人々の心を耕す文化施設は，博物館，劇場，映画館や図書館など以外にも，神社仏閣や教会といった宗教施設のほか，文化遺産としての城郭城址，旧邸宅といった歴史的建造物なども含むことができよう。文化振興を推進する国の機関は文化庁（1968年創設）だが，地方公共団体とともに個々の文化施設もまた，その役割を担っている。

文化施設の設置者は，大きく国立・公立と私立に分けられる。公立は地方公共団体によるものであり，私立は一般社団法人や一般財団法人，宗教法人および企業や個人等によって開設されたものである。明治以降，博物館や美術館，動物園や水族館，公会堂などの近代的な文化施設が登場し，戦後に入ると，公立の文化施設が全国的に開設されていく。1980年代以降，モノの豊かさから心の豊かさへと，「文化」の時代を迎え，国の後押しとともに施設整備が順調に進み，1990年代前後からは，美術館や映画館，劇場などが一体化した複合型の大規模施設や，音響効果に優れたホールなど，専門性の高い施設が建設されるようになった。

文化施設は新設されるだけではなく，たとえば，地域の歴史的建造物を郷土資料館に，廃校になった小学校跡地を文化芸術センターや水族館へと，既存の施設を活用するケースも増えている。事業面から見ると，施設の複合化に伴い，美術館のホールで映画を上映するなど，一施設で扱う分野も広がっている。神社仏閣や教会などでも，演劇やコンサートが実施されてきたが，酒蔵，古民家，空き家やオフィスといった，本来，文化施設ではない空間でも文化事業が行われ，旧邸宅がレストランに，城郭がウェディングの場として活用されることもある。文化を扱うということでは，多種多様な施設があり，その一方，あらゆる場所で文化事業が行われている。

（2）観光からみた文化施設

文化施設は，内から見れば，国や都市・地域の文化を育み，外から見れば，その文化を象徴する，文化の器である。独自の芸術や技術などを通して，その国や土地の文化に触れ，学ぶ，文化観光の対象となる。たとえば，ロンドンの「大英博物館」（1759年開館。以下，「開館」を略す），パリの「ルーブル美術館」（1793年），ニューヨークの「メトロポリタン美術館」（1870年）などは，外国人入場者比率が高く，観光ルートやツアーにも組み込まれている。観光から見ると，文化施設は外に向けて文化を発信し，国や都市・地域全体のイメージを伝え，観光客を誘引する役割が期待される。そして，文化施設そのものが一定の集客力のある観光対象となれば，来館者数の増加による直接的な収益性の向上とともに，宿泊需要の創出や商店街の活性化といった，地域全体に経済効果をもたらし，また，都市・地域の人々との交流を促進する場ともなろう。「旅行・観光サテライト勘定」（第3章参照）では，舞台芸術や博物館・美術館といった文化サービスは，観光特有商品に分類している。

日本においても，文化観光を推進するにあたり，文化施設の役割が大きくなっている。文化庁では，国立の美術館，博物館や劇場の機能を充実させること，地域の美術館，博物館等においては連携・協力を推進し，訪日外国人旅行者への対応として，解説の多言語化を進め，博物館を中心に，ユニークベニューとしての利活用も促進してきた。ユニークベニューとは，「特別な場所」を意味する言葉で，日本らしさを感じさせる歴史的建造物や文化施設等で，国際会議や展示会，レセプション・パーティなどを行うことにより，特別感を印象づける取り組みをいう。個々の文化施設の魅力を発信するとともに，MICE 誘致に大きな効果をもたらすものである。

2020年には，文化観光推進法（文化観光拠点施設を中核とした地域における文化観光の推進に関する法律）が施行された。文化観光の担い手として，特に文化観光資源の中核となるコレクションを有する博物館等の文化施設のうち，積極的な取り組みを行う施設の機能を強化する計画に対して，国から集中的な支援を行い，文化振興および観光振興の双方から，その価値を向上させようとするものである。

では，次節以降は，文化施設の中でも博物館・美術館を対象として，観光に関わる動きや取り組みについてみていこう。

2　博物館・美術館と観光

（1）博物館の定義と種類

博物館とは，博物館法（1951年公布）において，「歴史，芸術，民俗，産業，自然科学等に関する資料を収集し，保管（育成を含む。）し，展示して教育的配慮の下に一般公衆の利用に供し，その教養，調査研究，レクリエーション等に資するために必要な事業を行い，あわせてこれらの資料に関する調査研究をすることを目的とする機関」と定義される。整理すると，「収集・保存」「展示・教育」「調査・研究」という３つの機能がある。2022年に，博物館法が一部改正（2023年施行）され，博物館資料のデジタル・アーカイブ化を事業として追加し，他の博物館との連携，文化観光推進のための地域連携への取り組みも努力義務となった。

博物館は，法律上，登録博物館と博物館相当施設に分けられ，登録博物館は，従来，設置主体が地方公共団体，公益法人（財団法人・社団法人）等に限られていたが，上記，改正で法人類型にかかわらず登録できるようになり，博物館相当施設は，「指定施設」として新たに指定され，国と独立行政法人が設置する施設と，それ以外のあらゆる施設を対象とする。その他に博物館と類似の事業を行う数多くの博物館類似施設も存在する。2021年度文部科学省社会教育調査（中間報告）によると，全国の博物館数は，登録博物館911館，博物館相当施設395館，そして博物館類似施設が4465館で，計5771館となる。

博物館は，どのような資料を収集しているのかよって，大きく自然系と人文系に分けられ，その両方を扱うのが総合博物館である。自然系が科学博物館で，人文系の中に歴史博物館と美術博物館（美術館）がある。博物館の種類別では，2021年は，歴史博物館（3338館）が最も多く，次いで美術博物館（1060館），総合博物館（498館），科学博物館（447館）の順となる（表８-１）。全体的に1990年代に増加し，その中でも歴史博物館が大幅に増えている。動物園・植物園等については，施設数は多くはないものの，植物園と動植物園は，2000年代以降，減少傾向にある（図８-１）。博物館施設には，動物園や水族館も含まれるが，ここでは，博物館と美術館を中心に取り上げていく。

（２）博物館・美術館の基盤――コレクションと施設

博物館・美術館のコレクション（所蔵品）は，その収集プロセスも含め，個々の施設によって異なるが，コレクションがすべての活動の基盤となる。私立では，個人や企業などが有するコレクションをもとに開設されることが多く，公立の場合，建設の過程でコンセプトに沿った資料を収集し，まとまった資料

表８－１　博物館の種類別館数（2021年）

種別	総合博物館	科学博物館	歴史博物館	美術博物館	野外博物館	動物園	植物園	動植物園	水族館	計
館数	498	447	3338	1060	121	97	103	23	84	5,771

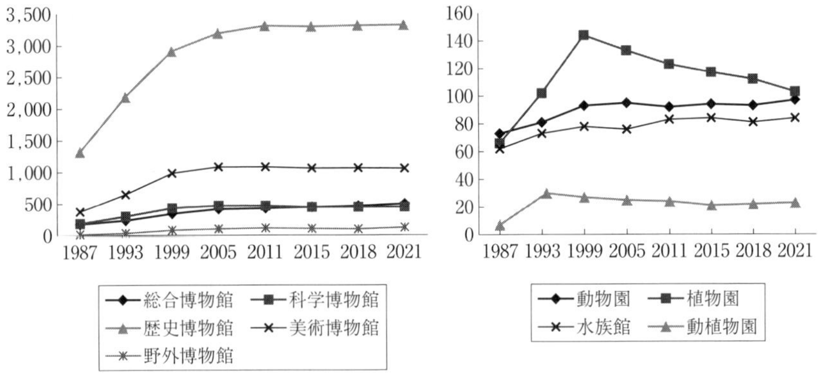

図８－１　博物館の種類別館数の推移（1987～2021年）

出所：表８－１，図８－１ともに，文部科学省「社会教育調査」および文化庁 HP を基に筆者作成。

や，地元ゆかりの作品が寄贈されることもある。

コレクションには，歴史上，芸術上，学術上，価値の高い文化財が含まれることが多い。文化財は，有形文化財，無形文化財，民俗文化財，記念物，文化的景観と伝統的建造物群という６つに分けられており，重要なものを国が指定・選定している。有形文化財は，建造物，絵画，彫刻，工芸品，書跡・典籍，古文書，考古資料，歴史資料などで，建造物以外では，重要文化財が１万820件，そのうち902件が国宝に指定されている（2023年５月現在）。「東京国立博物館」（台東区，1872［明治５］年）の所蔵品は約12万件で，その中に国宝89件，重要文化財649件が含まれる（2023年４月末現在）。国の指定以外に，都道府県・市（区）町村指定の文化財が数多く存在する。

博物館・美術館は，コレクションと合わせて，建物（展示空間を含む）も設計され，総合的なコンセプトでつくられている。著名な建築家の設計によるものも多く，建物も鑑賞の対象となる。また，重要文化財に指定された建物もある。東京国立博物館（本館［復元］1937年・表慶館1909［明治42］年），京都国立博物館本館（1894［明治27］年），奈良国立博物館本館（1895［明治28］年），国立科学博物館本館（1931年）をはじめ，戦後に開館した，広島平和記念館（1955年）と国立西洋美術館（1959年）も重要文化財に指定されている。国立西洋美術館は，ル・コルビュジエの建築作品として2016年に世界遺産の構成資産の一つとしても登録された。1996年に導入された文化財登録制度は，近代以降の大量の建造物に対する保存および活用を目的とするものだが，2023年５月現在，登録件数は１万3637件となり，「白鶴美術館」（神戸市，1934年），「日本民藝館」（目黒区，1936年），「大阪市立美術館」（1936年）など，博物館施設も多数登録されている。

博物館・美術館は，ビルの中に開設されることもあるが，周囲の環境や建物の魅力とともに，付設する庭園，カフェ・レストランも来場者を惹きつける重要な要素である。たとえば，島根県安来市の「足立美術館」（1970年）は，地元の実業家が収集した横山大観コレクションと，世界的にも評価の高い約５万坪の広大な日本庭園が見所である。また，施設内のカフェ・レストランは，鑑賞前後のくつろぎの場，交流の場として，企画展と連携した，あるいは，地域性を活かしたオリジナルメニューを提供する施設も増えている。ミュージアムショップにおける多様なグッズや調査・研究の成果物などの販売も，充実するようになった。

（３）博物館・美術館の展示とサービス

博物館・美術館の展示方法としては，常設展（コレクション展）と企画展（特別展）に大きく分けられる。企画展とは，あるテーマに沿って資料を集めた期間限定の特別な展覧会で，単館で実施されるものと，いくつかの館を巡回して開催されるものがある。「新国立美術館」（港区，2007年）のように。コレクションを持たず，企画展だけを開催するギャラリー形式の美術館もある。美術館は，他の博物館に比べると，常設展に対して，企画展の入場者数の割合が大きく，企画展を実施する際，施設間で所蔵品の貸し借りを行うことが多い。大都市で開催される大型の企画展では，海外の著名な博物館・美術館のコレクションや有名な画家の作品を扱うことが多く，作品借用などの準備で７～８年もかかる場合もあり，予算規模も大きい。大型企画展のほとんどは新聞社やテレビ局などが共催・協力し，メディアが広報宣伝および事業体として大きな役割をもつ。企画展の世界がイメージされた展示空間の設営，オリジナルグッズの開発・提供，SNSなど，個人メディアによる書き込みを引き出す工夫，鑑賞ツアーを企画するなど，総合的な戦略の下に実施されている。具体例を一つ挙げてみよう。

日本美術で記録的な入場者数となった企画展に，興福寺創建1300年を記念した『国宝　阿修羅展』（主催：東京国立博物館，興福寺，朝日新聞社，テレビ朝日，2009年）がある。「九州国立博物館」（太宰府市，2005年）と興福寺でも巡回され，入場者数は東京で94万人，九州で71万人，興福寺を合わせて計190万人となった。若手アイドルの登竜門「ジュノン・スーパーボーイ・コンテスト」（主催：主婦と生活社）において，その年限定の「阿修羅ボーイ」（後藤崇太）が選ばれ，興福寺公認の「阿修羅フィギュア」1万5000体は早々に完売した。展示会場での阿修羅像のVR（バーチャル・リアリティ：仮想現実）作品の上映や，ホテルで興福寺僧侶の法話を聞くツアーなども企画された。

日本の国立の博物館・美術館は，企画展に連動して来館者数も入場料収入も変動し，企画展への依存体質が指摘されている（野村総合研究所，2013）。それに対して，世界一の来館者数と入場料収入を誇る「ルーブル美術館」は，常設展の入場者数の比率が極めて高い。フランス革命後の王侯貴族コレクションをもとにした約49万件の収蔵品数の中には，たとえば，『モナ・リザ』といった，アイコン的な作品がある。大型企画展の集客効果は大きいが，博物館・美術館が恒常的な観光スポットとなるためには，常設展に対する企画力，またコレクション等に関する情報発信力を強化する必要があり，資料のデジタル・アーカイブ化に伴う，オンライン公開も進められている。

来館者サービスとして，展示作品を解説する音声ガイド機器が用意されているが，近年，展示解説スマートフォン（スマホ）アプリケーション（アプリ）を導入する博物館も増えている。アプリをダウンロードすれば，スマホで施設案内や作品解説を楽しむことができる。また，新型コロナウイルス感染症の拡大を契機に，ギャラリーツアーの動画配信やバーチャルツアーなど，オンライン上での取り組みも進展した。VRは，常設展においても取り入れられるようになり，たとえば，「兵庫県立兵庫津ミュージアム」（神戸市，2021年）では，初代県庁の歴史的な空間を復元し，幕末維新のドラマをバーチャル体験することができる。

3　博物館・美術館の展望

（1）コレクションの地域性と独自性

常設展示が主体の博物館・美術館では，その地域性や独自のコレクションが事業を支えている。コレクション次第で，全国から観光客を期待することも可能である。その土地にゆかりのある人物や作品などを扱った記念館や文学館も多く，たとえば，熊野に生きた博物学者の「南方熊楠記念館」（和歌山県白浜町，1965年），「大垣市奥の細道むすびの地記念館」（2012年），日本で初めて国産ピアノがつくられた浜松市の「楽器博物館」（1995年）など，地域の歴史や文化を象徴する博物館が数多く存在する。

科学博物館は，戦後，青少年の科学教育を主目的に，各地に公立の施設が設置されてきた。その多くにプラネタリウムが設置され，全国に200館以上ある。「明石市立天文科学館」（1960年）の投影機は半世紀以上の長寿を誇り，「熟睡プラ寝たリウム」やコンサートなどのイベントも積極的に行っている。「名古屋市科学館」（1962年）は，2011年に導入した世界最大級の最新のプラネタリウムが人気となった。科学博物館は，自然史系と理工学系に大別される。前者は動植物や鉱物などをテーマとし，日本初の「福井県立恐竜博物館」（勝山市，2000年）など，独自のコレクションを持つ施設がある。後者は自然科学の原理や応用などを扱い，鉄道や通信といった技術や産業に関するものは，産業博物館と呼ばれ，企業の産業博物館とも関わってくる。

企業博物館は，自社技術の伝承や専門知識の公開を目的とし，創業の地に開設されることが多い。「ミキモトパールミュージアム」（鳥羽市，1962年），「UCC コーヒー博物館」（神戸市，1987年）や「トヨタ博物館」（長久手市，1989年），「インスタントラーメン発明記念館」（池田市，1999年）など，1970年代から1980年代にかけて企業の博物館も増加した。

自然環境と共生した野外博物館・美術館は敷地面積が広く，芸術文化の公園，里づくりの一環ともなっている。広大な土地を活用し，美術館や工房，野外劇場といった多様な施設から構成されることが多い。箱根の「彫刻の森美術館」（1969年）をはじめ，「滋賀県立陶芸の森」（甲賀市，1990年）は，信楽焼の窯や研修館，陶器制作スタジオなども備えている。

観光を主目的とする産業博物館や名産品の展示館などでは，土産物ショップや観光案内所などを併設することもあるが，常設展が主体の施設では，展示物の入れ替え，体験型事業や関連イベントを継続的に実施することが，地域振興や観光振興につながっている。

（2）アートツーリズムの創出

ここでは，美術館に関わる3つの事例を通して，アートツーリズムの動きをみておこう。

1つ目の事例は，歴史文化都市・金沢において，特別名勝「兼六園」（日本三名園の一つ）と肩を並べるまでに人気の観光スポットとなった「金沢21世紀美術館」である。金沢市は，城下の伝統文化や伝統産業を受け継ぎ，戦災や災害を免れた町並みや武家屋敷跡などが現存している。市内の4地区が「重要伝統的建造物群保存地区」に選定され，「金沢クラフト・ツーリズム」や「金沢アーキテクチャー・ツーリズム」を推進している。市内には24もの博物館・美術館（金沢市文化振興財団，2022年）があり，その中で金沢21世紀美術館は，「新しい文化の創造と新たなまちの賑わいの創出」を目的に，2004年に開館した。現代に生きる美術館として，金沢の工芸を世界に開き，市民の広場として，子供たちの成長を育むことを使命に掲げている。施設は，「まちに開かれた公園のような美術館」（設計：妹島和世＋西沢立衛／SANAA）を基本コンセプトに，正面や裏側といった区別がない円形で，その形から「まるびぃ」という愛称をもつ。建物の周囲にも作品が配置され，施設内にも無料で作品を観ることができる交流ゾーンが設けられ，観光客も気軽に入ることができる。有料の展覧会ゾーンの開館時間は10～18時（金・土曜日は20時）だが，交流ゾーンは9時から22時まで開館し，平日も20時まで営業しているカフェ・レストランには，地元加賀野菜を取り入れたメニューもある。開館後10年間は，年間入館者数140～150万人，有料入場者比率は25％前後で推移してきたが，2015年度に200万人を超えて以降増加し，2019年度には260万人となった。展示作品の中でも，レアンドロ・エルリッヒ作『スイミング・プール』の人気が高く，観光客を惹きつけるアイコン的作品といえよう。

次は，リゾート開発の一環としてはじめた事業が広域化し，世界的にも注目されるようになった「ベネッセアートサイト直島」の事例である。1992年に現代アートの美術館と宿泊施設が一体化した「ベネッセハウス」（香川県香川郡直島町）を開業後，安藤忠雄設計の「地中美術館」（2004年）と「李禹煥（リ・ウファン）美術館」（2010年），「犬島精錬所美術館」（三分一博志設計，2008年）や「豊島美術館」（西沢立衛設計，2010年）など，次々に美術館を開設してきた。古民家等も展示施設として活用し，宿泊・飲食施設を増やしながら，瀬戸内海の島々へと事業の場を拡げている。それに歩を合わせるように開始された事業が，「瀬戸内国際芸術祭」（2010年より３年に一度開催）である。同芸術祭は，「海の復権」を目的に掲げ，美しい自然と人間が交錯し交響してきた瀬戸内の島々に活力を取り戻すこと，そして瀬戸内海が地球上のすべての地域の「希望の海」となることを目指している。来場者は船で島々を移動しながら，それぞれの島に点在するアートを巡る「旅」を楽しむ。第４回となった2019年は，春，夏，秋の３会期，計107日間開催され，12の島々（直島，豊島，女木島，男木島，小豆島，大島，犬島，沙弥島，本島，高見島，粟島，伊吹島）と２つの港（高松港と宇野港）周辺に，32の国と地域から230組214作品が展示され，35ものイベントを実施した。第１回来場者数は約94万人だったが，第２回以降，100万人を超え，第４回は約118万人となった。外国人来場者数（比率）も，第１回の約１万人（1.1％）から第４回には27万8000人（23.6％）となり，香川県内の経済効果は，180億円と推計された（原・山本，2021）。この年は，世界の旅行誌で「瀬戸内」が注目され，イギリスの旅行誌「ナショナル・ジオグラフィック・トラベラー」では，「2019年行くべきデスティネーション」の１位に選ばれている。

最後に国や地域を越え，デジタルアートの世界で活動の場が拡大している「チームラボ（teamLab）」を取り上げておこう。チームラボは，2001年，大学院生・学部生５人が設立した学生ベンチャーが，そのはじまりである。「ウルトラテクノロジスト集団」として，デジタル技術を用いた事業を展開しつつ，設立当初からデジタルアート作品を制作していたという。公式 HP を見ると，2011年の台湾での展覧会が最初の記録だが，シンガポール，ニューヨーク，ソウル，パリ，ジュネーブ，サンフランシスコ，メルボルン他，世界各地で開催され，常設展示は，2015年の「チームラボギャラリー真玉海岸」(大分県・国東半島)，翌2016年の「シンガポール国立博物館」(1887年) と「マリーナ・ベイ・サンズ」内の「アートサイエンス・ミュージアム」をはじめとして，世界各地で展示されるようになっている。2018年には，東京都内にチームラボ単独の展示施設が２館開館した。森ビルとの共同運営で，《地図のないミュージアム》「森ビルデジタルアートミュージアム：エプソン チームラボボーダレス」(江東区青梅。2022年閉館，2023年に「虎ノ門・麻布台プロジェクト」敷地内に移転) と「チームラボプラネッツ TOKYO DMM.com」(江東区豊洲，2023年末まで) である。両施設を合わせた来館者数は，開館後１年間で350万人，「チームラボボーダレスミュージアム」の来館者数230万人のうち，世界160カ国の国・地域から訪れた外国人旅行者が半数を占めたという。翌2019年は，世界の最も優れた文化的施設に贈られる「第25回ティア・アワード」(テーマエンターテインメント協会，アメリカ) にて「優秀功績賞」を受賞，国内の施設では，東京ディズニーシー，ユニバーサル・スタジオ・ジャパンに続く受賞となった。国内においても，世界からの誘客に成功しているとして，同年，「第11回観光庁長官表彰」を受賞している。チームラボミュージアムとしては，2019年に上海，2020年に福岡，2022年に北京で開館し，今後，アブダビ (アラブ首長国連邦，2024年) やハンブルク (2025年) での完成も予定されている (2023年現在)。チームラボは，子供たちに共同的な創造を育みたいという教育的プロジェクト「学ぶ！未来の遊園地」の活動を行っていることも付け加えておこう。

(３) 豊かな文化観光の推進に向けて

文化施設は，本質的に公共性が高く，非営利事業である。博物館・美術館の多くは公立であり，公的資金によって支えられている。フランスは，政府が文化政策を主導し，予算額も極めて大きい国だが，優れた芸術の存在が，国や国民への威信となることを公的支援の根拠としている（片山，2014）。日本においても，文化庁の予算は，1990年代後半から2000年代にかけて増加し，2003年以降は1000億円を超え，文化観光を推進する上で予算規模も拡大しつつある。だが，地方公共団体においては，財政が悪化する中で，公的に支援すべき施設や事業の選択，対象とする文化芸術の範囲についての課題もある。また，投入した税金に見合う価値や成果も求められ，大規模施設や大型の企画展や芸術祭など，投資額が大きくなればなるほど，その経済波及効果について，議会でも議論されてきた。

今後，観光の視点から考えると，博物館・美術館をはじめとする文化施設は，国内外に向けて，いかにその魅力を発信していくのか，訪日外国人旅行者への対応や体験型事業，地域と連携した交流事業を促進し，開館時間の延長や付設するカフェ・レストランの魅力向上などとともに，加速化する DX 化へ，いかに取り組んでいくのかが求められている。また，共生社会の実現を目指す多様性，ユニバーサルツーリズム（すべての人が楽しめるよう創られた旅行）への対応も視野に含め，事業を進めていく必要があろう。

文化施設には，人々の心を耕す，本来の目的があり，個々の設置目的や事業内容は，所在地の地域性によっても異なってくる。博物館・美術館は，それぞれの基本方針にしたがって，コレクションを充実させ，展示に向けて企画力を高めることが活動の基本にある。だが，どのような文化施設を創っていくのか，その鍵を握るのが，現場で働く職員であり，アーティストも含めて，文化施設に関わり，支える人々である。国として，また地域における文化振興，観光振興を推進する行政担当者の役割も大きい。経済的な課題を受け入れつつ，文化観光の要として観光客を意識するとともに，個々の施設が，その地域性や独自性を活かし，また，所蔵品のクオリティを追求し続けることが，結果として，国内外からの誘客につながり，持続可能な文化観光を推進することになろう。

引用・参考文献

岡本伸之編著『観光経営学』（よくわかる観光学 1 ）朝倉書店，2014年。

片山泰輔「芸術文化と市場経済」小林真理・片山泰輔監修・編『アーツマネジメント概論［三訂版］』水曜社，2014年。

金沢市経済局営業戦略部観光政策課「金沢市観光調査結果報告書」2017年，2019年。

株式会社野村総合研究所「国立文化施設におけるパブリックリレーションズ 機能向上に関する調査研究 報告書」文化庁，2013年。

公益財団法人金沢文化振興財団発行「金沢市文化施設ガイドマップ」2022年。

菊池俊夫・松村公明編著『文化ツーリズム学』（よくわかる観光学 3 ）朝倉書店，2016年。

堺大輔「チームラボのチームの秘密」『DIAMOND ハーバード・ビジネス・レビュー（2016年12月号）』（電子書籍）ダイアモンド社，2017年。

全国大学博物館学講座協議会西日本部会編『新時代の博物館学』芙蓉書房出版，2012年。

デイヴィッド・スロスビー，中谷武雄・後藤和子監訳『文化経済学入門』日本経済新聞社，2002年。

林清編著『観光産業論』（観光学全集第 6 巻），原書房，2015年。

原直行・山本暁美「瀬戸内国際芸術祭2019における日本人観光客と外国人観光客の意識動向の比較」『香川大学経済論叢』第94巻第 1 号2021年 6 月。

藤野一夫監修『公共文化施設の公共性』水曜社，2011年。

文化庁長官官房政策課「文化芸術の振興に関する基本的な方針」2015年。

文部科学省「社会教育調査」1987年・1993年・1999年・2005年・2011年・2015年・2018年。

文部科学省「文部科学広報」2020年 9 月号。

山崎新太「ポストコロナのローカル DX 戦略～時空を超える公共サービスの可能性～第 6 回博物館サービスの DX」株式会社日本総合研究所 HP（https://www.jri.co.jp/）2020年 8 月 3 日。

山田浩之・赤﨑盛久編著『京都から考える 都市文化政策とまちづくり』ミネルヴァ書房，2019年。

山出保『金沢の気骨』北國新聞社，2013年。

ART SETOUCHI（https://setouchi-artfest.jp）。

金沢市 HP（https://www4.city.kanazawa.lg.jp/）。

金沢旅物語（金沢市観光公式サイト）HP（https://www.kanazawa-kankokyokai.or.jp/）。

金沢市文化振興財団 HP（https://www.kanazawa-museum.jp/）。
金沢21世紀美術館 HP（https://www.Kanazawa21.jp）。
観光庁 HP（https://www.mlit.go.jp/kankocho/）。
チームラボ HP（https://www.team-lab.com）。
東京国立博物館 HP（https://www.tnm.jp）。
美術手帖 HP（https://bijutsutecho.com/）。
文化庁 HP（https://www.bunka.go.jp）。
文化庁博物館総合サイト HP（https://museum.bunka.go.jp/）。
ベネッセアートサイト直島 HP（https://benesse-artsite.jp）。
ルーブル美術館 HP（https://www.louvre.fr）。

コラム3　観光と景観

観光の対象として景観は重要である。人が普段，目にすることのない自然の雄大さや，歴史的建築物が並ぶ町並みなどを観賞することは観光行動の主目的の一つである。ところで，景観とよく似た言葉として風景がある。風景と景観はそれぞれどのような意味で用いられているのだろうか。まずは，これらの用語について見ていこう。

風景と景観の違いとして，前者は主観的・情緒的に捉えられる。一方，後者は客観的・現実的に捉えられる（北川編著，2008）。さらに，景観について具体的に見ていくと，大きく自然景観と人文景観に分類される。前者は山地景観（森林，草原，渓谷等），火山景観（火山体，火口，湖等），海岸景観（砂洲，サンゴ礁等）などであり，後者は風土的景観（農村集落，里山等），歴史的景観（城下町，門前町等），都市景観などである。そのほかにも自然的景観，都市的景観，文化・歴史的景観などの分類もある。

このように，景観には様々な分類があるが，観光との関係で見てみると「景観の保全」が重要なキーワードになる。

多くの人が訪れるようになると，ポイ捨てされたゴミの増加などにより，景観や周辺の環境に悪影響を及ぼすリスクが高まり，景観自体のよさが損なわれてしまいかねない。そのため，観光と景観の保全を両立させるには，景観自体を地域ブランド化することで，観光事業による安定した収益を確保しつつ，それを基に景観の保全を実現させることが大切である。景観の地域ブランド化の方法には様々なものが考えられるが，ここではその指標の一つとして「文化的景観」，特に「重要文化的景観」の側面から見ていく。

文化庁によれば文化的景観とは，「地域における人々の生活又は生業及び当該地域の風土により形成された景観地で我が国民の生活又は生業の理解のため欠くことのできないもの」（文化財保護法第2条第1項第5号より）であり，文化的景観の中でも特に重要なものについては，都道府県または市町村の申し出に基づいて「重要文化的景観」として選定されるとしている。そのため，重要文化的景観に選定されることは当該地域の景観の潜在的価値が認められ，観光対象としての地域ブランド化につながるものであると考えられる。ここでは，重要文化的景観に選定された景観の保全と観光をうまく結びつけた事例として，滋賀県高島市の取り組みを紹介する。

滋賀県高島市は，2005年1月に旧高島郡6町村が合併して誕生した市であり，同市の新旭町針江・霜降は，2010年に「高島市針江・霜降の水辺景観」として重要文化的景観の選定を受けている。同景観の構成要素としては「カバタ」，集落内の水路，茅葺き屋根の民家，酒蔵等があり，特にカバタに関しては従来から「高島市の水辺景観といえばカバタ」といわれるほど，重要な景観構成要素として認識されていた。カバタとは湧き水や水路の一部を家の敷地に引き込み，生活用水として利用するための石造りの洗い場のことであり，主屋内に取り込まれている内カバタと主屋の外にある外カバタとがある。針江・霜降におけるこれらのカバタは現在も使用されているため，伝統的に水との関わり方を残している数少ない地域である。

同地域に全国から人が訪れるようになったのは，テレビのドキュメンタリー番組で放送されたことがきっかけである。このような状況に対応するため，地元住民は自分たちが安心して暮らせるように来訪者を受け入れる体制を整える必要があることから，2004年に「針江生水（しょうず）の郷委員会」を設立した。同年から始まった住民によるボランティアガイドは，いくつかの見学コースで行われており，訪れた人は希望するコースに分かれ，個人宅にあるカバタや川の流域，ヨシ原を見学するという仕組みになっている。また，見学は有料であり，同委員会は，ガイドツアーで徴収した収益を環境保全の取り組みなどに用いている。そのため，地元住民にその活動の意義を認識してもらえるようになり，2010年には針江の全162世帯の約半分がこの活動に参加するようになった。また，見学対象が地元住民の普段の生活の場であるため，物見遊山的な観光客は受け入れないなど，景観に配慮した対応を行っている。

このような取り組みにより，集落の人たちの考えも変化していった。住民の環境への意識が高まり，道端のゴミ拾いや川掃除などの活動に若い人たちが積極的に関わるようになっていった。同地域は，多くの観光客を集めるためにこれらの活動を行っているのではなく，地域住民の暮らしを守りながら，水に関して勉強したい人に来てもらいたいとの考えを抱いている。このように，地域の自然および社会環境を資源として捉え，持続的存続が可能なように保護することを目指した観光形態をエコツーリズムと呼ぶが，本事例はその重要性を示すものである。

ここでは，主に観光と景観の保全について，滋賀県高島市の事例を取り上げたが，景観と環境については，コラム4「観光と環境」でも触れられている。

参考文献

大社充『地域プラットフォームによる観光まちづくり』学芸出版社，2013年。
北川宗忠編著『観光・旅行用語辞典』ミネルヴァ書房，2008年。
高島市新旭地域のヨシ群落および針江大川流域の文化的景観保存活用委員会『「高島市針江・霜降の水辺景観」保存活用事業報告書』高島市，2010年。
独立行政法人国立文化財機構奈良文化財研究所「文化的景観研究集会（第5回）報告書　文化的景観のつかい方」奈良文化財研究所，2014年。
長谷政弘編著『観光振興論』税務経理協会，1998年。

第9章
観光産業とホスピタリティ

1　サービスと観光

（1）サービスの意味

観光とホスピタリティの関係を説明する上で，まずサービスとホスピタリティの違いを明らかにしておく必要がある。

日常生活の中で，「サービス」という言葉はよく耳にする。基本的にサービスは「役務」であり，人の手によって実行される「行為」を指す。よく店頭で「大サービス価格でご提供」などの表示を目にするが，この文面から想像する「割引・値引き＝安い」という解釈は本来のサービスが意味するものとは異なる。

市場において取引の対象となるものを「財」という。生産者（企業）が生産する生産物は「財」である。「財」は大きく2つに分けることができる。一つは「有形財」と呼ばれるもので，製品など有形で在庫することが可能な生産物である。もう一つが「無形財」で，これはサービスなど無形で在庫できない生産物である。無形財であるサービスはさらに2つに分類できる。第1は，モノに「付加する」サービスである。これは，パソコンを購入した時に付随するテクニカルサポートやウェイター・ウェイトレスの給仕などのように，モノの品質だけでなく，人の手による行為を付加して，その商品価値を上げようとするものである。第2は，人の手による「行為そのもの」がサービス商品として機能するものである。たとえば，理容・美容や医療などの分野での技術提供や引越サービスなどである。

戦後，日本はものづくりによって経済発展を遂げてきた。日本の技術力によって作り出された製品は“メイド・イン・ジャパン”として，その品質が世界中で高く評価され，わが国の世界的地位を築き上げてきたといっても過言ではない。しかし，時代の流れとともに廉価な海外製品の輸入が促進され，価格競争の渦に巻き込まれていく中で，製品の品質は高度に平準化されつつ低価格化し，企業はモノの品質だけでは競争優位を獲得できなくなってきた。これらの環境変化に伴い，サービスという行為が企業戦略の一つとなってきたのである。つまり，モノの品質だけでは競争優位が困難な時代になったため，人の行為を財に付加して，あるいはその行為そのものを商品として成立させるようになったのである。

さて，サービスは人の手による「行為」なのでモノと比較すると無形性，同時性，異質性，消滅性という特性がある（第2章第1節参照）。その結果，サービスはモノのように消費者が評価可能な品質を一律的に判断することができず，取引の瞬間に提供者と顧客との間でその品質が主観的に評価されるものである。また，サービス品質を向上させるには，サービスの「同時性」という特性から，提供者と顧客が共同生産を行い，価値を共創することが重要である。それがサービスの販売価格を押し上げることにもつながる。すなわち，消費者がサービス品質を認知し，顧客価値が向上すると，たとえ価格が高くても顧客はそのサービスを購入しようとする。

近年，様々な商品に「プレミアム」という名称が付加されている。ホテルの客室に「プレミアムルーム」，航空機の座席に「プレミアムシート」など，特別感を付加した商品名を付けることが例として挙げられる。これらは提供者が「こだわり」を商品に取り入れ，消費者がその品質を認知することで「ワンランク上の商品」をつくりあげているが，提供者の一方的な思い入れだけでは十分とはいえない。消費者がそのサービス品質を認知し，商品価値を評価することで成立する。言い換えれば，企業と消費者との共同生産や価値共創によって成立するといえるのである。

たとえば，日本にも多数進出している外資系ラグジュアリーホテルとビジネスホテルを比較すると，同じ宿泊や飲食というサービスを提供するにもかかわらず，ラクジュアリーホテルの価格はビジネスホテルの数倍近くに設定されている。単に宿泊という目的であればビジネスホテルで十分にこと足りるが，あえて消費者が高額なラグジュアリーホテルを選択するのは，充実したサービス内容に魅力を感じるからである。その充実したサービスを提供するために様々なコストがかけられており，消費者がそのコストに相当するサービス品質を認知し，価値を共有しているからにほかならない。

（2）観光というサービス商品

一般的に観光客は，まず行き先を選択し，その地へ向かうための交通手段や宿泊先，観光の対象となる様々な観光情報を検索する。そして，これらの情報をもとに旅行会社でパッケージツアーを申し込んだり，近年ではインターネット上で交通手段と宿泊先，さらには食事やアクティビティの予約を自分自身で手配する傾向が強い。観光地に到着後は，その地の特色ある景観，まち並みやアクティビティを楽しみ，名産品を土産として購入して，観光行動を完結させる。観光客は観光企業によって展開されている多種多様な観光サービスを購入し，観光という目的を達成している。

19世紀中頃にヨーロッパを中心に交通網が整備され，マスツーリズム（大衆観光）が進展し，旅行を斡旋する産業が成立することで「観光の商品化」が加速した。人々にとって簡単にかつ手軽に，安心して観光ができるようになったのである。現代では，観光サービスは観光客がより便利に，より快適な観光を楽しめるように多様化している。パッケージツアーに加えて，交通手段や宿泊先，オプションのツアーなどを自分自身で自由に組み合わせることができ，団体行動に縛られることのない“ダイナミックパッケージ”が人気である。航空会社や旅行会社のホームページでは，パッケージツアーとともにダイナミックパッケージが並び，24時間365日いつでも，どこからでも予約できることで，これまでの煩雑な予約手配が解消されている。

移動の際に利用する航空機や鉄道，バスなどの交通機関，宿泊するホテルや旅館，レストラン，オプショナルツアーでのアクティビティなど，観光企業によって提供されるサービスが観光サービスである。

観光は1年を通して可能であるが，多くの観光サービスには「季節性」がある。特にわが国では，欧米諸国のように長期休暇をまとめて取得することは難しく，どうしてもゴールデンウィークやお盆期間，年末年始など，まとまった休日期間に観光する人が集中してしまう傾向にある。観光企業にとっては「かき入れ時」であり，観光シーズンと呼ばれる時期には自然と観光サービスの価格は高騰する。同時刻に出発する飛行機で同じ目的地に移動する時や，同じホテルの同じカテゴリーの客室に宿泊する場合でも，季節によって価格には大きな差がある。パッケージツアーも連動して，その価格は数倍になることが一般的である。

これらは「需要と供給」という経済原理にしたがっている。観光需要が多い時期には，観光サービスを高く販売しても観光客は購入する。逆に観光需要の少ないオフ・シーズンには，その販売価格を下げることで観光需要を喚起しなければ企業の収益に影響を及ぼす。旅行会社のパッケージツアーにおいて，一つの同じツアーの価格がその出発時期によって大きく異なるのは，このためである。

観光サービスは観光客に対する「行動支援商品」である。旅行会社では，観光に関わる移動や宿泊の予約・手配，クーポンの発行など，ホテルや旅館では観光客が宿泊する部屋の清掃や食事の提供など，これらはすべて観光サービスであり，従業員の手（行為）によって生み出されている。観光客はこれらの観光サービスが観光企業によって提供されることで，便利にかつ手軽に観光することができる。観光客にとって観光サービスは自身の観光行動に不可欠なものであるといえる。

近年，インターネットでの情報収集が一般的になり，観光に関する様々な情報を得ることはごく簡単になってきた。インターネットの旅行情報サイト「トリップアドバイザー」では，観光情報や宿泊施設，レストランなどの情報が世界中の観光客から寄せられた体験レポートとともに掲載されている。これまでは旅行会社に頼ってきた情報収集や旅行手配などの行動支援機能の必要性さえ疑わしくなってきたのも事実である。観光客は「旅行慣れ」し，これまでの画一的な観光サービスでは満足しなくなってきている。観光事業者は，時代の変化，生活文化の変化，観光客の嗜好変化などに対して敏感になり，それらの環境変化に適応していく必要がある。

2　ホスピタリティの論理

（1）ホスピタリティの解釈と特性

ホスピタリティ（Hospitality）という言葉については，これまで多くの解釈があるが，大多数の研究者に共通している見解は「人を歓待する」という解釈である。日本では，仏教の教えに「無財(むざい)の七施(しちせ)」というものがある。その一つが「房舎施(ぼうしゃせ)」というものである。これは，「風や雨をしのぐところを与えること」であり，「求めてくる人，訪ねてくることがあれば，一宿一飯の施しをして労うこと」（安田・中尾，2009）という他人を思いやる行為である。四国のお遍路さんへの行為として旅人を自宅に招き入れて，食事や飲み物を提供する「お接待」という習慣や，お茶席の亭主と客との間に生ずる「もてなし」などは，わが国におけるホスピタリティの代表例として挙げられる。

一般的に，ホスピタリティは「他者に対する思いやり」や「手厚いもてなし」などと解釈されているが，いずれもが「相手に見返りを求めることなく，他者のことを思いやり，相互の関係性を築き上げる」ことである。この「見返りを求めない」ことが，有償であるサービスとは異なり，ホスピタリティが無償の提供であるという解釈を導き出している。

ホスピタリティは，他者に対してあたたかく親切にもてなす心や歓待の精神といった「心理的・精神的な規範」であり，その規範を基にして客や他者に対する歓待・厚遇といった「具体的な態度・行為」によって成立する。また，サービスが提供者となる企業から消費者に対して一方的に商品価値が提供され，他律的（自身の意思ではなく，一定のマニュアルにしたがって行う行為）であるのに対して，ホスピタリティは提供する側の「ホスト（Host）」と受け取る側の「ゲスト（Guest）」が自律的（自身の意思にしたがって行う行為）かつ相互的な理解と受容によって成立するものである。

ホスピタリティを解説する書籍の中には，「ホスピタリティはサービスの究極の形」であるとか，「サービスの上位概念としてホスピタリティを位置づける」ものがあるが，学術的解釈としては適切ではなく，サービスとホスピタリティは全く別の概念を有しているのである。

（2）心に訴えかける経営要素としてのホスピタリティ・マネジメント

ここまで，ホスピタリティは「無償」であると解説したが，ここでは，経営要素としてのホスピタリティについて考えたい。ホスピタリティ産業は「産業」である限り，利益を追求する企業の集合体でなければならないが，一方でホスピタリティは無償の概念である。したがって，利益を追求する産業と無償のホスピタリティを一つの言葉として表現するには違和感があるかもしれない。

主としてアメリカでは，古くからホテルやレストランなどを「ホスピタリティ産業」と総称してきた。ホスピタリティは元々「旅人や異邦人をもてなす主人」という意味合いもあったことから，ホテルをはじめとする観光産業を中心にホスピタリティ産業として認識されてきた経緯がある。その後，医療・福祉機関，教育機関も含められ，人と人との関わりや人が人に対する思いやりを重視するビジネスとして広く認識されている。ホスピタリティがもつ元々の意味と，「ホスピタリティ産業」という産業区分とを混同しないよう注意する必要がある。

有形財である製品（モノ）の商品性能や品質が高度化し，海外諸国からの輸入製品の増加による価格競争から逃れるために，サービスを付加価値として差別化を図ろうとしたことは既に述べた。しかし，時代の流れとともにそのサービス自体の品質も高度化，平準化し，競争優位の戦略として必ずしも有効とはいえなくなってきたのである。近年では，従来のホスピタリティ産業と称される産業だけでなく，広く製造業においてもホスピタリティという概念を用いて購買訴求する企業さえ現れてきている。つまり，本質的な商品価値を基にして，どのように顧客に対して「心に訴えかける経営」を行うのかという課題を追求している。

また，競争優位を獲得するにも，モノやサービスの機能や品質には限度がある。たとえば100 kgの洗濯物を1分間で洗濯・乾燥することや，携帯電話等の通信サービスにおいて，通話やネットの「使い放題」月額料金を一律100円にすることは不可能と考えられる。

これに対し，人間の欲求の根本にある「心」の動きには限度がない。限度がない限り，人間の「心に訴えかける経営」の要素は無限に存在する。ホスピタリティは人が人に対する心理的・精神的な規範と，具体的態度・行為という無償性のものとして解釈されるが，ホスピタリティ産業が取り扱う様々な商品を生産・販売する段階で従業員に対してホスピタリティが求められる場合には，経営要素であるホスピタリティが商品となり，市場取引の対象となる。

1995年，観光政策審議会による「今後の観光政策の基本的な方向について(答申第39号)」の中で「21世紀の観光を創造するための具体的方策の提言」が述べられており，「観光産業は，ホスピタリティを売る産業である。顧客満足第一を基本にするという観念の浸透と各産業の連携により観光サービスが安全で満足できる水準と雰囲気を持つべきである。また，良き観光サービスは観光客との協同作業で作られるものであり，観光客は良いサービスを育てる心を持つことが望ましい。また，観光従事者が自負心と誇りを持ち安定した気持ちで仕事ができるような奨励制度を作ることも必要である」とされている。

ホスピタリティという無限的な人間の心を核として顧客との関係性を築くとともに，組織内での従業員の業務遂行能力の向上を目的として，組織の最適化を図ることをホスピタリティ・マネジメントという。

ホスピタリティ産業の中核を構成する観光産業では，従業員と顧客との間で繰り広げられる接客という行為が主たる商品である。従業員の接客能力は個人的資質だけで向上するものではなく，企業組織の業務支援，すなわち企業が掲げる理念を従業員に浸透させるとともに，労働環境を整えることが必要になる。

サービスの提供は，整えられたマニュアルにしたがって，決められた手順や所作によって行われる。この場では，従業員の自律的判断と行動は原則的に求められていない。共有されたマニュアルは様々な従業員によって提供されるサービスの異質性を可能な限り最小化し，いつでも，どこでも，どのような従業員であっても，同じサービスを提供できるようにするためのツールとして存在している。

一方，ホスピタリティは自律的であり，ホスピタリティ産業に従事する従業員の心理的・精神的規範を基本にした行為である。ホスピタリティ産業にも当然ながらマニュアルが存在するが，あくまでも商品であるサービスに求められる最低限の行動規範である。ラグジュアリーホテルのホテリエやエアラインの客室乗務員にはマニュアルを超えた「行為」が求められる。それは，顧客との「出会いの場（エンカウンター[Encounter]）」における相互的な価値交換作用であり，心理的・精神的な規範からなる具体的な態度・行為としてのホスピタリティである。しかしながら，前述したように，これらは個人的資質のみによって生み出されるものではない。従業員がホスピタリティを理解し，そしてその理解を自律的にそれぞれの業務へと活かすことが可能な職場環境を整える必要がある。

職場環境の整備で最も重要なことは，企業と従業員との間で何がホスピタリティなのかという合意形成がなされていることである。この合意形成を前提として，従業員に対して個別的な裁量権（エンパワーメント）をどれだけ与えるのかということがホスピタリティ提供の源泉となる。裁量権の付与の事例として，ラグジュアリーホテルを世界中で展開しているザ・リッツ・カールトンが挙げられる。従業員は1日あたり2000アメリカドル内であれば上司の許可や決裁を受けずに自己の判断で顧客への対応を実行できるというものである。日本円に換算すれば約30万円程度という高額であるが，従業員にとってこの高額な金額に対する裁量権ではなく，会社が従業員一人ひとりを信頼して裁量権を与えているという「合意」なのである。ザ・リッツ・カールトンでは，この裁量権を行使した従業員によって生み出されたホスピタリティの数々が「伝説化」し，最高級ラグジュアリーホテルとしてのブランドを維持し，多くの顧客から高い評価を受けている。ザ・リッツ・カールトンが従業員に与えている裁量権は，ラグジュアリーホテルとしてふさわしいサービス品質を維持するための「他律的な供与」である。しかし，これらの裁量権を行使する従業員が目の前にいる利用客に対して，何ができるのか，何をすればサービス品質やブランドを維持できるのかを考え，判断し，ホスピタリティ・マインドをもって行動することは従業員自身の「自律的判断による行為」である。つまり，この裁量権を行使するのかどうかは従業員のホスピタリティ意識の度合いによって左右されるのである。

わが国において，「ホスピタリティ」という言葉が観光産業などで使われ始めたのはごく最近のことである。現在，多くの観光産業では「ホスピタリティ」を売り言葉に提供する商品の優秀さをアピールしている。しかしながら，ホスピタリティを謳いながら，「些細なことに融通が利かない」「リクエストに対応できない」など，企業側の都合に顧客が合わせざるをえなくなる場面があるのも事実だ。企業の戦略として，ホスピタリティという言葉だけが先行し，顧客から見れば「行動が伴わない自己主張」だと捉えられる。真の意味でのホスピタリティは，相手の立場で考え，行動することである。観光立国を目指すわが国において，世界標準のホスピタリティとは，いつ，誰に，何を，どのように提供すべきなのかを「利己」ではなく，「利他」という立場で考える必要があろう。

3　観光の本質とホスピタリティ

（1）観光の本質と観光商品

観光の本質は，旅行会社のパッケージ旅行に掲載されている美しい景観やその地のグルメを楽しむことだけではない。日常生活圏では出合うことができない自然，文化，風習，生活様式を通じて，その地の人々とのふれあいや交流から得る様々な価値は観光客にとっての貴重な経験や思い出となると同時に，観光の本質として忘れてはならない要素である。

マスツーリズムの進展以来，人々はより便利に，より簡単に，より安心して観光することを求めてきた。観光産業は観光客のニーズに応えるべく，多様な観光商品を創り出し，進化させてきた。言い換えれば，観光企業によって他律的に創り出された「商品化された観光」というものが市場の中で取引され，観光客が購入し，観光という現象が活性化してきたのである。しかしながら，この商品化された観光がもたらす弊害もある。パッケージツアーなどでは，限られた時間の中で定番の観光資源や施設を画一的に巡り，最後にはその地の名産品を扱う土産物店に立ち寄るという行程が組まれていることが多い。場合によっては，その行程の中に「車窓観光」というものがあり，移動中のバスの中から，その定番スポットを瞬間的に見るだけである。これは，商品として組み合わされた観光地を巡ることが主たる目的であり，その観光地で何を感じ，何を学び，どんな出会いがあり，ふれあったのかという観光の本質が欠落している例である。

しかし，観光客が不満を感じているのかというと，そうではなく，満足していることも多い。すなわち，「巡る」という行動が主たる観光の目的となっており，その地での「出来事」は観光客に与えられないにもかかわらず，観光客自身も特にそれを不満に思っていない。

観光客にとって，「○○へ行ってきた」「本場の△△料理を食べた」「名物の□□をお土産に買った」など，商品化されたものを購入することも観光の目的の一つであろう。観光企業によって生み出された「商品化された観光」によって，多くの観光客の利便性や満足感を向上させてきたのは事実である。

しかしながら，観光の本質はその商品化された観光を購入することだけではない。観光客自身が日常生活圏から離れて，初めて訪れる地の文化や風習，伝統を経験する際に，その地に居住する人々や同じくして訪れた観光客たちと交流することも観光の重要な要素である。ホテルや旅館，移動の際の航空機や鉄道など，企業から提供されるサービスの品質は観光価値を評価する要素の一つであるが，訪れた地の地域住民から受ける「もてなし」や観光客同士の交流なども観光客にとって忘れがたい旅の思い出となる。こういった観光客と他者との相互的な関わりの中で重要となるのがホスピタリティという心理的要素であり，ホスピタリティは観光の本質という点において必須の概念となる。

(2) ホスト・ゲストがともに“しあわせ”を感じる観光

観光という現象はホスピタリティと深く関係している。観光は「訪れてよし，住んでよし」といわれるように，訪れる観光客と訪れた地に住む人々が相互に歓び合うのが理想的である。ホスピタリティは相互的交換作用であり，観光客も地域の住民も「しあわせ」を感じることができる関係が成立してこそ，観光現象として価値あるものとなる。

もてなす側（ホスト）の歓待は，観光客（ゲスト）にとって印象的な場面を創造し，観光の価値を高める。ホスト側の地域ぐるみの歓待は，集客効果による公共的な効用の向上だけではなく，ホストが自身の態度や行為に誇り（シビックプライド）を感じ，また地域のアイデンティティを創り上げることにもつながる。

ゲストによる「この地を訪れてよかった」，ホストによる「この地域での生活が充実している」「この地の良さを伝えたい」といった思いが交換され，互いにしあわせを感じることができる。ゲストは自分たちを受け入れてくれる地域に対する礼儀として，ホスト側の慣習やマナーを守ることで，さらなる観光地の発展や環境維持に貢献できる。同時に，ホスト側に対する敬意ある行動を取ることで，観光客としての自律性が守られることにつながり，心地よい観光を実現することができる。

以上のような，ホストとゲスト間での相互的な「やりとり」こそがそれぞれの相手を「理解・受容」するというホスピタリティの根源であり，相互的関係性の中で生み出される価値によって，観光現象をより豊かに，そして，意義深いものへと発展させることにつながるといえる。

観光は元来，「苦痛や苦労を伴う」ものであった。現代では交通機関の発達や観光施設の充実化によって快適に，かつ便利に観光行動ができるようになった。しかし，観光にはトラブルがつきものである。トラブルに遭遇した時にこそ人の助けや思いやりが不安やモチベーションの低下を解消する。すなわち，観光において人と人とが出会い，ホスピタリティに満ちたやり取りにより，相互が「しあわせを感じる」場が生まれる。これらが機能性や利便性，費用対効果では計ることができない観光価値を創り上げることを忘れてはならない。

（３）異文化理解とホスピタリティ

近年の訪日外国人観光客の増加は，わが国の経済的基盤に大きな効果をもたらすだけでなく，「島国ニッポン」において様々な文化的交流が促進され，新たな視点での生活価値の獲得という点における意味も大きい。訪日外国人観光客の増加に伴い，主要な観光ルートや観光施設では多言語表示による案内ボード，パンフレット，まちなかでのWi-Fi環境が整備され，観光案内所では通訳も配置されるなど，受け入れ環境の整備はめざましい進展を見せている。

しかしながら，受け入れ環境の整備は観光行動に伴うハード面だけでは不十分である。外国人とわれわれ日本人が接する場面，すなわち交流場面でのホスピタリティとしての相互作用をいかに高めるかということにも意識を向ける必要がある。ホスピタリティの根源である「理解・受容」という点において，外国人がわが国を訪れた際，われわれ日本人が観光客の文化の違いによる行動をどの程度許容できるかという問題である。訪日外国人観光客の行動は，日本人の日常的生活における行動規範や周囲に対する配慮と比較して大きく違っている場合がある。日本人にとっては時としてその行動が非常識に思えることもある。しかし，日本の常識を訪日外国人に押しつけるのではなく，その文化の違いから生ずる問題を解決するためのシステムについて検討すべきである。文化の違いを乗り越え，相互に心地よく過ごせる空間をつくることが，結果的にわれわれ日本人のホスピタリティとして，広く世界に認知されることになるだろう。

2015年，訪日外国人観光客による「爆買い」と呼ばれる現象が起こった。品質の良い日本製品を買い求める外国人観光客が家電量販店，ドラッグストアやショッピングモールに殺到したのである。かつて，日本も海外旅行ブームの時には，外国製品（昔は「舶来品」と呼ばれていた）を土産として買いあさった時期があった。しかし，その現象も長くは続かなかった。観光は「買い物」が目的ではなく，また満足要素の一つでしかない。訪日外国人観光客は増加の一途であるが，「爆買い」行動に替わり，日本の自然や伝統的な文化の見聞に加えて，日本の生活様式の体験や日本人との交流行動にも魅力を感じている。

本来，観光において訪れた地の人々や相客としての観光客たちと出会い，共有された空間で交流し，新たな思考や価値観を得ることは重要な要素である。現代では，マスツーリズム時代に多く見られた有名観光地や観光施設を周遊することに対して否定的な観光客も多くなってきている。その原因は，観光が昔と比較して容易にできるようになることで頻度が増加し，人々が「旅慣れてきた」ことにある。今では，訪れた地の人々がどのような生活をし，その中で生まれた生活文化を観光客自身が体験することに魅力を感じていることが多い。

観光客にとって，ホスピタリティという相互作用によって成り立つ交流は極めて印象的な出来事となり，自身の「旅物語」として記憶に残ることになる。日本人に限らず，訪日外国人観光客においても，近年ではホテルなどの宿泊施設に泊まるのではなく，特に若者たちを中心にバックパッカーとして旅する人たちが互いに交流できる場として「ゲストハウス」などの宿泊施設に好んで宿泊することも，これらの「交流空間」を求めているという裏づけである。

日本人は世界から“Polite（礼儀正しい・思いやりがある）”と評価されている。日本人の「ホスピタリティ」が「日本のおもてなし」と高く評価されることはわが国の誇りでもある。京都の寺社仏閣，首都東京の先進的建築物や都市機能，アニメなどの“J-POP カルチャー”，地方都市における四季折々の風景などの魅力に加え，外国人と日本人との出会いの場において，「日本の人々と出逢えた」「日本人の礼儀正しさと思いやりに触れることができた」「日本独特の“おもてなし”を感じた」ことに歓びを感じてもらうと同時に，日本人が外国人観光客を快く受け入れ，わが国が「観光立国」としての地位を着実に築いていくことが大切である。

近年の IT の進化により，インターネットを通じて，いとも簡単に個人で旅の情報を入手でき，手配できるようになってきた。これまで観光産業が果たしてきた役割が個人でも可能になり，本来，果たすべき観光産業の役割が問われる時代になってきたといえる。

第2節（2）で述べたように，観光産業は観光サービス商品を販売するだけではなく，真の意味でのホスピタリティが何なのかを問いただし，「交流文化」を育てるような「仕掛け」を創造し，世界中の人々が観光という行動を通じて異文化を超えた「人間同士のつきあい」ができるように，その役割を果たすことが望まれる。

観光は，今や世界経済を支える一つでもある。世界中の人々が様々な国を行き来し，移動や滞在中で多くの消費を行うとともに，多くの人々との出会いによって新たな学習や経験，交流という価値を得ている。観光は多くの場面で人と人との関わりがあり，観光サービス商品を扱う観光産業も，観光客を受け入れる地域社会も異文化の理解と受容を基に世界標準のホスピタリティを実現することを目指すべきである。また，日本独特の「おもてなし」も世界ではなかなか出合えないような「ニッポンのこころ」を訪日外国人観光客にどのように提供できるかを考え，実行してこそ，わが国が目指す観光立国への道しるべとなろう。観光という現象にとって，ホスピタリティは欠かせない要素なのである。

引用・参考文献

伊藤元重『日本のサービス価格はどう決まるのか』NTT 出版，1998年。
近藤隆雄『サービス・イノベーションの理論と方法』生産性出版，2012年。
デービット・アトキンソン『新・観光立国論』東洋経済新報社，2015年。
前田勇『現代観光とホスピタリティ』学文社，2007年。
安田奘基・中尾恵子『奈良・薬師寺から学ぶもてなしの心』中経出版，2009年。
安村克己『観光』学文社，2001年。
山上徹『ホスピタリティ精神の深化』法律文化社，2008年。
山本昭二『サービス・クオリティ』千倉書房，1999年。

第Ⅲ部

観光政策論

第10章
観光立国と国際観光

1　観光政策と観光立国の推進

（1）日本の観光政策

観光政策とは，国および地方公共団体が観光事業の振興のために行う方策のことをいう（長谷，1997）。観光事業は観光往来を促進し，これを受け入れる活動であることから，観光政策は観光客，観光地，観光資源，観光企業に関する政策となる。

日本では，1930年代に鉄道省に国際観光局が設置され，国際観光政策が実施されていたが，戦後，本格的に外国人観光客の誘致に向けた立法，整備が進められることになる。1940年代後半～50年代はじめに旅館業法，国際観光ホテル整備法，旅行斡旋業法などが制定され，1963年には観光政策の基本方針等を示した「観光基本法」が施行された。同法では，外国人観光客の来訪の促進，観光旅行の安全の確保，観光資源の保護・育成および開発，観光に関する施設の整備等のための施策として施行された。地方公共団体の観光政策も基本的に国の観光政策と変わるところはないが，地域の経済効果や活性化により重点がおかれている。

施行当時，わが国は高度経済成長の中で通称「いざなぎ景気」という戦後最長の景気拡大期間にあり，インバウンド政策にも積極的であった。ところが1970年代以降，国の経済は貿易黒字と内需拡大による余暇の増大に支えられ，観光政策はもっぱら対出国者に偏ってきた。これは旅行業者など観光事業に従事している人々にとっても，訪日外国人旅行者を相手にするよりも，日本人を海外に送る方が容易で利益を生みやすいため，インバウンドよりもアウトバウンドを重視していたという背景も存在する。

ところが，1990年代初頭にバブルが崩壊し，国内の産業が海外に移転することで雇用が減り，2000年代は新たな産業を興さなければならなくなった。そこでこれまでの観光政策のスタンスとは決定的に違う方針が打ち出された。政府は訪日外国人旅行者から得られる経済効果がかつての日本の強い経済を取り戻すために必要な成長分野であると認識するようになった。また，観光から派生する社会文化的な効果にも目が向けられるようになり，教育や環境など幅広い分野で観光政策は取り組まれていくようになった。

このように，歴史的にみれば観光政策は外貨獲得のための外国人観光客の往来の促進と受け入れ体制の整備を図る政策から始まり，経済的な余裕ができるにつれて国民の観光需要を満たし，地域の経済効果や活性化のためにその施策を変えてきた。そして，経済にとどまらず，観光政策は国際親善や文化交流のための政策へと比重を大きくしてきている。

（2）外国人旅行者誘致による地域再生

国際観光とは，国境を越える観光行動とその現象を指し，国外から旅行者を迎える国際観光（インバウンド）と国内から旅行者を送り出すもの（アウトバウンド）がある。特にその結果である国際旅行収支は「見えざる貿易」として多くの国が重視し，自国の国際観光の振興に努めている（長谷，1997）。

日本政府は1990年代まで貿易黒字を是正するため，積極的に日本人の海外旅行を推し進めることで各国との経済的な摩擦を避けようとしてきた。ところが，バブル崩壊後の長引く日本経済の低迷により，これまで消極的だった訪日外国人旅行者の誘致へと政策転換を図っていくことになる。

2000年代には，観光立国構想が国土交通省によって提起されるようになり，その一環としてまずは，2000年に「新ウェルカムプラン21」が提言された。これに基づき，訪日外国人旅行者数を当時約475万人だったものを800万人にしようと官民一体になり，各地で様々なイベントや PR が行われた。

そして，わが国の観光政策において，大きな転換点となったのが2003年である。同年１月，小泉元内閣総理大臣が観光立国懇談会を開催し，その後施政方針演説において訪日外国人旅行者数を2010年に倍増させることを目標に掲げた。なお，その年には新型肺炎SARS（重病急性呼吸器症候群）やイラク戦争によりインバウンド・アウトバウンドともに深刻な影響を受けている。

そのような困難な状況の中で同年4月，「ビジット・ジャパン・キャンペーン」が始まり，9月に観光立国担当大臣が任命されるなど，日本の観光立国元年と呼べる年となった。

このビジット・ジャパン・キャンペーンとは，国土交通省，国際観光振興機構，民間旅行業者および関係自治体などが参加する「ビジット・ジャパン・キャンペーン実施本部」が統括主体となり始まった事業である。この組織を主体に，国，地方公共団体，民間が共同し，戦略的キャンペーンが取り組まれるようになった。これは主に，外国人旅行者の訪日促進の重点市場を絞り，観光市場調査，観光宣伝，現地におけるイベント，旅行商品開発支援，情報サイトの構築などの事業を展開するものである。

他方，政府が海外から旅行者を誘致する傍ら，地方においても広域連携による観光振興，地域の活性化，国際化を目指す取り組みが進められるようになった。そこで，国土交通省がハードとソフトの両面から総合的かつ重点的に支援する「観光交流空間づくりモデル事業」を実施しはじめ，地域の個性を活かした魅力ある「観光交流空間づくり」を推奨した。さらに，国民の生活の質の向上と地域経済や社会の活性化を促進する「全国都市再生～稚内から石垣まで」が取り組まれるようになった。その他，地方公共団体や民間事業者などの自発的な立案により，地域の特性に応じた規制や特例を導入する「構造改革特区」も設けられ，地域限定の規制改革として市民農園の開設主体の拡大や，濁り酒の製造に関する免許の緩和などが可能となった。この規制の特例措置を活用し，農家民宿で濁り酒を振る舞うなど，地域の魅力を高める取り組みが全国で認定されていった。このように都市再生や構造改革特区の取り組みと連携しながら観光振興を進めていく地域が出てくるようになり，国際観光の重要性が地方にまで認知されるようになっていった。

（3）観光立国推進基本法

2006年，本格的な国際交流の発展と社会経済情勢の変化に対応し，観光立国の実現に向けた取り組みを確実なものとするために，「観光立国推進基本法」が成立した。これは先の観光基本法を約40年ぶりに改正したものである。

同法の制定により，観光を21世紀の国の重要な政策の柱に位置づけることが法律上で明文化された。以下，同法の概要を見ていこう。

目的としては，観光立国の実現に関する施策を総合的かつ計画的に推進することにより，国民経済の発展，国民生活の安定向上，国際相互理解の増進に寄与することである。基本理念としては，①地域における創意工夫を活かした主体的な取り組みによる「住んでよし，訪れてよしの国づくり」が重要であること，②国民の観光旅行の促進が図られなければならないこと，③国際的視点に立たなければならないこと，④行政，住民，事業者らの相互の連携の確保が必要であることの４つである。

また関係者の責務として，①国は，観光立国の実現に関する施策を総合的に策定し，実施する責務を有すること，②地方公共団体は，自主的かつ主体的に施策を策定し，実施する責務を有すること，また広域的な連携協力に努めなければならないこと，③住民は，魅力ある観光地の形成に積極的な役割を果たすよう努めるものとすること，④観光事業者は，住民の福祉に配慮するとともに，主体的に取り組むよう努めるものとすること，と各主体の役割が規定されている。

そして基本的施策では，観光立国の実現のために４つの指針を示しており，①「国際競争力の高い魅力ある観光地の形成」，②「観光産業の国際競争力の強化及び観光の振興に寄与する人材の育成」，③「国際観光の振興」，そして④「観光旅行の促進のための環境の整備」，としている。

このような観光立国を目指すにあたっては，魅力に溢れた観光地づくりが求められる。それには，ビジット・ジャパン・キャンペーンによる情報発信を行うことと合わせて，それぞれの観光地の自治体と一体となった民間組織が柔軟な発想で創意工夫を凝らし，地域の特色を活かした個性溢れる観光地づくりを進めていくことが必要となる。

（4）観光立国推進基本計画

2007年には，観光立国推進基本計画が閣議決定され，観光立国の実現に向けて5つの基本的な目標が定められた。①訪日外国人旅行者数を2006年の735万人から1000万人とする，②日本人の海外旅行者数を2006年の1753万人から2000万人にする，③2010年度までに観光旅行消費額を30兆円にする，④日本人の国内観光旅行による1人当たりの宿泊数を年間4泊にする，⑤わが国における国際会議の開催件数を5割以上増やす，ということであり，この計画期間を5年とした。なお，5年後の2012年までに達成されたのは，⑤の国際会議の開催件数のみである。

翌2008年には，ビジット・ワールド・キャンペーンが開始され，2020年までに日本人の海外旅行者数を2000万人にしようと，国土交通省，政府観光局(JNTO)，航空会社などが連携し，国民の海外旅行の機運を高めようとした。さらに，観光圏整備法も成立し，国内外の観光客の宿泊旅行回数や滞在日数を拡大するために，2泊3日以上の滞在型観光ができるような観光エリアの整備を促進することになった。また同年，国土交通省の外局の一つとして，観光庁が発足した。観光庁は法律で，日本の観光立国の実現に向けて，魅力ある観光地の形成，国際観光の振興など観光に関する事務を行うことを任務としている。

この翌年，2009年にはわが国の与党が民主党に変わったが，政府は引き続き観光立国に向けての取り組みを宣言し，2010年には「観光立国・地域活性化戦略」が成長分野の一つとする新成長戦略が閣議決定された。

以上の経緯を経て，2016年の「新・観光立国推進基本計画」が再び閣議決定されることになる。同基本計画の期間も同様に5年であり，基本的な目標として以下の7項目が掲げられている。①国内における旅行消費額を2016年までに30兆円にする，②訪日外国人旅行者数を2020年初めまでに2500万人とすることを念頭に，2016年までに1800万人にする，③訪日外国人旅行者の満足度を2016年までに，訪日外国人消費動向調査で，「大変満足」と回答する割合を45%，「必ず再訪したい」と回答する割合を60%とすることを目指す，④日本における国際会議の開催件数を2016年までに5割以上増やすことを目標とし，アジアにおける最大の開催国を目指す，⑤日本人の海外旅行者数を2016年までに2000

万人にする，⑥日本人の国内観光旅行による１人当たりの宿泊数を2016年までに年間2.5泊とする，⑦観光地域の旅行者満足度を観光地域の旅行者の総合満足度について，「大変満足」と回答する割合及び再来訪意向について「大変そう思う」と回答する割合を2016年までにいずれも25％程度にする，である。このうち，既に達成しているものがいくつかあり，再度基本計画の改訂が進められている。

2016年の「明日の日本を支える観光ビジョン」では，観光先進国への３つの視点と10の改革が掲げられた。この視点を要約すると，日本の観光資源を磨き，地方創生につなげ，それを観光産業とすることで消費拡大を実現するとしている。またそのためには，外国人旅行者や高齢者・障害者といった配慮を要する人々にも快適に観光を満喫できる環境にしなければならないとしている。これらを踏まえ，訪日外国人旅行者数を2020年までに4000万人，2030年までに6000万人にするといった新たな目標が既に掲げられている。さらに，訪日外国人旅行消費額を2020年までに８兆円，2030年までに15兆円へ拡大するとしている。なお，東京都や大阪府といった都市部だけに成長が限定されないよう，地方部での外国人延べ宿泊者数も2020年までに2400万人，2030年までに3600万人へと増加させるという目標が掲げられていた。しかし，新型コロナウイルス感染症の影響により，全方面からの訪日外国人旅行者数は大幅に減少した。また，国内においても外出自粛の影響を受け，旅行業，宿泊業，運輸業，飲食業，物品販売業など，多くの産業に深刻な影響が生じている。そこで，「観光ビジョン実現プログラム2020―世界が訪れたくなる日本を目指して―」では，「国内の観光需要の回復と観光関連産業の体質強化」と「インバウンド促進等に向け引き続き取り組む施策」の２つにより，再び観光を成長軌道に乗せ，観光で国の経済を活性化するよう対策が練られている。

2　近年における国際観光の動向

（1）アウトバウンドからインバウンドへ

1964年，東京オリンピックを機に日本人の海外旅行が解禁された。当初，海

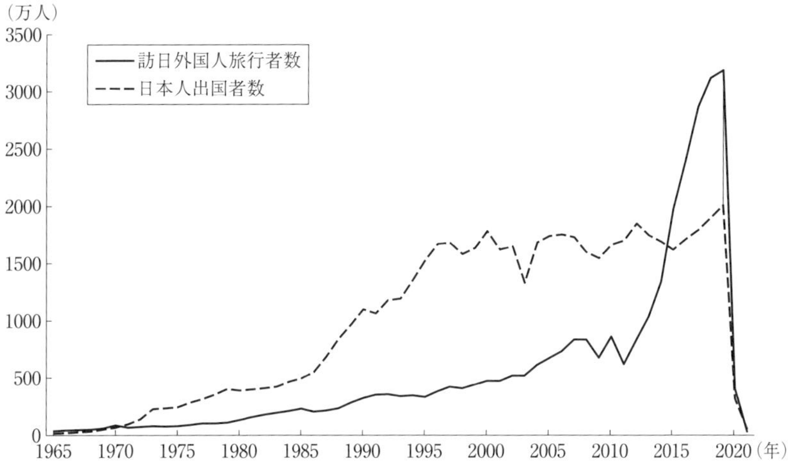

図10－1　訪日外国人旅行者数と出国日本人数の推移

出所：日本政府観光局「年別　訪日外客数，出国日本人数の推移（1964～2021年）」を基に筆者作成。

外旅行は現在よりもはるかに割高だったこともあり，出国者数は訪日外国人旅行者数よりも少なかった。ところが高度経済成長真っ只中にあった日本はやがて円高の影響，そして国民の余暇の増加を受けて1971年に初めて出国者数が訪日外国人旅行者数を逆転した。

それ以後，1980年代後半のバブル景気を経て出国者数は増加の一途を辿り，訪日外国人旅行者数との差を大きく離し続けてきた。ところが2011年の東日本大震災以後の驚異的な訪日外国人旅行者の増加により，2015年に約44年ぶりに訪日外国人旅行者数が出国日本人数を追い越すことになった（図10－1）。

だが，今回の新型コロナウイルス感染症拡大時に見られたように今後も右肩上がりの成長が続くとは限らない。国際観光は法律，為替，テロ，災害など政治・経済・社会問題によっても簡単に左右される。それゆえ訪日外国人旅行者数が右肩上がりであるからといってコロナ禍後も増加し続ける保証はない。このような不確実性を抱えた状況を打破するためにも，国家や都市における様々な協力体制を構築していかなければならないだろう。たとえば，われわれがヨーロッパを観光で訪れた際には，イギリスやフランスなど一国だけを訪れるの

表10－1　2018年と2019年における世界各国・地域への順位と外国人訪問者数

2018年の順位	2019年の順位	国名	2019年の観光客数（万人）
1	1	フランス	8932
2	2	スペイン	8351
3	3	アメリカ	7926
4	4	中国	6573
5	5	イタリア	6451
6	6	トルコ	5119
7	7	メキシコ	4502
8	8	タイ	3992
9	9	ドイツ	3956
10	10	イギリス	3942
11	11	日本	3188

出所：日本政府観光局「世界各国，地域への外国人訪問者数ランキング」より筆者作成。

ではなく，魅力的なドイツやスペインなど周辺国も訪れたいと思うだろう。これと同様に欧米人も東アジア圏として中国や韓国，台湾も周遊しようとするのが一般的である。そうすると，国や自治体のレベルを超えた国際観光マーケティングの視点が必要になる。

（2）観光後進国としての日本

まずは，表10－1の世界と比較した時の日本の外国人訪問客数の国別順位を見てほしい。

常に首位はフランスであり，次いでスペイン，アメリカ，中国が上位を占めている。そして10位以内には，イタリア，トルコ，イギリス，ドイツが常連国となっている。この順位から読み取れる特徴は，ヨーロッパ圏の国が多いことである。これは日本と違い，陸続きであることから国家間の移動が比較的行いやすいため，その数は増加しやすいという傾向も影響しているとされる。これを域内観光という。

今でこそ，10番台の常連国となったが，インバウンドバブルが起こり始めた頃の５年間の順位を見ると，日本の2016年は世界16位，2015年16位，2014年22位，2013年27位，2012年33位であり，2011年までは主に30位以下のインバウンド後進国であった。

近年の急激な外国人訪問客数の増加に伴い順位を上げてきたとはいえ，北海道から沖縄まで多種多様な歴史と文化が存在し，四季折々の自然を楽しむこともできる上，外国人にとって魅力的な食資源をもつわが国の潜在力からすると，訪日外国人訪問客数はまだまだ少ないといえよう。特に，訪日外国人の75%は東アジアからの観光客であり，ヨーロッパやイスラム圏など，さらなる需要の喚起もマーケティング次第で可能だろう。

3　国際観光と社会変容

（1）激増する訪日外国人旅行者

訪日外国人旅行者数は東日本大震災が発生した2011年におよそ622万人まで落ち込んだものの，その後はアジア圏からの観光客を中心に伸びている。第3章第1節で見たように，国，地域別で訪日外国人旅行者数の内訳を見てみると，2015年以降に最も多く日本を訪れたのは中国人観光客である。中国ではその経済発展を背景に，富裕層が増えたこと，査証（ビザ）の発給要件が緩和されたことなどが追い風となっている。これまで中国は訪日外国人旅行者数では韓国，台湾に次ぐ3位であったが，その順位を繰り上げて初めて1位となったのが2015年の特徴の一つである。もう一つの特徴は，2005年と比べた訪日客数の伸び率ではベトナムが1位になっていることである。ベトナムは中国と総数を比べると約26分の1と小さいが，その10年間で8倍近く増加している。そのため，既に伸びきってしまった韓国や台湾の市場よりもまだまだ同国は伸びる可能性がある。

一方，順調に推移していた日本から出国する海外旅行者数は，近年の円安や近隣諸国との政治的軋轢によって減少傾向にある。主な出国先は韓国・中国・台湾という順位になっているが，中国・韓国へは政治的軋轢から減少率が激しい。また中東や北アフリカは宗教上の問題が原因で生じる戦争や紛争，ヨーロッパはテロとロシアのウクライナ軍事侵攻による治安の悪化により，海外旅行者数が減少していると考えられる。その過程で，先述したとおり，2015年には44年ぶりに訪日外国人旅行者数と海外旅行者数が逆転するという現象が起こった。

次に観光庁の2015年度の宿泊旅行統計調査結果を見ると，韓国人以外は，外国人観光客の宿泊地は東京都が１位となっている（韓国人は大阪が１位）。これは，首都機能としての東京と国際便の発着便数を考慮すれば自明だろう。だが，わが国を訪れる外国人観光客別の宿泊地２位に着目すると，興味深い結果が得られる。中国や台湾，香港からの観光客は，比較的距離が近く，レジャーや買い物，飲食のスポットが集まる大阪に宿泊している。そしてアメリカ，カナダ，イギリスといった欧米の先進国からの客は，日本の歴史や伝統文化を感じられる京都に宿泊している。またシンガポールやタイなど雪の降らない国々からは，スキー観光を兼ねて北海道で宿泊している観光客が多いという傾向が見られる。

これらはわが国への訪問理由とも関連しており，中国，香港，タイ，シンガポールなどアジア各国から訪れる人は，観光スポットを訪ねることよりショッピングに期待する人の割合が多い。一方アメリカ，カナダ，フランス，ロシアなど欧米諸国から訪れる人は，日本の茶道や華道，禅といった伝統文化に関連した体験，さらに美術・博物館に期待している人の割合が多いという特徴がある。

（2）外国人観光客の受け入れと地域の対応

コロナ禍以前まで，わが国の外国人観光客は急激な増加傾向にあった。その中でも特に中国人観光客の増加とその旺盛な購買意欲は注目に値する。円安で日本での買い物が割安になったことを背景に，高額商品から日用品まで様々な商品を大量に買い込む様子を連日メディアが報道していたことで，「爆買い」という言葉も生まれた。

外国人観光客の増加によってわれわれの生活圏においても様々な変化が見られるようになった。たとえば，道路標識にローマ字標記，道案内の看板に韓国語（ハングル）や中国語（簡体字・繁体字）なども併記されるようになった。さらに大阪では関西国際空港のLCC発着便の増加によりアジアからの観光客が飛躍的に伸び，大阪市内の黒門市場商店街では飲食ができるトイレ付のインフォメーションセンターを用意した（図10‐2）。

図10－2　コロナ禍での黒門市場の様子（2021年４月）
出所：筆者撮影。

京都の「市民の台所」といわれた錦市場では，食べ歩き専用の竹串に刺さった刺身なども売られ，外国人観光客を狙ったドラッグストアも出店するようになった。これまで，商店街は地域住民主体の固定客を対象としており，観光客を扱う旅行業や宿泊業とは一線を画していた。そのため，多少観光客を対象とした店舗が存在したとしても，上記のような外国人旅行者に配慮した空間や食べ物は用意されていなかった。

しかし，これらはなにもわが国に限ったことではない。隣国の韓国も同様に，急増する中国人観光客に伴い，道案内の標識には漢字も併記されている。外国人観光客が増えるということは，それに合わせて社会システムを変えていかなければならなくなる。

このように身近なまち中でも社会変容が見られ，これまで外国人旅行客の受け入れに消極的であった地域も少しずつ変化していかざるをえなくなった。

ただ，一点注意しておかなければならないのは，極度の外国人観光客への依存体制である。なぜなら，外国人旅行客は政治経済などの影響を受けやすく増減が激しいからだ。安定した経営を行うという意味では，国内観光客の方が好ましいということも触れておきたい。

（３）観光は平和へのパスポート

今後，さらなるグローバリズムによって国際観光客は増加し，規制緩和でLCC のような新たな輸送ビジネスが構築されることによって人々の交流は益々盛んになり，社会に変革をもたらすことが予想される。それらが一時の混乱を巻き起こすことがあったとしても，世界レベルで見た時のメリットはやはり大きいだろう。最後に国際観光におけるメリットとデメリットを，ビジネスとは異なる視点からおさえておこう。

たとえば日本と韓国・中国の間では，歴史教科書問題・竹島や尖閣諸島の領有権争いなど政治的な問題をいくつも抱え，時期的なものが多少影響したとしても，総じてお互いに良い印象をもっているとはいえないだろう。だが，これはなにも東アジアだけに限ったことではない。世界中で歴史や政治問題のほか，経済格差や言語・民族・宗教といった文化的差異等によって近隣諸国と問題を抱えている国は多数存在する。

しかし，実際にその国を訪れると，出会う人や口にする食事など異文化に触れることによって新たな発見をすることが多く，自分の先入観や固定観念を変えることができる。同時に外国人観光客だから高いものを買わされたり，盗難や犯罪に巻き込まれたりするという不利益を被る場合もある。旅や観光とは，元々トラブルが付き物であり，どんなにグローバル社会になり，電子機器や保険が充実したところで，それらを完全に排除することはできない。特に国際観光ではそのような思いどおりにいかない偶発的な出来事が連続で起こる可能性があり，その点はいくら時代が流れても変わることがないだろう。

そういった国際観光の本質を理解した上で，世界各国を巡り，多様な価値観と正しい情報を自分の目と耳を使って得た経験の下で判断をした方が，自国に閉じこもり疑心暗鬼に陥って他国や他者を蔑視したり非難したりするよりもよほどよいだろう。やはり，最終的に判断するのは自分自身である。異なる国の人や言葉，宗教や文化に触れ，国際観光のメリットもデメリットも経験することで，自身が成長していく糧となるだろう。

国際連合において，1967年は「国際観光年」とされた。これは，教育，文化，経済，社会分野での有用性を視野に入れた観光振興に関する国際協力の必要性を訴えている。その際，国際観光について，異文化・文明への共感などが民族間の理解を促進し，世界平和の伸張に寄与するものとし，スローガンは「観光は平和へのパスポート（Tourism, Passport to Peace）」とされた。この言葉が意味するように，世界情勢が不安定であるからこそ，異文化コミュニケーションによって相互理解を深め，世界の平和と安定のための第一歩として，国際観光の発展が望ましいと考えられる。

引用・参考文献

愛知東邦大学地域創造研究所編『スポーツツーリズムの可能性を探る』唯学書房，2015年。

石森秀三編『観光の20世紀』ドメス出版，1997年。

観光庁『観光白書 平成28年版』http://www.mlit.go.jp/common/001131318.pdf（2016年 7 月13日閲覧）。

観光庁「観光統計　宿泊旅行統計調査」https://www.mlit.go.jp/common/001136323.pdf　（2022年 8 月24日閲覧）。

観光庁「訪日外国人消費動向調査」https://www.mlit.go.jp/kankocho/siryou/toukei/syouhityousa.html（2022年 8 月24日閲覧）。

中井郷之『商店街の観光化プロセス』創成社，2015年。

日本政府観光局「世界各国，地域への外国人訪問者数ランキング」https://www.jnto.go.jp/jpn/statistics/visitor_statistics.html（2022年 8 月24日閲覧）。

日本政府観光局「年別　訪日外客数，出国日本人数の推移（1964～2021年）」https://www.jnto.go.jp/jpn/statistics/marketingdata_outbound.pdf（2022年 7 月28日閲覧）。

長谷政弘編『観光学辞典』同文舘出版，1997年。

山上徹『国際観光論』白桃書房，2004年。

コラム4　観光と環境

近年は観光立国，観光振興の重要性が主張されている一方で，国内の一部の観光地では過剰な観光客の訪問等により観光資源の劣化が懸念されている。

1993年に世界自然遺産に登録された屋久島では，その後の観光客の増加や特定の地域への集中によってし尿処理等の問題が起きている。2005年に世界自然遺産に登録された知床では，原生的な自然環境に観光客が急増したため，ヒグマ等の野生動物との接触が懸念されている。また2013年に世界文化遺産に指定された富士山でも，観光客数の増加による自然環境の劣化が懸念されている。その他の世界文化遺産においても，1995年に登録された白川郷・五箇山の合掌造り集落では，観光客の増加によるゴミ問題・交通問題・マナー問題などが発生した。2000年に登録された琉球王国のグスク及び関連遺産群では，来園者数が急増しており，過剰利用となり資産の劣化が進んでいる。2004年に登録された紀伊山地の霊場と参詣道では，林業者が自ら所有の森林の木竹に世界遺産登録に反対するとの文言を書くなど，妨害行為を行ったことが挙げられる。そして2007年に登録された石見銀山遺跡とその文化的景観でも，観光客の増加によるゴミ問題・交通問題・マナー問題が起こった（菊森，2015）。このように，世界自然・文化遺産の登録は，より多くの国内外の注目を集め，観光客の誘致につながる。と同時に，地域社会・生態環境へのインパクトは少なくないと思われ，適切で持続可能な地域観光資源管理のあり方が問われている。

観光資源に関連する世界的な動向としては，1975年には「世界の文化遺産及び自然遺産の保護に関する条約（世界遺産条約）」が締結され，国連教育科学文化機関（UNESCO）により顕著な普遍的価値を有する文化遺産および自然遺産が世界遺産に指定され，保護されることとなった（コラム2「観光と世界遺産」）。しかしその結果，周囲の環境および遺産そのものに悪影響を与えるケースも出てきてしまったことは先ほど紹介したとおりである。また1979年に「特に水鳥の生息地として国際的に重要な湿地に関する条約」であるラムサール条約が締結された。この条約では，登録された湿地の生態学上および動植物学上の重要性を認識してその保全を求めるだけではなく，湿地の「適正な利用」を提唱している。

先進国では1960年代からのマスツーリズムの進展により，観光地の混雑・ゴミ問題，自然環境の劣化が深刻化した。そのためマスツーリズムに代わる観光のあり方として，近年は国連世界観光機関（UNWTO）により「持続可能な観光」という概念が提示されている（敷田・森重編著，2011）。

近年日本では自然公園への観光客の増加から風致景観，生物多様性の保全に支障が生じる事例が増えたことから，2002年に自然公園法が改正され，自然公園の特別地域内に立ち入る人数を調整することができる「特別調整地区」を設定できるようになった。一方で，2008年にはエコツーリズム推進法が制定された。この法律はエコツーリズムを「観光旅行者が，自然観光資源について知識を有する者から案内又は助言を受け，当該自然観光資源の保護に配慮しつつ当該自然観光資源と触れ合い，これに関する知識及び理解を深めるための活動」（環境省，2016）と定義し，その推進が提唱されている。

観光資源の持続可能な管理のためにはその環境収容力を検討することが不可欠である。環境収容力は生態的収容力と社会的収容力に分けることができる。生態的収容力は当該自然観光資源が劣化することなく永続的に利用できるレベルである。一方の社会的収容力は当該観光資源の混雑度と利用者の許容限界によって規定される。これらの収容力を踏まえると，持続可能な観光資源管理の実現のためには，「利用者数を環境収容力以内に抑制する」と「各利用者の行動を当該観光資源の保全に配慮したものとする」の２つが目標となろう。またこれらの目標を達成するための観光資源管理方法として，「直接的方法（利用圧を低減されるための施設整備と利用できる人数，区域，時期，活動内容を利用制限）」と「間接的方法（情報提供によって利用者をより影響の少ない時期や区域に誘導し，より影響の少ない利用方法への転換を促す）」の２つがある（敷田・森重編著，2011）。

上述の持続可能な観光資源管理方法を実施するにあたっては，利用者の意識・行動に関する調査が欠かせない。この調査では無作為に抽出した利用者に，居住地等の個人属性，訪問目的，行動予定などを聞くアンケートの実施等が重要となる。これらの情報に基づいてこそ有効な管理方法を検討していくことが可能となる。

このように，地域の自然・歴史・文化を活かした観光資源の開発利用は，地域観光の発展に寄与する一方，自然環境への負のインパクトも否定できない。環境を配慮しながら，持続可能な観光を行うことは，今後の観光政策の最も重要な課題の一つである。

持続可能な観光

持続可能な観光の概念は，多くの場合，構造化されたツアーやパッケージツアーに多数の旅行者が参加することを含むマスツーリズムとは対照的に出現した。マスツーリズムは，環境的および社会的悪影響とともに，経済的リーケージと依存に関連している。持続可能な観光は，これらの経済的，環境的，社会的影響とは対照的に，フレーミングコンセプトとして，様々な方法で推進されてきた。観光は，エコツーリズム，地域密着型観光，貧困層支援観光，スローツーリズム，グリーンツーリズム，ヘリテージツーリズムなどの代替観光モデルの開発を通じて，一部の国の持続可能な発展において，重要な役割を果たしてきた。

観光産業は世界のGDPの約5.5％と2億7200万人の雇用を占め，2019年には世界で最も重要な産業の1つとなっている（WTTC & Harward, 2021）。新型コロナウィルス感染症（COVID-19）パンデミック以前は，5年間で生み出された新規雇用の約25％は観光産業であった。

しかし，観光産業のプラスの影響にもかかわらず，地域の人々と環境の両方への潜在的な悪影響については，依然として確固たるものがある。旅行者はより多くの水，食料，エネルギーを消費するため，自宅よりも多くの廃棄物が発生し，世界で最も脆弱な場所や貧しい場所のいくつかに負担をかけている（Misrahi et al., 2021）。これらの問題に対処するために，持続可能性（sustainability）は観光産業の戦略的イネーブラーとして，観光産業の長期的な持続可能性を確保するためには，これらの側面の間で十分なバランスをとる必要がある。

持続可能な観光産業の問題に取り組むためには，自然システムの保護と修復を支持するインセンティブのシフトと，技術，経済，社会システムの劇的な再編成が必要である（WTTC & Harward, 2021）。持続可能な観光への課題に，様々な方法でアプローチできることを示唆している（Hall et al., 2015）。たとえば，一般的な情報技術は，経済，社会，環境問題に対処するために効率的に採用することができる。いくつかの情報技術の中で，ブロックチェーンは観光の持続可能性を改善するための取り組みをサポートすることができる。ブロックチェーンアプリケーションが観光サプライチェーンを支援しながら，外部の利害関係者との相互作用も支援できる（Boucher et al., 2017）。

観光産業の持続可能性

アジェンダ21は，21世紀の持続可能な発展の優先事項を定め，「観光を，ホストコミュニティの生活の質を向上させ，訪問者に高品質の体験を提供し，ホストコミュニティと訪問者の両方が依存する環境の質を維持する経済発展のモデル形態として認識した」（WTO, 2005）と推進している。政府と世界の観光産業は，アジェンダ21で特定された多くのイニシアチブと目標を実施することができる。これらには，制度的協力の強化，水質・廃棄物管理，教育とトレーニング，旅行と観光に関連する知識，専門知識，テクノロジーの交換が含まれる（Liburd and Edwards, 2010）。観光産業における持続可能性の必要性に対する認識が高まる中，エコツーリズムは環境に有益な活動を通じて，有害な影響を軽減するための救済策としても機能する。それを念頭に置いて，エコツーリズムは，きれいな空気と水の要件を満たしながら，人々が自然に従事できるようにする（Hasana et al., 2022）。さらに，世界貿易機関（WTO, 2005）は，「持続可能な観光は，①観光の重要な要素を構成する環境資源を最適に利用する必要があると主張し，本質的な生態学的プロセスを維持し，自然遺産と生物多様性の保全を支援することによる開発，②ホストコミュニティの社会文化的信憑性を尊重し，ホストコミュニティを保護する文化遺産と伝統的価値観を構築し，異文化間の理解と寛容に貢献し，および③雇用の安定と収入の機会，ホストコミュニティへの社会サービス，貧困緩和に貢献するなど，公平に分配されたすべての利害関係者に社会経済的便益を提供することにより，実行可能で長期的な経済運営を確保する」と提起している。

観光産業の持続可能性に関する多くの研究がある。いくつか例を挙げると，マックール（McCool, 2016）は持続可能な観光の意味の変化について包括的に議論した。マックールは，持続可能な観光の慣習的なパラダイムは，環境が適切で，社会的および文化的に適切で，経済的に達成可能であり，世界中の観光産業に持続可能性を実践するための標準となっているものの関連付けに基づいていると示唆した。彼は，観光産業の持続可能性がどのように確保され，運用されているかを示すには，さらに多くの研究が必要であると結論付けている。別の研究では，文明が21世紀の大きな困難に直面するためには，改革，リエンジニアリング，破壊的イノベーションが必要になると主張した（Fayos-Solà & Cooper, 2019）。彼らはまた，情報通信技術が観光事業を変革すると主張している。観光はエネルギー，食料，原材料，土地，水，海洋資源などの天然資源に，入手可能性と価格の面で負担をかける可能性があると主張した。したがって，環境効率の概念は，観光産業の持続可能性にとって重要である。環境効率は，より少ない資源を利用し，環境への影響を少なくするために，循環経済（circular economy：CE）設定で観光事業の方向を変えることを含む（Robaina and Madaleno, 2019)）。ユーとデュヴェルジェ（Yu and Duverger, 2019）は，技術革新がビジネスパラダイムの変化の背後にある影響力であったとしても，経済の大きな変化と社会は，立法および規制の枠組みとビジネス倫理のサポートを必要としている。観光の持続可能性を可能にするには，公共政策立案者と民間企業の両方が新しい技術開発と市場の変化に適応できなければならない。持続可能な観光産業の問題に取り組むためには，自然システムの保護と修復を支持するインセンティブのシフトと，技術，経済，社会システムの劇的な再編成が必要である（WTTC & Harward, 2021）。

参考文献

環境省「エコツーリズム推進法の枠組み」http://www.env.go.jp/nature/ecotourism/try-ecotourism/law/pdf/frame.pdf（2016年３月14日閲覧）。

菊森淳文「日本の世界遺産登録の集客効果とホスピタリテイ・マネジメント」『HOSPITALITY』（日本ホスピタリティ・マネジメント学会誌）第23号，2015年，39～44頁。

敷田麻実・森重昌之編著『地域資源を守っていかすエコツーリズム』講談社，2011年。

Boucher, P., Nascimento, S. & Kritikos, M., "How blockchain technology could change our lives", 2017, https://doi.org/10.2861/926645（2022年４月10日閲覧）.

Fayos-Solà, E. & Cooper, C., "Introduction: Innovation and the future of tourism", in E. Fayos-Solà & C. Cooper (Eds.), The future of tourism: Innovation and sustainability", 1-16. Cham: Springer International Publishing, 2019, https://doi.org/10.1007/978-3-319-89941-1_1（2022年４月10日閲覧）.

Filimonau, V. & Naumova, E., "The blockchain technology and the scope of its application in hospitality operations". *International Journal of Hospitality Management, 87*, Article 102383, 2020.

Hall, C. M., Gossling, S. & Scott, D., *The Routledge handbook of tourism and sustainability*. Routledge, 2015, https://doi.org/10.4324/9780203072332（2020年６月11日閲覧）.

Hasana, U., Swain, S. K. & George, B., "A bibliometric analysis of ecotourism: A safeguard strategy in protected areas". *Regional Sustainability, 3*(1), 27-40, 2022, https://doi.org/10.1016/j.regsus.2022.03.001（2022年９月９日閲覧）.

Liburd, J. J. & Edwards, D., *Understanding the sustainable development of tourism*. Oxford: Goodfellow, 2010.

McCool, S. F., "The changing meanings of sustainable tourism", in S. F. McCool & K. Bosak (Eds.), *Reframing sustainable tourism*, 13-32. Dordrecht: Springer Netherlands, 2016, https://doi.org/10.1007/978-94-017-7209-9_2（2020年10月４日閲覧）.

Misrahi, T., Jus, N. & Royds, L.-T., "Travel and tourism as a catalyst for social impact", 2021, https://wttc.org/Portals/0/Documents/Reports/2021/Travel and Tourism as a Catalyst for Social Impact.pdf?=ver 2021-02-25-183248-583#:~:text The sector has tremendous social,%2C and overall well-being（2022年５月９日閲覧）.

Robaina, M. & Madaleno, M., "Resources: Eco-efficiency, sustainability and innovation in tourism", in E. Fayos-Solà & C. Cooper (Eds.), The future of tourism: Innovation and sustainability, 19-41. Cham: Springer International Publishing, 2019, https://doi.org/10.1007/978-3-319-89941-1_2（2022年９月10日閲覧）.

World Travel & Tourism Council, "Travel and tourism: Economic impact 2021", 2021, https://wttc.org/Portals/0/Documents/EIR/EIR2021%20Global%20Infographic.pdf?ver=2021-04-06-170951-897（2022年６月10日閲覧）.

WTO, *Making tourism more sustainable: A guide for policy makers*. World Tourism Organization, 2005, https://doi.org/10.18111/9789284408214（2022年10月４日閲覧）.

WTTC & Harward "Sustainability leadership", Retrieved July 1, 2021, https://wttc.org/Portals/0/Documents/Reports/2021/WTTC-Harvard-LearningInsight-SustainabilityLeadership.

pdf?ver=2021-06-17-110546-767（2022年10月4日閲覧）.
Yu, L. & Duverger, P., "Tourism and economics: Technologically enabled transactions", in E. FayosSolà & C. Cooper（Eds.）, The future of tourism: Innovation and sustainability, 71–91. Cham: Springer International Publishing, 2019, https://doi.org/10.1007/978-3-319-89941-1_4（2021年6月10日閲覧日）.

第11章
諸外国の観光政策

1　諸外国の特徴的な観光政策

(1) 国によって大きく異なる観光政策の方針

観光政策とは，国や地方自治体が国家や地域の経済成長，社会活性や再生，国民の福利厚生の増大，さらに国家間および地域間の交流などを目的として，観光に関わる様々な諸政策を立案・実施し，最終的には観光の利害関係者や国民全体に対して利益をもたらしうるようにする政策である。一般的には，観光客数や観光収入額の増大を目的とした体制整備（たとえば観光地のインフラ整備，観光人材の育成，外国人観光客受入態勢の整備など）が観光政策の根幹を成す。近年では「持続可能な開発目標（SDGs）」に関連付け，持続可能性があるより良い社会づくりに資する観光の体制整備に軸を置いた観光政策が目立つ。一方で，オーバーツーリズムや観光公害などの社会問題，新型コロナウイルス感染症（COVID-19）に代表される疫病，さらに自然災害やテロリズムなどの観光に悪影響を及ぼす事態に対処するための体制整備も，観光政策における重要な側面である。つまり，観光政策には観光・地域振興というアクセルだけでなく，行き過ぎた観光振興を抑制するブレーキ，さらに強靭性（不測の事態が発生した際に本来の機能を持ち耐えて回復できる能力）も求められる。

世界各国の観光政策を比較検討してみると，政府の観光に対する理念，あるいは関わり方によってその目的が異なることがわかる。たとえば，程度の差はあるが各国はいずれも外貨獲得を通した国の経済成長を期待し，外国人観光客の誘致に力点を置いた観光政策を立案している。ヨーロッパを中心とした先進諸国では，余暇活動としての観光の側面に重点を置き，観光客の福祉向上を目指した観光政策を立案している。その他にも，観光を自国の政治・社会的な成熟性や経済的な繁栄，さらに自然や文化の豊かさなどを世界各国にアピールできる手段であると捉え，国威発揚の手段としての観光に重点を置いた政策を立案している国も存在する。このように，国際的に統一された観光政策の定義や合意された見解はない。国の政治・経済・社会・文化的状況などが，政府の観光に対する態度・方針に大きな影響を及ぼしているのである。それでは，次に諸外国の特徴的な観光政策とその背景を見ていこう。

（2）福祉向上手段としての観光政策

西ヨーロッパ諸国では歴史的に福祉制度に力を入れ，福祉を個人の経済的条件の改善ばかりでなく，余暇活動や文化活動などに関わる社会文化的条件の向上にも求める傾向がある。余暇活動の一種である観光は，社会福祉に対して重要な役割を果たすと考えられているのである。フランスでは，身体に何らかの障がいがある人，生活状態が困難な人，高齢者など観光に無縁にならざるをえない人々が観光を楽しめる条件を提供する社会福祉制度が整えられ，観光政策にも反映されている。たとえば，対象者への旅行費用に対する各種割引制度，旅行クーポン券の支給，廉価な宿泊施設の整備などである。

このような，旅行を行うことに対して様々な困難をもつ人々が旅行を行いやすくする制度，またその旅行のことを「ソーシャルツーリズム」という。

（3）国家発展のアピール手段としての観光政策

発展途上国では，観光の目的を外貨獲得と国家発展のアピール（国威発揚）と定め，観光政策を施策・実行している国が多い。たとえばマレーシアでは，1980年代後半以降高度経済成長を遂げ，マハティール元首相が1991年に提唱した，2020年までに先進国の仲間入りを目指す国家ビジョン「Wawasan 2020（ワワサン2020）」が国策として推進されてきた（2018年，マハティール元首相は2020年の先進国入りは不可能であるという見解を述べ，現在では2025年の先進国入りを目指している）。しかしながらマレー・華人・インド系住民が混在した多民族国家であるマレーシアでは，民族間の経済格差や「中所得国の罠」（自国経済が中所得国のレベルで停滞し，高所得国［先進国］の仲間入りが難しい状況）などがその阻害要因であると世界各国から指摘されている。そこで，国外向けにこれらのマイナスイメージを払拭するために観光が用いられているのである。マレーシアの観光キャンペーンのキャッチコピーは“Malaysia Truly Asia”（「マレーシアはアジアのすべてを内包している」の意味）で，マレーシアに来ると，アジアを代表する民族の文化（マレー・中国・インド）と植民地支配時代の文化（ポルトガル・オランダ・イギリス）を体験でき，アジアのすべてを一国で体験できることを表している。さらに，自然・歴史・文化・民族といった伝統的な観光資源だけでなく，教育・医療・ショッピングなどの最先端で多彩な観光資源があること，治安がよいこと，インフラ整備が行き届いていること，英語圏であること，穏健なイスラム教の国であること，多様な民族が共生していること，などを国外に向けて広報宣伝している。

これは，単に観光客数と国際観光収入の増加を目指すだけではなく，マレーシアの「先進国」としての地位を確立させる意図もある。

（4）経済発展手段としての観光政策

国際観光の振興を通した外貨獲得（つまり国の経済の向上）および観光を通した地域振興は，先進国・発展途上国問わずすべての国において観光政策の根幹を成す。特に経済基盤が弱く製造業や先端産業（デジタルテクノロジーやバイオテクノロジーなど）が育っていない発展途上国では，観光は農業に次ぐ重要産業であることが多い。そのため，観光政策は観光を利用した経済成長に重点が置かれる傾向がある。観光は自然や文化等，地域にある各種資源を観光資源化することができ，極端にいえば観光において重要な要素である観光資源は「ただ」である。つまり，観光は他産業に比べて，手っ取り早く，さらに少ない初期投資で興すことができる。

観光資源となりうる資源を持つ国は，観光政策やマーケティング次第で観光大国になる可能性を秘めているが，そうではない国は観光が国の経済に十分に貢献できていないことも多い。一方で，これらの資源を持たなくても戦略的に経済開発を行い，それに貢献する一産業分野として観光を取り込み，政策立案し，観光大国として成功している国がある。それは，シンガポールである。次節以下では，シンガポールの国の特徴，観光と観光政策の特徴を概観し，さらに観光政策を基に実行されている観光開発がどのように国の経済成長に影響を及ぼしているのか，見ていこう。

2　シンガポールの特徴

（1）都市国家シンガポールの経済戦略

シンガポールは東南アジア・マレー半島南端に位置し，面積約719 km^2（東京23区，または淡路島とほぼ同等の面積），人口約545万人（2021年時点）の小国の都市国家である。その歴史は浅く，イギリス東インド会社のトーマス・スタンフォード・ラッフルズが，1819年に貿易の中継地点として漁村シンガポールの開発を行ったことに始まり，現在のシンガポール共和国が建国されたのは1965年である。国土面積が狭いため，天然資源や人的資産も限られている。一般的に考えると，経済発展を遂げるためには不利な地理的・歴史的条件がそろった国である。しかしながら，シンガポールは建国以降順調に経済発展を遂げ，東南アジア随一の先進国で異色な存在となっている。図11－1は1996年から2021年までのシンガポールの実質 GDP（一定期間内の間に国内で生み出された財・サービスの総額から物価変動を除いたもの）と GDP 成長率を示したものである。1997年のアジア通貨危機，2008年のリーマンショックや2020年の新型コロナウイルス感染症パンデミックなどの影響により GDP 成長率が前年と比べてマイナスとなった年もあるが，全体的には順調に経済成長していることが読み取れる。現在の主要産業は輸出関連の製造業（主にバイオメディカルや電子部品分野），国際的な商業・金融取引を行うサービス業，さらに観光業などである。国民1人当たりの GDP は6万5831アメリカドル（2019年）であり，日本の4万458アメリカドルを超える。これ程の経済大国になれたのは，建国以来経済発展を最優先させたシンガポール政府の国家戦略によるところが大きい。次節以降で説明するとおり，シンガポールの観光政策もこの国家戦略の流れを反映したものとなっており，シンガポールの経済発展に貢献できるように合理的な政策が立

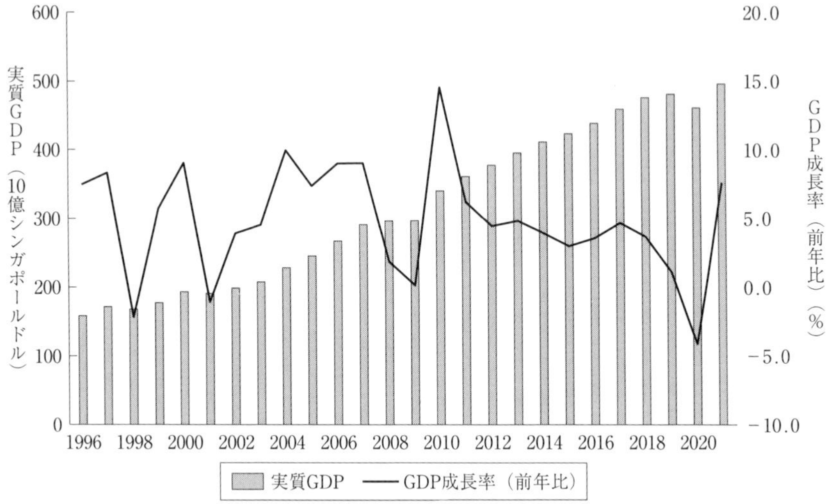

図11－1　シンガポールの経済成長（1996～2021年）
出所：Department of Statistics Singapore の HP を基に筆者作成。

案・実行されている。シンガポールの国家的経済戦略には，以下のような特徴が見られる。

①シンガポール経済に貢献する外国企業に対して，法人税の軽減税率の適用を認めたり，その他様々な優遇政策を打ち出したりして，外国企業の誘致を積極的に行う。

②世界の富裕層や起業家が移住し，世界の富が集まりやすいように所得税率を低く抑え（22%，日本：45%，2019年），相続税は設定しない。

③持続可能な経済開発政策を立案・実行できる有能な官僚の育成・確保と，政府系企業で知的財産を産出できる人材を育成するために，国民に対して徹底的な能力主義教育を実施する。

④国際取引のハブ拠点（中継貿易）として，港湾と空港の整備に力を入れる。

⑤国外からの企業や観光客を呼び寄せるために，安全で綺麗な国をアピールする目的で，厳しい罰金・処罰制度を設ける。

このような経済戦略が功を奏したのであるが，一方で政府の独裁的な政治手法が国際社会で批判されることも多い。シンガポール共和国の建国以来一貫して与党の座についている人民行動党は，民意的な意思決定を無視し，強権を発動して前述のような非常に合理的な手法で経済発展を急いだ。このような強権的・合理的な経済開発手法は開発独裁と呼ばれる。特に現在のシンガポールの発展は，初代首相として建国以来31年間首相の地位に就き，さらに首相退任後はシンガポール上級相や内閣顧問として政治に影響力を及ぼし続けた，リー・クアンユー（1923～2015年）の影響が非常に大きい。

（2）経済発展手段としての観光と観光政策の特徴

歴史が浅く，天然資源が限られているシンガポールは，建国以来，外貨獲得・雇用創出を通して経済発展を遂げるために観光地としての開発に力を注いできた。コロナ禍前年2019年の外国人観光客数は1511万人，国際観光収入は約200億アメリカドル（約254億シンガポールドル）だった。一方で，同年の日本における外国人観光客数は3218万人，国際観光収入は約461億アメリカドル（約4兆1500億円）である。外国人観光客数・収入額ともに日本よりも規模が小さいが，人口の2.7倍もの外国人観光客が一年間に訪問していることを考慮すると，シンガポールの観光の規模がいかに大きいかが想像できる。シンガポールのGDPに占める国際観光収入の割合は約10％（2019年）である。日本が1％未満（ただし国内観光と国際観光を合わせると約7％）であることと比較してみると，いかにシンガポールにとって観光が，重要な外貨獲得手段であるのかが理解できる。

図11－2は，2006年以降のシンガポールにおける外国人観光客数と国際観光収入の推移を示している。コロナ禍前の13年間（2006～19年）で，外国人観光客数の伸びは約2.0倍（2006年：975万人，2019年：1912万人），国際観光収入の伸びは約2.2倍（2006年：124億シンガポールドル，2019年：277億シンガポールドル）である。SARS（2003年）やリーマンショック（2008年）による一時的な外国人観光客数・観光収入の減少以外は，おおよそ順調に観光が成長していたのである。安定した観光の成長にはシンガポール政府による経済戦略の一部分としての観光戦略と，それを基にした観光政策の立案と実行がある。しかしながら，シンガポールの観光は長年にわたって順調に推移してきたわけではない。特に1990

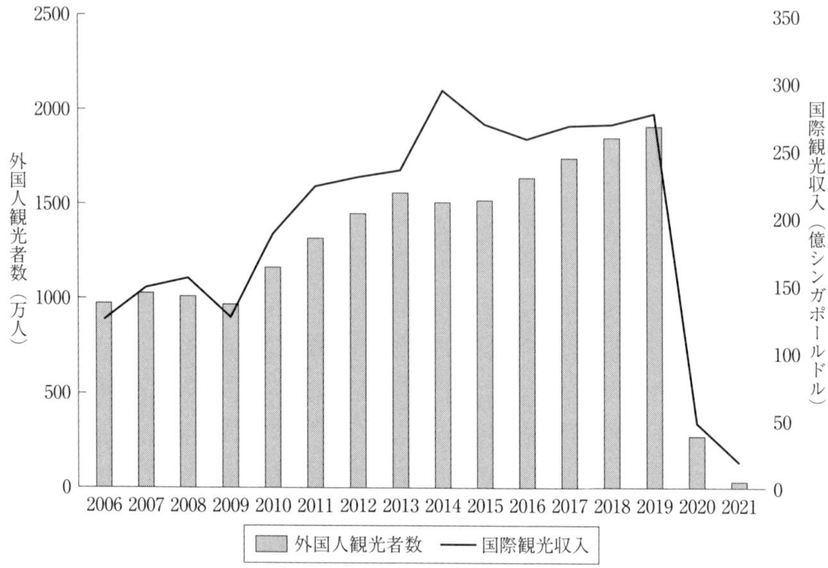

図11－2　シンガポールの外国人観光客数と国際観光収入の推移（2006～2021年）
出所：Singapore Tourism Board: Tourism Statistics の HP を基に筆者作成。

年代後半から2000年代前半は，シンガポールは観光地としての競争力の低下に苦しんだ。

2000年代初頭における世界でのシンガポールのイメージは，「綺麗で清潔，だけどつまらない国」であった。事実，1995年をピークに2003年まで観光収入は伸び悩んでいた。特に1997年のアジア経済危機，2003年の SARS 流行による観光客の激減により，観光収入は大幅に減少した。さらに，タイやマレーシアといったアジアの近隣諸国が経済発展を遂げるに伴いリゾート開発を推進し，それまでアジアにおけるトップクラスの観光国を維持していたシンガポールは，競争の激化に伴い相対的に地位を低下させた。シンガポールはマレーシア，インドネシアやタイといった近隣のライバル国に比べ，歴史や自然といった観光の主たる目的となるランドマークが少ないのは事実である。それまでのシンガポールの観光資源は，歴史（植民地支配）や民族と関連する観光施設（チャイナタウン，リトルインディア，マレー人街［カンポングラム］，イギリス植民地時代のコ

図11－3　マリーナ・ベイ・サンズとマーライオン像
出所：筆者撮影。

ロニアル建築物など)，シンガポール動物園，ジュロン・バードパーク（野鳥公園)，セントーサ島（リゾート島）やマーライオン像（1972年建設，図11－3）等の人工的に造られた都市型観光施設，さらにグルメやショッピングといったいわゆる典型的な都市型観光資源であった。

この状況を危惧したシンガポール政府は2005年1月，20億シンガポールドルを投じて年間訪問者数1700万人，国際観光収入300億シンガポールドルを目指す観光振興戦略「Tourism 2015」を策定した。さらに，2012年には「Tourism 2015」を補完する新たな観光振興戦略「Tourism Compass 2020」も策定した。「Tourism 2015」では，以下の3点を重点項目として位置づけた。

①アジアにおけるトップレベルのMICE開催地としての位置づけの強化

MICE（マイス）とは，企業会議（Meeting)・企業の報奨・研修旅行（Incentive)・国際会議（Convention）と展示会・イベント（Exhibition/Event）を総称したものである。1人当たりの現地での支出額がレジャー観光客よりも圧倒的に高く，地域に大きな経済波及効果をもたらすとともに，ビジネス機会やイノベーションの創出，さらに都市の競争力・ブランドの向上にも貢献する。そのため，世界各国の政府観光局が，国際会議を中心としたMICEの誘致に積極的になっている。シンガポールでは，イベント開催費用に対する助成や外国からの招待客に対する出入国手続きの簡易化など，MICE 誘致に関わる様々な優遇制度を設けている。これが功を奏して，2019年の都市別国際会議開催件数でシンガポールは世界１位（1205件）を記録している（東京は５位で719件）。

②シンガポールだけが提供するエンタテインメントを作り出し，アジアにおけるトップレベルの観光地としての位置づけの強化

都市型エンタテインメントを利用した「ユニークで力強い観光地」「アジアトップクラスの娯楽地」を目指すことを目標に観光開発を進めた。2008年以降，以下のようなシンガポール特有ともいえる観光施設が開業したりイベントが開催されたりしており，観光の再活性化に大きく寄与している。

・シンガポールグランプリ（F1）：2008年から毎年開催（2020・2021年は新型コロナウイルス感染拡大の影響で開催中止）。世界初の市街地の公道をコースにしたナイトレース。
・シンガポールフライヤー：2008年開業。アジア最大（2014年までは世界最大）の観覧車。
・統合型リゾート施設：2010年開業。マリーナ・ベイ・サンズ（図11－3）とリゾート・ワールド・セントーサ。
・マリーナ・ベイ・クルーズ・センター：2012年開業。世界最大級の豪華客船が停泊できる大型客船専用ターミナル。
・ガーデンズ・バイ・ザ・ベイ：2012年開業。近未来的巨大植物園。（図11－４）
・リバー・サファリ：2013年開業。アジア初の川がテーマの動物園。
・ジュエル：2019年開業。チャンギ国際空港に建設された複合施設（飲食店・ショッピングモール・ホテル・人工池・庭園など）。空港敷地内に集客力のある施設を造ることで，シンガポールの「アジアのハブ」としての機能を強化することが狙いである。

これら各種の観光施設やイベントの中でも，次節で詳細に説明するとおり，カジノを核とした統合型リゾート施設がシンガポールの国際観光収入

図11－4　ガーデンズ・バイ・ザ・ベイ
出所：筆者撮影。

や経済に対して大きく貢献している。

③シンガポールの高度で良質な医療技術を利用したメディカルツーリズムを振興し，アジアにおけるトップレベルの医療都市としての位置づけの強化

世界的に評価されているシンガポールの医療技術を観光資源として活用し，シンガポールの国際観光収入，さらにはシンガポール経済への貢献を目指すだけではなく，医療都市シンガポールとしての地位確立を目指す（詳細は次節）。

シンガポール観光に対する各種業務（観光政策の立案・実行，観光資源の開発，観光業に携わる人材の育成，マーケティング活動等）は，通商産業省の管轄する法定機関であるシンガポール政府観光局（STB）が中心となって行っている。

3　シンガポールの観光政策

（1）統合型リゾート政策

統合型リゾート（IR）とは，カジノを中心にホテルや国際会議場，レジャー施設（ショッピングモール，レストラン，劇場・映画館，アミューズメントパーク，スポーツ施設，温浴施設等）を備えた複合観光施設のことである。アメリカ・ラスベガスやシンガポールなどで実績があり，国外から富裕層を中心に多くの観光客を呼べることから，日本をはじめ世界各地でもその導入の是非が検討されている。

シンガポールでは2010年，マリーナ・ベイ・サンズとリゾート・ワールド・セントーサの２施設が開業した。マリーナ・ベイ・サンズは都心に近く，展示会・会議施設，映画館，ショッピングモール，カジノやホテルなどの施設があり，ビジネス客をターゲットとしている。一方，リゾート・ワールド・セントーサは郊外のセントーサ島に立地し，ユニバーサル・スタジオ・シンガポール（USS），水族館，ショッピングモール，カジノやホテルなどの施設があり，レジャー・ファミリー層をターゲットとしている。

統合型リゾートにはカジノがあることが前提となるが，これは単なる賭博施設ではない。マカオやラスベガスの施設とは根本的に異なる，カジノを含む複合観光施設のことである。カジノは総施設面積の５％以内と規定されている。単なるギャンブル場となることに歯止めをかける意味合いがある。

シンガポールでは建国後，複数回カジノ導入の話が浮上したが，その都度立ち消えとなった。その理由は，リー・クアンユー初代首相がカジノの負の側面を強調し，強い反対の立場を貫いてきたからであった。しかしながら2004年カジノ構想が再々浮上し，一気に解禁となった。その背景にあったのは，前述のとおり観光地としてのシンガポールの競争力の低下による危機感である。

カジノのターゲットはあくまでも外国人観光客（外貨収入が最大目的のため）であって，シンガポール国民ではない。カジノ入場料は，外国人は無料であるが，シンガポール人は１日150シンガポールドル（約１万2000円），または年間会費3000シンガポールドル（約24万円）払う必要がある。これは，2006年施行のカジノ管理法による規定であり，シンガポール人のギャンブル依存症患者の増加を抑止する目的がある。さらに，シンガポール国内のメディアにおけるカジノに関する広告の規制，シンガポール居住者に対する信用貸しの禁止，さらにギャンブル依存症患者に対する相談・治療施設の整備，などの施策も国民の賭博行為を抑止するために打ち出している。

このような施策が功を奏して，統合型リゾート２施設開業後２年間のカジノに関わる犯罪行為は，全犯罪件数の１％程度，さらにギャンブル依存症患者の割合は国民全体の1～2％程度である。2017年のシンガポールにおけるカジノの売上高は約5500億円で世界3位（世界1位：マカオ，3兆7000億円，世界2位：ラスベガス，2兆9000億円）である。カジノは2施設の総床面積の5％にも満たないが，2施設合計の売上の約8割がカジノによるものである。統合型リゾート施設は，ホテル，飲食や旅行業などの観光関連産業のみならず，カジノゲーム機器や紙幣選別機などを製造・販売する会社，さらに警備会社などに経済的恩恵をもたらしている。シンガポールにおける統合型リゾート施設がもたらす経済インパクトは，年間1兆円を超えると推測される。このように，統合型リゾート施設がもたらしたシンガポール経済への効果は非常に大きい。

（2）メディカルツーリズム政策

メディカルツーリズムは，医療関連産業と観光の連携によって生み出された観光の形態を意味する。つまり，医療（治療・手術）や健康診断などを目的とした旅行と滞在のことをいう。詳しくは第15章にゆずるが，ここではシンガポールの事例を紹介する。

シンガポールでは，2003年，経済開発庁・シンガポール観光庁とシンガポール国際事業団が共同で“Singapore Medicine”キャンペーンを打ち出したことからメディカルツーリズム政策が始まった。このキャンペーンは，毎年200万シンガポールドルの予算を投じて，2012年までにメディカルツーリストを100万人に増やすことにより，30億シンガポールドルの市場へと拡大させることを目的とした10カ年計画である。2012年，メディカルツーリズムからの収入は過去最高の11億シンガポールドルになったものの，目標値には遠く及ばなかった。世界規模でのメディカルツーリズムの激しい競争，さらにシンガポールの医療価格がマレーシア・タイ・インド・韓国などのライバル国と比べて割高なことが背景にある。2011年にシンガポールを訪れた全観光客のうち，約9％が医療目的での訪問であったと推測されている。“Singapore Medicine”キャンペーンが終了した2013年以降もシンガポール政府によるメディカルツーリズム政策は継続され，2017年には年間40億シンガポールの収入にまで増加した。

シンガポールが得意とする医療分野は，高度な放射線治療や外科手術など最先端の医療機器を用いた分野である。そのため，外国人患者の総数はタイやインドなどより少ないが，患者１人当たりの収益が非常に高いことが特徴である。ターゲットにしている外国人患者は，自国に高度な技術，施設を備えていない新興国（東南アジア各国・ロシア・中国・アラブ諸国等）で急増している中間層と富裕層である。特に東南アジアの中間層と富裕層は重要な顧客であることから，医療観光客を受け入れている各病院は東南アジアの主要都市に営業拠点を設置し，現地の医療機関からの紹介制度を通して各国と連携した経営体制を確立している。

シンガポール政府がメディカルツーリズムに力を入れる理由は，付加価値の高い観光商品を販売し，観光収入を増やすことだけではない。2000年以降，莫大な投資をして世界中から有能な研究者を集め，新薬の開発と商業化を目的としたバイオポリス構想が推進されている。新薬の開発が商業化された場合には，特許権は政府が管轄する研究所にある。つまり，新薬が開発されたら，その薬を用いた治療を求めて世界中から医療観光客がシンガポールを訪れ，シンガポールの医療産業を世界的地位に確立させることが可能となる。これこそが，シンガポール政府の野望なのである。

（３）効率性を重視した「量より質」の観光政策

近年のシンガポールの観光政策は「量より質」を目指し，観光客数よりも観光収入を伸ばすことを重視（特にカジノ収入から）してきたことがわかる。この背景には，ASEAN 新興国の中間層の観光客のみでは，大幅な観光収入の増加は見込めない，つまり１人当たりの観光消費額が少ないことが挙げられる。一方で，世界中の富裕層をメインターゲットとした場合，カジノや高級ホテル宿泊等による１人当たりの観光消費額の向上が見込まれる。さらに，近年のシンガポールを取り巻く切実な状況も背景に挙げられる。シンガポールは近い将来急激な少子高齢化社会を迎え，労働者人口が減少すると予想されている。つまり，労働力人口の減少に伴う経済力低下という悪影響を最小限化するための手段として，高価格帯の観光を推進するという側面もある。

このようにシンガポールの観光政策は持続的な経済開発政策の一部分に組み

込まれていて，地理・歴史・政治・経済・社会的なシンガポール固有の条件を前提としたものでもある。10年，20年先を見据えた明確なビジョンに基づき，効率性を徹底的に追求する政策展開は，日本における観光政策の立案・実行にも大いに参考になるであろう。ただし，シンガポールがここまで効率性を徹底的に追求し，経済開発の一部分としての観光政策を実行できるのは，シンガポール共和国の建国以来一貫して与党の座についている人民行動党の開発独裁的な政治体制によるところが大きい。つまり，体制が異なる日本が同様の政策を施策・実行することは容易ではないと考える必要がある。

引用・参考文献

岩崎育夫『物語 シンガポールの歴史』中央公論新社，2013年。

自治体国際化協会シンガポール事務所「シンガポールにおける IR（統合型リゾート）導入の背景と規制」，https://www.clair.or.jp/j/forum/pub/docs/417.pdf（2022年10月28日閲覧）。

田村慶子『シンガポールを知るための65章』明石出版，2013年。

寺前秀一『観光政策論』（観光学全集第９巻）原書房，2009年。

藤巻正己「ツーリズム［in］マレーシアの心象地理」『立命館大学人文科学研究所紀要』95号，2010年，31～71頁。

シンガポール政府観光局公式 HP（https://www.visitsingapore.com/ja_jp/）。

Singapore Tourism Board, Tourism Fifty 1964-2014: A Journey through 50 Years & Beyond, https://www.stb.gov.sg/content/dam/stb/documents/annualreports/STB%20Annual%20Report%2013-14.pdf（2022年10月28日閲覧）.

Department of Statistics Singapore（https://www.singstat.gov.sg/）.

第12章
地域観光とまちづくり

1　国内観光の変化

（1）マスツーリズムからニューツーリズムへ

国内旅行は，高度経済成長期と共に発展した大衆観光（マスツーリズム）から個人旅行へと変化し，寺社仏閣など著名な観光施設を巡る観光から個々人の嗜好に即したニューツーリズムに移行した。

ニューツーリズムとは，エコツーリズム，ガストロミーツーリズム，グリーンツーリズム，サイクルツーリズムなど，テーマ性に富んだ体験型観光である。2020年に発現した新型コロナウイルス感染症（COVID-19）により，緊急事態宣言のもと人々の行動が制限された。緊急事態宣言下においては，観光行動もタブー視され，飛行機や新幹線による人々の移動も減少した。このような中，マイクロツーリズムが提唱され，人々は自宅から１～２時間で行ける範囲の旅行を楽しんだ。

また，COVID-19の発現以前にも，東日本大震災からの復興過程における新たなツーリズムとして，復興ツーリズムが生まれた。これらは，「ボランティア」，「まなび」，「つながり」などをキーワドとした震災後の新しい観光スタイル（山下，2015）として示されている。東日本大震災から得られた実情と教訓を伝える伝承施設を巡り，震災の悼みを確認するダークツーリズムも復興ツーリズムの一つとされている。

（2）観光まちづくり

かつて，1987年に制定された総合保養地域整備法（リゾート法）により，地域の観光を振興する動きがあったが，これは民間主導の大型観光施設の造設など，外来型の観光開発であった。第三セクター方式により，宮崎のシーガイアや長崎のハウステンボスなどが開業したが，当初の計画通りには進まず，経営再建などを経て現在にいたっている。

このような民間主導の観光開発が頓挫し，従来のマスツーリズムも衰退していく中，地域資源を活用した観光が注目されてまちづくりの一つとして地域で取り組まれるようになった。観光まちづくりである。観光まちづくりということばは，1999年から使われるようになり，2000年代後半から多くの文献で取り上げられるようになった（森重，2015）。観光まちづくりとは，地域社会が主体となって，地域のあらゆる資源を活用し，交流を促進することで，まちの魅力や活力を高める活動である（森重，2015）。

2003年の観光立国宣言により，2000年代前半においては，地域資源を発掘し，それに磨きをかけて観光客を誘致する観光まちづくりが主流となり，地方創生の一つの方策とみなされた。そして，従来の観光地だけではなく，様々な地域で地域経済が活性化していく方法として取り組みが行われている。

取り組みを行っていく上で大切な機能の一つとして，DMO（Destination Management/Marketing Organization）がある。観光庁は，DMO を“地域の「稼ぐ力」を引き出すとともに地域への誇りと愛着を醸成する「観光地経営」の視点に立った観光地域づくりの舵取り役としている。多様な関係者と協同しながら，明確なコンセプトに基づいた観光地域づくりを実現するための戦略を策定するとともに，戦略を着実に実施するための調整機能を備えた法人”として位置付けている。

（3）アルベルゴ・ディフーゾによるまちづくり

観光まちづくりの一つに，アルベルゴ・ディフーゾがある。まち全体をホテルに見立て観光振興を行う方法である。アルベルゴ・ディフーゾの特徴は，レセプションを中心に，レストラン，バー，共用スペースなどのネットワークを形成し，各施設は200 m 以内の距離に配置されている。観光客は，ホテルチェーンでは提供できない地域資源に基づいた食や文化やコミュニティによるサービスを受け，地域特有の活動に参加することもできる。このようなサービスを提供するために，地域の歴史的，文化的，環境的資源や食材，伝統的な料理，工芸品などが発掘され，この資源の活用に向けて地域の団体の活動が活発になる。そして，このような活動を通して，住民が日常生活を新たな視点から捉え，その価値を認識し地域の価値向上に努めるようになる（Giancarlo Dall'Ara, 2019）。

図12－1　歴史的建造物が連なる矢掛商店街
出所：筆者撮影。

日本では，日本まちやど協会がアルベルゴ・ディフーゾに近いコンセプトで運営を行っている。日本まちやど協会のホームページでは，まちを一つの宿と見立て，ゲスト（宿泊客）とまちの日常をつなげていく宿泊施設を「まちやど」と示している。まちやどのスタッフは，宿泊施設内の案内をするだけでなく，まちのコンシェルジュとしての役割を担い，地元の人たちが日常的に楽しんでいる飲食店や銭湯などの案内を行う。そして，まちぐるみで宿泊客をもてなすことで地域価値を向上し，まちの中にすでにある資源やまちの事業者をつなぎ合わせ，そこにある日常を最大のコンテンツとする。利用者には世界に二つとない地域固有の宿泊体験を提供し，まちの住人や事業者には新たな活躍の場や事業機会を提供する，といった指針が示されていた。

いずれも，地域資源を活用し，新規事業者などの地域の担い手を生み出し，地域活性に寄与しているのが特徴である。本章では，アルベルゴ・ディフーゾに認定された岡山県矢掛町と日本まちやど協会に登録している静岡県熱海市を対象に，まち全体を宿として見立てた観光まちづくりについて概観する。

2　岡山県矢掛町における観光まちづくり

（1）矢掛商店街の概要

岡山県矢掛町にある矢掛商店街は旧山陽道の宿場町の中心部として栄え，矢

図12－2　大臣賞受賞を表示した掲示物
出所：筆者撮影。

図12－3　景観整備を行った店舗
出所：筆者撮影。

掛駅から徒歩10分程の場所に位置する。街道沿いには江戸時代後期までに形成された地割に，妻入りと平入りの町家が混在した屋並みが形成され，1969年に国の重要文化財に指定された江戸時代の旧本陣と旧脇本陣を中心に漆喰塗込の重厚な町家など，江戸時代から近代に建てられた伝統的建造物が残存している（図12－1）。2020年には伝統的建造物群保存地区に指定され，保存地区は矢掛商店街を中心に形成されている。

（2）矢掛商店街における景観整備

矢掛商店街において伝統的建造物が保存された背景として，1992年に発足した「備中矢掛宿の街並みをよくする会」による景観整備がある。矢掛商店街に現存する江戸時代の末期から明治・大正にかけて建てられた町家は，1960年代の商店街の近代化ブームにより建物の前面は看板，パラペット，ファサードなどで改造され，街並みの歴史的景観を失っていた。過疎化が進み，空き家が増え続けて街並みの景観が損なわれていく中，備中矢掛宿の街並みをよくする会は，快適でうるおいのある街並みをつくるために景観整備に着手した。そして，景観を修復するために1993年から2007年にかけて看板やファサードの撤去など，75軒の町家の景観整備を行った。地域全体で景観整備に臨んだ結果，2012年に「第８回住まいのまちなみコンクール国土交通大臣賞」を受賞した。受賞については，家屋の歴史と共に店舗の入り口などに掲示され（図12－2），賓来寿司（図12－3）では，明治・大正にかけて田淵屋の屋号で糸の商いを行い，1951

(昭和26) 年より賓来寿司を開業して現在3代目であることが示されていた。

図12－4　宿泊施設「矢掛屋」
出所：筆者撮影。

（3）賑わいのまち　やかげ宿創出施設

矢掛町は空き家活用の取り組みとして空き家情報バンクの運営などを行ってきたが，矢掛町自ら空き家を再利用する観光施策を始めた。現存する矢掛町の町家の風情と街並みの景観を維持するとともに，賑わい創出の拠点施設として活用する「賑わいのまち　やかげ宿創出施設」である。「賑わいのまち　やかげ宿創出施設設置条例」に基づき，矢掛町に寄贈された町家や矢掛町が買い上げた町家を改修し，観光施設として運営した。

矢掛商店街内に2014年2月に開業した「やかげ町家交流館」は，観光客や地域住民が気軽に立ち寄れる場として設置され，1975年から空き家だった町家を再利用した施設内には，矢掛町内で製造された食料品や土産物，地元の工芸作家による雑貨などが並び，ここでしか購入できない品が揃えられていた。

そして，江戸～明治期に建てられた町家を矢掛町が宿泊施設として改修し，宿泊施設がなかった矢掛商店街内に宿泊施設「矢掛屋」を2015年3月に開業した（図12－4）。本館は6つ，露天風呂がある別館は9つの客室があり，宿泊施設の運営は民間企業に委託している。

2021年3月には観光案内施設「矢掛ビジターセンター問屋」が開設した。江戸時代に「因幡屋」という屋号で，宿場から宿場へ公用の貨客を運ぶ馬や人足などの輸送手配を行っていた町家が再利用され，一般財団法人矢掛町観光交流推進機構（やかげ DMO）の事務所としても利用されている。2019年に発足したやかげ DMO では，矢掛商店街を中心とした矢掛町全域にわたり観光客が回遊するような施策を検討している。

このように矢掛町では，町家を中心に景観整備を行い，町家を観光施設や宿泊施設として再利用したことで，商業施設が集積し「まち全体ホテル」を実現

表12－1　矢掛町がアルベルゴ・ディフーゾに認定されるまでのプロセス

年代	事業
1969年	旧矢掛本陣石井家住宅，脇本陣高草家住宅　重要文化財
1992年	「備中矢掛宿の街並みをよくする会」発足
1993～2007年	景観整備関連事業
2012年	第8回住まいのまちなみコンクール国土交通大臣賞
2014年2月	「やかげ町家交流館」開業
2015年3月	「矢掛屋（本館　温浴館）」開業
2017年	「矢掛おもてなし館　あかつきの蔵」開業
	物産販売，交流，飲食宿泊機能を備えたホテル
	「旅旅籠屋　備中屋長衛門」開業
2018年6月	アルベルゴ・ディフーゾに認定
2020年	重要伝統的建造物群保存地区に選定
2021年2月	無電柱化工事完了（27本の電柱を撤去）
2021年3月	山陽道やかげ宿（道の駅）開設
2021年3月	「矢掛ビジターセンター問屋」開設

出所：筆者作成。

した。この取り組みが評価され，2018年にアルベルゴ・ディフーゾ協会から日本初の「アルベルゴ・ディフーゾ」に，そして世界初の「アルベルゴ・ディフーゾ・タウン」に認定された（アルベルゴ・ディフーゾに認定されたプロセスは，表12－1を参照)。

（4）商業施設の増加と商店街の再生

矢掛町は，宿泊施設のなかった矢掛商店街内に宿泊施設（矢掛屋）を2015年に開業し，2015年に「矢掛町観光元年」と宣言した。そこから1年経過した2016年から新規店舗の開業が続き，2021年までの間に飲食店を中心とした商業施設が18店舗増加した。飲食店は増加しているが，それを上回る観光客が訪れ，コロナ禍における2021年時点でも，昼時に観光客が昼食を取れない状況であった。

こうした新規店舗の開業が続いた背景には行政による支援がある。矢掛町では町内産業の振興や雇用および定住・交流の促進による賑わいのまちづくりを目的に,「空き家活用新規創業支援事業補助金」を設定した。これは, 町内の空き家を利用して小売業, 飲食業, サービス業などで新規に創業する事業者に創業支援として支給される補助金である。この補助金では, 町内の空き家を活用して新しく事業を起こすために必要な空き家の購入費, 空き家の改修費, 設備備品購入費の1/2以内が支給される。このような補助金と観光交流施設や宿泊施設の開業により, 矢掛商店街において新規出店が加速した。

このように矢掛町が伝統的建造物を宿泊施設や観光交流施設に再利用したことにより, 飲食店を中心とした商業施設が増え, 観光客が増加し, また新たな商業施設が開業するという循環を生み出している。

3　静岡県熱海市における観光まちづくり

(1) 熱海温泉の概況

熱海温泉は, 鉄道網の発展と共にその規模を拡大してきた。1896年に熱海―小田原間の鉄道が開通し, その後1925年には東京―熱海間の熱海線が開通したことにより, 東京と熱海間の所要時間は3時間20分となった。その結果, 熱海駅での昇降客数が大幅に増加し, それに伴い宿泊施設も増加し, 熱海温泉の基盤を形成した。そして1964年東海道新幹線が開通したことにより, 多くの団体旅行客が訪問する観光地へと発展し, 熱海温泉の旅館は近代的かつ大型化した。このように熱海温泉は東京近郊の観光地として賑わいを見せ, 1965年には宿泊客数が527万5000人になったが, 2011年には246万6000人まで大幅に宿泊客が減少した。

熱海温泉の宿泊客数が減少した要因として, 先述の国内旅行の変化がある。団体客による宴会型の観光から個人や家族・グループによる体験・交流型の観光へと変化していく中で, 大型旅館を中心に形成された熱海温泉は, 観光客の変化に対応できずにいた。そして, 大型旅館が倒産し, 保養所が閉鎖していくことで大型の施設が廃墟となり, 熱海温泉の衰退のイメージが定着するようになった。

図12－5　熱海銀座商店街
出所：筆者撮影。

（2）地域資源と新規創業者の発掘

熱海温泉の観光客の減少に伴い，熱海温泉の中心部にある熱海銀座商店街（図12－5）も衰退していった。熱海銀座商店街は，熱海駅から徒歩15分，全長約200mに位置しているが，2011年には商店街の3分の1にあたる10店舗が空き店舗という状況であった。

この熱海銀座商店街を中心に地域資源の発掘を行ったのが，NPO法人atamista（以下，atamista）である。atamistaは，衰退した熱海を再生したいと考えたUターン者によって生まれたNPO団体である。atamistaは，熱海の地域資源を発掘するために熱海温泉玉手箱（以下，オンたま）を実施した。オンたまは，「100年後も豊かな暮らしができるまちをつくる」ことを目的として，2009年から2011年の間に別府八湯温泉泊覧会（オンパク）をモデルに，まち歩きや体験交流プログラムを集めたイベントである。オンたまは，220以上の企画に5000人が参加し，多くの店舗や団体の参加を得て，地域のプレーヤーが発掘されている。

atamistaから派生して設立されたのが，株式会社machimori（まちもり）である。不動産オーナーや店子と協働して，エリアを維持し，発展させていくことを目指し，物件のリノベーションや利用者の誘致を行うなど，不動産再生に関する企画やリノベーション，不動産の運用を行う企業である。このmachimoriでは，“熱海で商売を始める人を発掘し，中心市街地を再生させるとともに，熱海で暮らす人々の日々の暮らしを豊かにするきっかけにしたい”と，2013年から「海辺のあたみマルシェ」が開催された。2019年9月22日に開催したマルシェでは，74店舗（内21店舗が新規）が出店し，熱海市近郊に居住し，熱海銀座商店街で出店する可能性のあるオーナーを集めていた。そして，この2カ月に1度開催されるマルシェにより，“熱海がなにか変わり始めている”“若い人たちがおもしろいことを行っている”と注目されるようになった。

（3）「guest house MARUYA」によるまち宿

図12－6　「guest house MARUYA」
出所：筆者撮影。

熱海銀座商店街内に2015年に開業した「guest house MARUYA」（以下，MARUYA：図12－6）も machimori によるものである。1950（昭和25）年に建てられ，土産物店やパチンコ店などに利用された後に10年間，空き店舗になっていた丸屋ビルをリノベーションして，ゲストハウスとして再利用されたのが，MARUYA である。MARUYA のホームページでは，温泉もなければ，テレビもなく，海が見える部屋もなく，寝るために必要最低限のものしかないが，その代わりに熱海の街中にはたくさん温泉施設があり，3分歩けばビーチに着き，宿になにもないからこそ街に繰り出して，そこでできる体験を楽しんでもらいたいという，街全体の利用について示されていた。

そして，MARUYA では，地域住民と交流できる「金曜グルメの日～一期一会の晩餐会～」を開催し，地域で暮らすように楽しめるプランを設定している。たとえば，MARUYA の朝食「干物の朝ごはん」は，おかずをゲストハウスの向かいにある干物店で購入して，テラスのグリルで焼いて食べる。このように地元のモノを食べ，路地裏を散策し，公衆の温泉にゆったり浸かる。そうした時間を過ごしながら，地域の人々と交流できる機会が提供されていた。

（4）商業施設の増加と商店街の再生

atamista や machimori による「オンタマ」や「海辺のあたみマルシェ」による賑わいの創出，そして，「guest house MARUYA」による地域住民と観光客の交流拠点の創出により，熱海銀座商店街を訪れる人が増え，それに伴い空き店舗が埋まっていった。2013年以降に飲食店を中心に17の店舗が開業した（2021年9月時点）。

1/3が空き店舗になっていた熱海銀座商店街の成功要因としては，次の3点をあげることができる。1つめは，地域資源の発掘である。熱海温泉玉手箱（オンたま）により地域資源を発掘し，地域外のみならず地域住民に熱海温泉の魅力を再認識してもらい，地域に関わる人々が熱海温泉の魅力を知るようになったことである。2つめは，海辺のあたみマルシェやオンたま開催による既存の店舗と新規店舗の連携である。こうした連携をもとに，「まち宿」が形成され，地域全体で観光客を受け入れる仕組みが構築された。そして，3つめは新規起業者の支援である。海辺のあたみマルシェにより，新規起業者が熱海で出店するきっかけをつくった。

このように一人の事業者が中心となり，そこから新旧の事業主や移住者，二拠点居住者とつながっていくことで，熱海銀座商店街が再生していった。

4　地域資源を活用した観光まちづくり

岡山県矢掛町の事例と静岡県熱海市の事例で共通しているのは，地域資源を活用していることである。矢掛町では，行政が中心となり歴史的建造物を宿泊施設や観光交流施設などに再利用したことで，観光客数が増加し，それに伴い飲食店などが増えた。熱海市においては，一人のUターン者が中心となり，地域資源を発掘し，その地域資源を地域内外の人々と共有しながら地域の魅力を高めていくことで，熱海温泉に若い人々が訪れるようになった。そして，若い人向けの飲食店が出店するようになった。

いずれの事例も，地域資源に磨きをかけることで地域の魅力を高めている。観光まちづくりにおいては，このように地域の資源を発掘し，地域の人々や団体が連携しながら地域のあり方について検討し，取り組んでいくことが大切である。

引用・参考文献

熱海市観光建設部観光経済課「令和3年版　熱海市の観光」，2020年。
池田千恵子「歴史的建造物の再利用による地域の再生――アルベルゴ・ディフーゾに認定された岡山県矢掛町を事例として」『日本都市学会年報』vol. 46，2022年，149

～158頁。
一般社団法人日本まちやど協会『日常１』真鶴出版，2021年。
一般社団法人日本まちやど協会『日常２』真鶴出版，2022年。
一般社団法人日本まちやど協会 HP
https://machiyado.jp/（2021年９月18日閲覧）
市來広一朗『熱海の軌跡　いかにして活気を取り戻したのか』東洋経済，2018年。
海辺のあたみマルシェ（Facebook）2020年２月７日配信。
https://www.facebook.com/atamimarche/
佐保圭「第11回 静岡県熱海市――財政危機宣言から驚異のＶ字回復行政や経済・観光団体，市民が「危機感」を共有」『新・公民連携最前線』，2019年４月１日配信。
https://project.nikkeibp.co.jp/atclppp/PPP/030700028/031500017/（2022年10月９日閲覧）
振興財団『第８回住まいのまちなみコンクール審査結果』，2012年。
https://www.machinami.or.jp/pdf/contest_report/report8_1_overview.pdf（2021年10月31日最終閲覧）
内閣府 NPO ホームページ「NPO 法人備中矢掛宿の街並みをよくする会」，2016年９月29日配信。
https://www.npo-homepage.go.jp/npoportal/detail/033000739（2021年10月31日閲覧）
森重昌之「定義から見た観光まちづくり研究の現状と課題」『阪南論集．人文・自然科学編』，50号(2)，2015年，21～37頁。
矢掛町文化財保護委員会編『矢掛町歴史年表』矢掛町文化財保護委員会，2004年。
山下晋司「復興ツーリズム　震災後の新しい観光スタイル」清水展・木村周平編著『新しい人間，新しい社会――復興の物語を再創造する』京都大学学術出版会，2015年。
Giancarlo Dall'Ara, “Albergo Diffuso a worldwide model of Italian hospitality”, Albergo Diffuso, 2019, https://www.slideshare.net/dallara/albergo-diffuso-a-worldwide-model-of-italian-hospitality（2021年７月31日閲覧）
「guest house MARUYA HP」
https://guesthouse-maruya.jp/experience-options/（2022年９月19日閲覧）
machimori HP
https://machimori.jp/（2022年10月31日閲覧）

コラム5　観光とものづくり

東京都墨田区は，地域資源としての製品や商品を創り出す現場である「工場」に着目し，ものづくりと観光の融合化に取り組んでいる。元来大相撲が行われる両国国技館や江戸東京博物館など，江戸以来の魅力ある歴史と伝統文化が色濃く残る墨田区は，同時に葛飾北斎や勝海舟など歴史上の人物ゆかりの地で，東京を代表する文化豊かなまちである。また，江戸時代から現代に伝わる熟練の「わざ」が今も残る一方で，明治時代に日本の近代軽工業が発祥して以来，製造業が集積・発展し，現在も様々な業種の中小企業が存立する「ものづくりのまち」でもある。

墨田区は，1985年より，墨田区の産業や産品の魅力を伝え，ものづくりの素晴らしさなどをアピールする「すみだ３Ｍ（スリーエム）運動」を展開している。その取り組みとして，製品，道具，文献・資料などのコレクションを展示する「小さな博物館（Museum)」，優れた技術で産業を支える技術者を認定する「すみだマイスター（Meister)」，製造現場と店舗が一体となった「工房ショップ（Manufacturing Shop)」などが実施されている。この運動は，工場や民家の一部を博物館として公開し，製造と販売が一体化した新しいスタイルの店舗づくりを進めるなど，地域一体となって進められている。また，実際に職人の仕事を垣間見ることができ，技術伝承の意味合いのある事業でもある。

小さな博物館では，戦前から現在までの商品や工作機械，文献，資料など，墨田区を象徴する産業と文化に関わる「もの」のコレクションを，工場・作業場・民家の一部を利用し，現在27館にて展示している。墨田区の産業史，下町の生活史を「もの」で語り，理解を深めてもらう運動である。なお，小さな博物館は実際に職人が働いている自宅や工場などの中に開設され，ボランティアで運営されているため，解説などの見学を希望する場合は事前の予約が必要である。小さいながらも，コレクションは必見の価値があり，地域の人々のものづくりにかける意気込みが伝わってくると同時に，まちなかに普通に存在し，息づいている「小さな博物館」や「工房ショップ」は，快いまちの演出に貢献している。

「すみだマイスター」は，付加価値の高い製品をつくる技術者を認定し，その技術を公開してもらうことで，技術の普及・向上を図り，さらに次世代への技術の継承，技術者の育成を目的とした運動である。現在36名が「すみだマイスター」に認定されている。

製造現場と販売店舗が一体となった，新しいスタイルを取り入れた工房ショップでは，オリジナル商品の販売やものづくりが教育上の観点から大きく注目されていることから，修学旅行生などのものづくり体験なども受け入れ，墨田区の提唱する「工房文化の都市」の実現に向け，現在27ショップが運営されている。一方，2014年度に墨田区を訪れた外国人を対象に行った調査では，墨田区で「ものづくり体験」を行ったとの回答は9.6％（820人中79人）となっており，現状ではそれほど多くはないものの，次回訪問時には行ってみたいとの回答は17.2％（820人中141人）となっており，潜在的なニーズは高いものと考えられる。

2012年に開業した東京スカイツリーなどにより大勢の観光客を呼び込む現状に加え，2020年オリンピック・パラリンピック東京大会の開催が決定し，今後ますます外国人観光客の増加も見込まれるなど，まちとしての受け入れ体制を整備する必要があることなどから，墨田区は2015年４月に「第３次墨田区観光振興プラン」を制定した。プランでは，これまで重点的に取り組みを進めてきた「ものづくり」と墨田区が保有する地域資源を活かした「観光」をまちづくりの軸として，来街者の増加や賑わいの創出を図るとしている。具体的には，前述したすみだ３M 運動や2009年から始まった観光・名所・イベントなどをまちの魅力として発信し，知名度を高めることを目的としている「すみだ地域ブランド戦略」の展開により“ものづくり観光”を推進させるとしている。特に注目したいのは，これまでのものづくりに加え，観光振興を通じて，地域活性化へと結びつけるプラスの連鎖・循環を促していくことを目指す「ビジターズ・インダストリーの創出」の展開である。墨田区は，これまで区内に集積する事業所や技術を産業振興すべき対象としてきたが，地域を訪れる人々（ビジターズ）による観光も新たに地域づくりの柱となる産業（インダストリー）と設定し，地域資源を活かしたプログラム開発と提供などを図ることにより，地域活性化を目指している。また，2022年６月には，産業振興における「工業」「商業」「観光」を一体的に取り扱うこととし，「産業と観光の将来構想」を策定した。

墨田区は，地域の魅力を「探る」「磨く」「活かす」ことに本気で取り組む最先端のまちであり，ものづくりと観光を融合させた「産業観光振興」は，政策として大きな可能性をもっている。

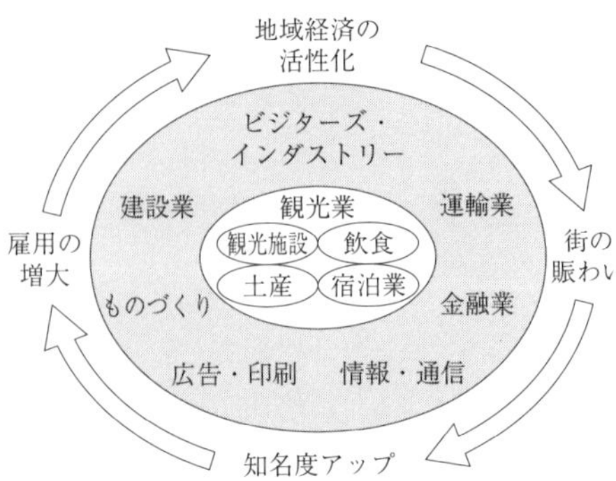

墨田区ビジターズ・インダストリーの概念図
出所：墨田区観光振興プラン。

第Ⅳ部

応用観光論

第13章
コンテンツツーリズム

1　コンテンツとコンテンツツーリズム

（1）コンテンツツーリズムの定義

NHKの連続テレビ小説や大河ドラマの舞台となった地域や都市はその話題性をベースに，毎年のように観光客誘致のために様々な観光施策を行っている。また近年，アニメの舞台として描かれた場所を訪れる「聖地巡礼」と呼ばれる行動がマスメディアに取り上げられるなど，コンテンツを柱とした観光に注目が集まっている。これらはコンテンツツーリズムと呼ばれ，着地型観光を考える際には欠かせない要素である。まずは，コンテンツおよびコンテンツツーリズムの定義を見ておこう。

コンテンツは，一般的には本の目次などに用いられ，「内容」を意味する用語であるが，コンピュータによる情報技術の発達の中で用いられることが多くなった。従来の「ソフトウエア・ハードウエア」という区分では，ソフトウエアがプログラムなのか音楽やゲームなどの中身を指すのかが曖昧であったことから，後者をコンテンツと呼ぶようになったとされている。

コンテンツツーリズム学会によると，コンテンツツーリズムは「地域に『コンテンツを通じて醸成された地域固有のイメージ』としての『物語性』『テーマ性』を付加し，その物語性を観光資源として活用すること」と定義されている。

（2）コンテンツツーリズムとクール・ジャパン政策

コンテンツツーリズムは元々，2005年に国土交通省・経済産業省・文化庁が「映像等コンテンツの製作・活用による地域振興のあり方に関する調査報告書」

の中で定義したもので，「地域に関わるコンテンツ（映画，テレビドラマ，小説，まんが，ゲームなど）を活用して，観光と関連産業の振興を図ることを意図したツーリズム」とされており，産業振興に力点が置かれている。その背景には政府の推進するクール・ジャパン戦略がある。クール・ジャパン（Cool Japan）という言葉は，世界の国々の国力をそのクールさ（かっこよさ）で評価することを主張したマクグレイ（McGray，2002）の論文以降，世界に広まったといわれている。

政府は2010年６月に経済産業省製造産業局に「クール・ジャパン室」を設置し，2011年には「クール・ジャパン官民有識者会議」が発足した。同年，経済産業省による報告書「コンテンツ産業の現状と今後の発展の方向性」の中でコンテンツの「聖地」という表現を用い，聖地をインバウンド観光戦略の一つとして掲げるようになった。しかし，2019年より新型コロナウイルスの影響で，2022年６月まで，訪日外国人による観光は入国が事実上ストップした状態になっており，これらの取り組みはようやく復活に向けて動き始めたばかりである。

（３）コンテンツツーリズムの変遷

コンテンツツーリズムは，決して新しいものではない。小説が書かれた舞台，あるいは映画のロケ地，アニメの舞台に行ってみたいという欲求は誰しも抱くものである。わが国でも和歌が詠まれた頃には「香具山（大和）」「田子の浦（駿河）」や「五十鈴川（伊勢）」など，歌枕への旅が既に存在したようだ（増淵，2010；筒井，2013）。また，江戸時代には神社仏閣への参詣が旅として庶民の間にも普及しはじめている。十返舎一九の滑稽本『東海道中膝栗毛』は続編が次々と出版され当時のヒット作品となっている。明治以降では，小説の舞台巡りとして尾崎紅葉の『金色夜叉』が著名である。『金色夜叉』は『読売新聞』に1897（明治30）年１月１日～1902（明治35）年５月11日まで断続的に連載された。連載中に尾崎紅葉が亡くなったため未完となってはいるが，何度も映画化・テレビドラマ化され，また流行歌として歌い継がれることにより，主人公の貫一とお宮の別れのシーンの舞台である熱海の海岸が観光地として定着した。

戦後では，川端康成の『伊豆の踊子』の舞台である湯ヶ島や天城トンネル，

『雪国』の越後湯沢温泉，そして『古都』の京都が注目を浴びた。『古都』は呉服問屋の娘として育てられた千重子と北山杉の村で育った苗子，この双子が祇園祭の宵山で賑わう四条通で偶然出会うことで生まれる2人の人生を，京都の四季と風物詩を織り交ぜながら進行していく物語である。まさに古都である京の伝統とその衰微を描き，現在の観光資源ともういうべき世界がふんだんに表現されている。川端の作品はその後，同じく何度も映画化され，京都への観光そしてコンテンツツーリズムに大きな影響を及ぼしていく。

『古都』や『伊豆の踊子』に代表されるように，小説が映画化されその舞台となった地やロケ地を訪れるシネマツーリズムも，物語性という観点からコンテンツツーリズムの一種と捉えることができる。たとえば壺井栄の『二十四の瞳』は小豆島が舞台で2度の映画化により観光地として著名となり，ロケ用のオープンセットを改装し現在でも「岬の分教場」や「二十四の瞳映画村」として運営している。

2　コンテンツツーリズムとまちおこし

（1）アニメツーリズム

コンテンツツーリズムをクール・ジャパン政策にまで結びつけたのは，何といってもアニメを動機とした観光行動，すなわちアニメツーリズムによる要因が大きい。アニメツーリズムは他のコンテンツより若者を惹きつけやすい点や，記念館などハコモノに依存しない新たな地域振興策として注目を集めている。

アニメツーリズムとは「アニメやマンガ等の作品が地域を舞台として取り上げ，そこから派生するイメージを地域と共有することによって生み出される観光（行動）のこと」で，「アニメと地域がコンテンツを共有することで生み出される観光」とされる（山村，2008，2011）。具体的には「アニメの舞台となった土地をアニメファンが観光し，探索する」ことである。アニメファンにとってアニメの舞台は「あこがれの地」「一度は行きたい土地」である。そのため，アニメツーリズムを「アニメ聖地巡礼（聖地巡礼）」，アニメツーリズムを行っている人のことを「聖地巡礼者」と呼ぶことがある。こういった行動は「オタク」と呼ばれる層の行動と結びつけられることが多い。「聖地巡礼」はファンが作品の舞台となった場所を捜索し，作品内で用いられた構図と同様の風景を見つけ出す行為に代表される。そうした行為は以前から観光行動の一つとして存在していたが，その行動が地域振興と結びつくことによって注目が集まったといえる。そしてその「聖地巡礼」の発端といえるのが，埼玉県旧鷲宮町の『らき☆すた』である。

旧鷲宮町は埼玉県の北東にあった人口約３万6000人の町であり，現在は合併に伴い久喜市の一部となっている。町内にある関東最古の大社である鷲宮神社はアニメ『らき☆すた』（2007年４～10月放送）の舞台として起用された。『らき☆すた』は美水（よしみず）かがみ原作の四コママンガである。小柄でアニメやゲームが大好きな，オタクな女子高生，泉こなたとその友人たちの４人を中心として，その周囲の人々も含めたまったりとした日常生活を描いており，アニメやゲーム，小説にもなっている。アニメ『らき☆すた』の放送が開始されてから多くの聖地巡礼者が鷲宮神社に訪れたが，転機となったのは，アニメ雑誌（『月刊ニュータイプ』2007年８月号・角川書店）の付録「らき☆すた的遠足のしおり」の収録記事で「聖地巡礼」を勧める内容が掲載されたことといわれている。以後，自分のことを「聖地巡礼者」と称してロケハンされた場所を訪れるアニメファンが急増した。この頃から，神社の鳥居を撮影したり絵馬にアニメのキャラクター等を描いたり（いわゆる「萌え絵馬」），オープニングで描かれている鳥居前で写真撮影をする人が多く見受けられるようになった。しかし，鷲宮商工会議所の人々は当初『らき☆すた』を知らず，聖地巡礼者に直接尋ねることでその存在を知ることとなった。当初はこの現象にどう対処していいのかわからなかった商工会議所の人々だが，ブームを活かす方策を検討した。聖地巡礼者にヒアリングを行い，そこで出た意見やアイデアをイベントや商品といった形で実現させた。結果，翌2008年，鷲宮神社の初詣参拝者数が爆発的に増加した。その後も商工会を中心に断続的にイベントを実施しており，商工会のウェブサイトからの情報発信を続けている。

一方で訪日外国人旅行者によるアニメツーリズムもコロナ禍以前は，重要な観光資源であった。たとえばアニメ『スラムダンク』に出てくる江ノ島電鉄の鎌倉高校前駅踏切は，韓国・台湾からの訪日客の聖地となっていた。平成27年度「訪日外国人消費動向調査」（観光庁，2016）では「今回したこと」という問いに対し「映画，アニメ縁の地を訪問」と回答した割合は4.1％（複数回答）であるが「次回したいこと」では10.5％となり，最も伸び率が高い項目であった。

（2）コンテンツツーリズムと観光振興

兵庫県西宮市が舞台となったアニメ『涼宮ハルヒの憂鬱』もファンたちの「聖地巡礼」行動が最終的に市の行政を巻き込んだ例といえる。『涼宮ハルヒの憂鬱』は西宮市出身の作家・谷川流によるライトノベルで，マンガ化，アニメ化そして映画化もされている。作品は「宇宙人，未来人，超能力者を探し出し一緒に遊ぶ」ために「SOS 探偵団」なるクラブを結成した女子高校生「涼宮ハルヒ」を中心とする学園青春 SF もので，世界各国で翻訳され累計 1 億6000万部の発行部数を誇る（原，2015）。実は，作者の流氏は舞台を西宮とは明らかにしていないにもかかわらず，数多くのファンが彼らが聖地と推測した場所に数多く訪れるようになった。熱心なファンは「ハルヒ聖地マップ」を作成し，またファン同士の活発な交流も行われた。2012・2013年にはファンを中心に立ち上げられた「関西文化振興会」主催の「ハルヒサマーフェスティバル」が開催され，ファン主催の草の根イベントとしてマスメディアにも報じられた。また，2012年秋には西宮市の主催する「西宮まちたび博」の企画の一環として「SOS 団 in 西宮に集合せよ！」が開催された。この企画を中心的に担ったのが地域のポータルサイト「西宮流（スタイル）」である。ファンたちが聖地と呼んだのは西宮市にとっては何の変哲もない日常の風景である。しかし，これらが最終的には行政も巻き込んだ重要な観光資源として成立したのはまぎれもない事実である。

（3）コンテンツツーリズムによる地域振興

小説をベースにまちづくりを展開している例として，愛媛県松山市を取り上げよう。松山市は四国最大の都市で，古くから松山城と道後温泉を中心とした観光業が基幹産業の一つであった。また，夏目漱石の小説『坊っちゃん』の舞台でもあり，俳人正岡子規を輩出したことから「いで湯と城と文学のまち」が市のキャッチフレーズにもなっており，『坊っちゃん』を観光資源としたまちづくりを推進してきた。まず『坊っちゃん』ゆかりの地として出てくるのが道後温泉である。道後温泉は神話にも登場する日本最古の温泉の一つであり，本館そのものも1894年に建造された歴史的建造物であり，観光資源としての価値をもっているが，漱石が「温泉だけは立派だ」と称し，また小説では湯船で泳いだエピソードから，今でも浴場には「坊っちゃん泳ぐべからず」の札がかかっている。ほかにも，漱石と子規が同居していた「愚陀佛庵」(2010年の大雨により全壊し現在再建に向けて活動中）や漱石の句が刻まれた石碑のある「松山中学校跡」(現・愛媛県立東高等学校）が著名である。また小説の中に登場する軽便鉄道の蒸気機関車，通称「坊っちゃん列車」は2001年にディーゼル車として復活し，観光列車として人気を博している。当時の蒸気機関車が梅津寺公園，客車が子規堂に展示されている。松山中央公園野球場の愛称は「坊っちゃんスタジアム」，隣接している東温市にある劇場は「坊っちゃん劇場」と名づけられ常設劇場として運営されている。

さらに松山市では，1999年から司馬遼太郎の『坂の上の雲』をテーマにしたまちづくりに着手した。『坂の上の雲』は松山出身の秋山好古，真之兄弟と正岡子規の３人の主人公たちの青春群像と近代国家としての第一歩を歩みはじめた明治という時代のエネルギーや苦悩を描いた小説であるが，主人公３人が抱いた高い志とひたむきな努力，夢や希望をまちづくりに取り入れようとするものである。松山市によると，単に新しいものを作るだけではなく，地域で古くから培ってきた既存の地域資源を最大限活用し，主人公たちのように夢や希望をもち，官民一体で「物語」が感じられるまちを目指すとしている。

松山市は市内に点在するゆかりの地をはじめとする観光資源を結びつけ，回遊性を高めるため，まちを屋根のない博物館と捉える「『坂の上の雲』フィールドミュージアム構想」を展開している。具体的には松山城を核とするセンターゾーンを中心に市内各地に６つのサブセンターゾーンを設定し，施設だけでなく，地域資源を主体的に活かす取り組みを行っているNPOや市民団体と協力しながら，官民協働によるまちづくりを進めている。その中核となるのがセ

表13－1　松山市の観光客の推移

年	観光客（千人）			前年比（%）
	総　数	県内客	県外客	
2009	5,254	1,756	3,648	100.4
2010	5,884	1,765	4,119	112.0
2011	5,771	1,713	3,998	97.1
2012	5,523	1,657	3,866	96.7
2013	5,642	1,692	3,950	102.2
2014	5,707	1,712	3,995	101.2
2015	5,804	1,741	4,063	101.7
2016	5,828	1,748	4,080	100.4
2017	6,005	1,801	4,204	103.0
2018	6,012	2,886	3,126	100.1
2019	6,153	2,889	3,264	102.4
2020	4,140	2,325	1,815	67.3

出所：松山市観光・国際交流課（松山市観光客推定表）より筆者作成。

ンターゾーンであり，その中心となっているのが「坂の上の雲ミュージアム」である。ミュージアムは2007年にオープンし，安藤忠雄設計の三角形というユニークなフォルムの建物である。展示フロアは２～４階にあり各階をスロープで結ぶ構成である。最上階のスロープの先にある雲のフォルムをした装飾が設計コンセプトを象徴している。

『坂の上の雲』は2009年から３年間にわたりNHKがスペシャル大河ドラマとして放映したことにより，松山市の観光客数は伸びた。放送終了後若干の減少が見られたものの，2019年度のコロナ禍による観光客の減少まではほぼ一定水準が保たれており，坂の上の雲フィールドミュージアム構想は一定の成果を得ているものと思われる（表13－1）。

3　大阪市船場地区にみるコンテンツツーリズム

（1）コンテンツと物語性

コンテンツツーリズムはその物語性を観光資源として捉え，まちづくりや地域の再生に寄与することになることで注目を集めてはいるが，やはり本来の楽しみは「物語性」を基にした「まち歩き」にある。コンテンツの中にある空間は作者によって創造された虚の「空間」でもあり，われわれの頭の中で構築される「空間」といえるが，一方で現実のまちは時代とともに大きく変化し，描かれた時代の風景とはかけ離れてしまっていることも少なくない。コンテンツツーリズムには，その失われた風景の中に物語の痕跡を発見する楽しみもある。大阪の船場（せんば）を事例にコンテンツの「物語性」と「空間」について考えてみたい。

船場の「物語性」はその誕生から現在に続く歴史と伝統，そしてその因習によるところが大きい。まずはその歴史を整理しておく。

船場は大阪市中央区にあり，北は大川，南は長堀川と東西は東横堀川と西横堀川に囲まれた南北に長い矩形の地で，北浜や堺筋を含むビジネス街である。船場は豊臣秀吉が大坂城築城のおり伏見町人や堺町人を移住させたことから始まり，その後も次々と商人たちを移住させ，いわゆる船場商人の始まりとなった。江戸時代には大坂は「天下の台所」として繁栄し，船場はその中心的な地域であった。享保年間には多数の奉公人を雇用する法人的組織をもった商家が主流となり，家訓や店則の制定，所有と経営の分離，会計帳簿の整備，奉公人制度の確立などがあり，組織と管理を重んじる経営，いわゆる「船場商法」が定着していった。江戸中期には両替商や年貢米市場などを中心に商業・金融のセンター的な機能も担っていた。また，明治時代には繊維産業の発展とともに繊維問屋が著しく発展し，総合商社へと大きく飛躍していく商社もあった。

これらの商法は一方で商人文化を花開かせる場でもあった。周囲を川に囲まれる地域性が独特の文化やしきたり，独特の言葉づかいを発展させた。そしてこれらを描いた文学が船場のまち歩きをさらに楽しませてくれている。

（2）船場が舞台のコンテンツ

船場を描いた作家の中で最も代表的な存在として「山崎豊子」が挙げられる。山崎豊子は1923年船場の昆布商の家に生まれ育った体験が後の「船場もの」といわれる作品に活かされている。デビュー作『暖簾』は明治から昭和30年代にかけての八田吾平と孝平の親子二代にわたる昆布商の物語である。『暖簾』のあとがきには次のような言葉が書かれている。「この大阪の中核をなすのは，古い暖簾を持つ船場の商人たちです。暖簾は大阪商人の生命でもあり，また庶民の旗印でもあります」。当時『毎日新聞』の上司でもあった作家の井上靖はこの小説を「これまで類型的にしか書かれてこなかった大阪商人の姿を極めて正確な姿にとらえている上，登場人物も生き生きと描かれている」（新潮社山崎プロジェクト室，2015）と評した。直木賞受賞作である『花のれん』では明治末期から昭和20年代の船場が舞台である。船場に店を構える川島屋呉服店の主人吉三郎に嫁いだ多可の物語で，吉本興業創始者の吉本せいがモデルといわれている。山崎豊子はこの小説で人間の金銭欲について深く描いている。また，専業の作家となって初めて発表したのが『ぼんち』で，船場で四代続く足袋問屋の河内屋は代々後継ぎ娘に婿養子をとる家系の一人息子の喜久治が主人公である。時代は大正から昭和20年代で，喜久治は商売で儲けた金で遊ぶことが生きがいであった。この作品では船場に長々と受け継がれてきた独特のしきたり，行事，服装，言葉づかいが生き生きと描かれている。これらのしきたりは主人公喜久治にとっては重苦しい存在でもあるが，同時に商売や人間関係を円滑に行い船場を存続させてきた人々のプライドでもあった。1959年が舞台の『女系家族』では，船場の老舗矢島家の遺産をめぐる泥仕合を描いてあり，船場のしきたりがもたらすプライドが引き起こす様々な愛憎劇で，その結末はかつての船場商人の終焉を象徴させている。また主な舞台は船場ではないものの，外から船場へのあこがれを描いた『船場狂い』『しぶちん』も船場のプライドと因習を描いた作品である。

「春琴，ほんたうの名は鵙屋琴（もずやこと），大阪道修町の薬種商の生まれで歿年は明治19年10月14日，墓は市内下寺町の浄土宗の某寺にある」の書き出しで始まる谷崎潤一郎の『春琴抄』も北船場の道修町（どしょうまち）が舞台である。春琴は後に「淀屋橋筋」に一戸を構えるとなっているが，この「淀屋橋筋」という呼び名は現在の御堂筋の博労町から北側の通りを指している。盲目の春琴が佐助に手を曳かれて靭（うつぼ）まで通ったとある。谷崎は1923（大正12）年9月1日の関東大震災で大阪に逃げてきてそのまま関西に移住した。その後，根津松子と知り合い結婚する。この松子は当時，船場の繊維問屋根津屋の御寮人（ごりょん）（奥）さんだった。『細雪』は松子の姉妹をモデルに描いた作品である。『細雪』の舞台は大阪と神戸の中間，つまり芦屋あたりの有閑家庭を描いたもので，小説の中に船場は登場しないものの「船場ことば」の美しさで知られている。根津屋は当時の大阪市東区本町３丁目にあった。

数々の小説やテレビドラマなどで大阪商人のど根性を描いた作家・花登筺(はなとこばこ)の『船場』は船場を舞台とした親子三代の闘いを描いているが，戦争で焼け野原になった船場を見つめ，「船場は終わったんだす」と主人公に語らせ，船場商法の終焉を象徴させている。『あかんたれ――土性っ骨』は，船場の呉服問屋成田屋に丁稚奉公に入るてかけ（めかけ）の子・秀太郎が次々とふりかかる苦難を乗り越え丁稚から大阪商人へと駆けのぼっていく物語で，テレビドラマでも人気を博した。花登は道修町の薬問屋を舞台にした『番頭はんと丁稚どん』をはじめ『細腕繁盛記』『どてらいやつ』『ぼてじゃこ物語』など1970年代の関西のテレビドラマを席巻した。その結果，「大阪人＝商売人＝ど根性」のイメージが定着したといわれている。

そのほか織田作之助の『女の橋』『船場の娘』『大阪の女』や川端康成の『女であること』，藤澤桓夫の『花粉』などが船場のまちや文化を題材としている。新しいところでは，高村薫の『黄金を抱いて翔べ』は襲撃する銀行のモデルが北浜４丁目に位置しており，朝井まかての『すかたん』では物語の中に船場の地名が登場している。

（３）現代の船場とまち歩き

現在の船場は往時の面影を残しているところはそれほど多くない。西横堀川は埋め立てられ阪神高速道路に，長堀川も長堀通となり地下は駐車場と地下街になっている。1945年の大空襲で船場のほとんどの建物が焼き払われた後，その風景はビル街と化し，残った木造建築も姿を消しつつある。船場商法を支えた丁稚制度も昭和10年代の戦時統制頃から徐々に減少していく。長引く不況により丁稚から将来別家と称して独立させる経済負担が重くなってきたことにより，従業員を給与制に転換する会社が増えてきたことが要因である。また戦後の急激な都市化により，船場はビジネスの中枢でありながら店主の多くが郊外に自宅を構え，職住一体となった船場のビジネススタイルは失われていった。現在では，山崎豊子をはじめとする往時の船場を描いた小説の風景や習慣，文

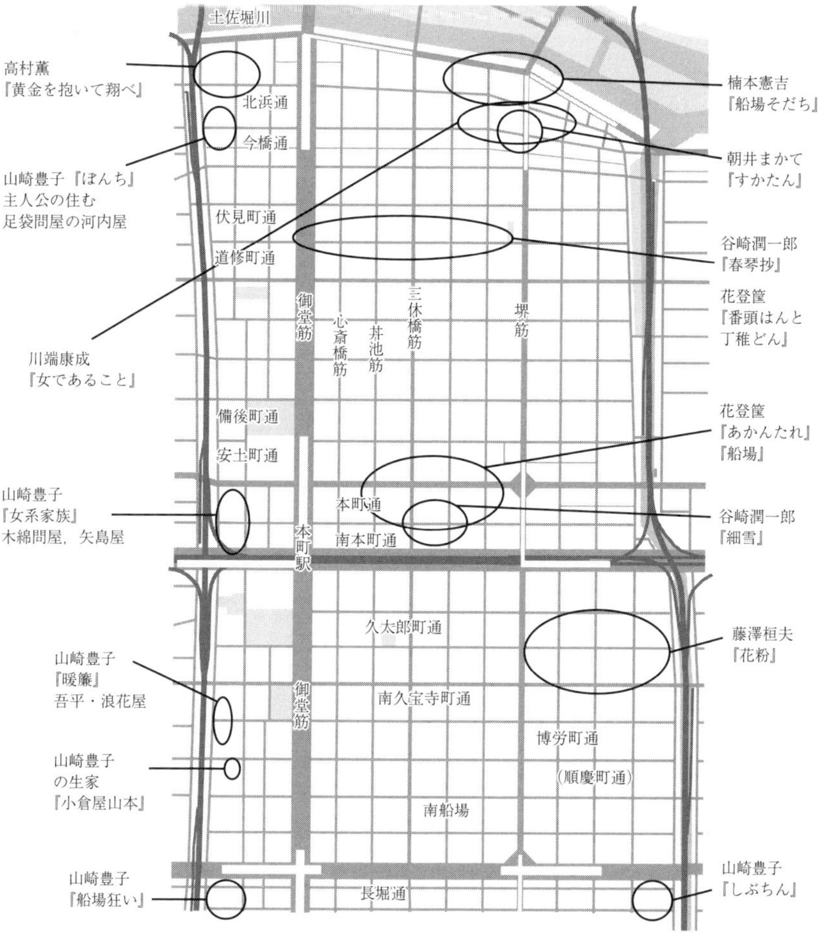

図13－1　船場の小説マップ

出所：筆者作成。

化のほとんどが消失したといってよい。

しかし，それでもなお船場を描いたコンテンツによって示された場所を訪ね歩くことは魅力的である。コンテンツツーリズムが本来もつ「まち歩き」による「物語性」の発見があるからである。船場を描いた多くの作品の中でも，場所を特定する記述は決して多くはない。小説の中にあるわずかな地名や記述を頼りに場所を類推し，その地と思われる場所に立つことで物語性にさらに魅了されることとなる（図13－1）。たとえば『暖簾』では小説に度々出てくる「順慶町」や「西横堀側」から昆布問屋「浪花屋」の位置が類推できる。同じように『ぼんち』の河内屋は，主人公喜久治が御茶屋遊びで通うルートと時折でてくる「今橋通」の地名からある程度特定できる。その他の小説もしかりである。

現代の船場は，実際に見る風景と小説に描かれた風景とはイメージが大きく異なることが多い。しかし船場は現在も日々進化するビジネスのまちであり，「まち歩き」をすることでその地を忙しく行き来する人波の中に，小説の描こうとした本質に触れることができ，観光資源としての「物語性」を見ることができる。この「物語性」は，ポストコロナあるいはウィズコロナの観光を見据えた時，地域活性化の核となりうる可能性を秘めており，コンテンツツーリズムはその重要なピースの一つであるといえる。

引用・参考文献

伊勢田史郎『船場物語』現創新書，1982年。
岡本健『コンテンツツーリズム研究』福村出版，2015年。
観光庁「訪日外国人の消費動向・訪日外国人消費動向調査結果及び分析 平成27年年次報告書」2015年，http://www.mlit.go.jp/common/001126531.pdf（2016年６月２日閲覧）。
協同組合大阪久宝寺町卸連盟『設立五十周年記念誌』2012年。
国土交通省総合政策局観光地域振興課・経済産業省商務情報政策局文化情報関連産業課・文化庁文化部芸術文化課「映像等コンテンツの制作・活用による地域振興のあり方に関する調査」2004年。
新潮社山崎プロジェクト室『山崎豊子スペシャルガイドブック』新潮社，2015年。
杉山知之『クール・ジャパン』祥伝社，2006年。
高橋敏郎「船場と文学」『大阪春秋』No. 150，新風書房，2013年。
竹内正人「大阪船場におけるコンテンツツーリズムの研究」『大阪成蹊短期大学紀要』第54号，2017年。
筒井隆志「コンテンツツーリズムの新たな方向性」『経済のプリズム』No. 1102，参議院調査情報担当室，2013年。
日本近代文学会『大阪近代文学事典』和泉書院，2005年。

原一樹「涼宮ハルヒと西宮」『大阪春秋』No. 157，新風書房，2015年。
前田愛『都市空間の中の文学』ちくま学芸文庫，1992年。
増淵敏之『物語を旅するひとびと』渓流社，2010年。
増淵敏之『物語を旅するひとびとⅢ』渓流社，2014年。
増淵敏之ほか『コンテンツツーリズム入門』古今書店，2014年。
松山市観光・国際交流課「松山市観光客推定表（2015年度版）」https://www.city.matsuyama.ehime.jp/shisei/tokei/data/toukei18.html（2017年８月26日閲覧）。
松山市『松山市統計書（2022年度版）』chrome-extension://efaidnbmnnnibpcajpcglclefindmkaj/https://www.city.matsuyama.ehime.jp/shisei/tokei/data/toukeisyo.files/r2toukeisyo.pdf（2022年８月15日閲覧）。
三浦俊彦「クール・ジャパンの理論的分析」『商学論纂』第56巻第３・４号（中央大学），2014年。
宮本又次『船場』ミネルヴァ書房，1960年。
山村高淑「アニメ聖地の成立とその展開に関する研究」『国際広報メディア・観光学ジャーナル』No. 7（北海道大学大学院），2008年，145～164頁。
山村高淑『アニメ・マンガで地域振興』東京法令出版，2011年。
山村高淑「文化的安全保障とコンテンツツーリズム」『開発こうほう』北海道開発協会，2014年，24～25頁。
四方田犬彦『「かわいい」論』筑摩書房，2006年。
Jactnews「鎌倉訪れる韓国人旅行客が増加　お目当ては『スラムダンク』舞台の『聖地巡礼』」http://www.j-cast.com/2015/07/29241467.html（2015年７月29日閲覧）。
withnews「台湾からなぜ神奈川へ？ 観光客急増の理由　お目当てはスラムダンク」http://withnews.jp/article/f0150428000qq000000000000000G0010301qq000011911A#parts_2（2015年４月28日閲覧）。
コンテンツツーリズム学会HP（http://contentstourism.com/）。
坂の上の雲ミュージアムHP（http://www.sakanouenokumomuseum.jp/）。
西宮市産業文化総括室都市ブランド発信課HP（http://www.nishi.or.jp/soshiki/ka_0338_0000.html）。
西宮流（にしのみやスタイル）HP（http://nishinomiya-style.jp/）。
松山市・フィールドミュージアム構想HP（https://www.city.matsuyama.ehime.jp/shisei/machizukuri/sakanoue/field_museum.html）。
McGray, D., "Japan's Gross National Cool," *Foreign Policy,* 130（May/June), 2002.

第14章
ブライダルと観光

1　ブライダルの推移と現状

(1) ブライダルの解釈

観光とブライダル，この2つの言葉につながりがあるのかどうか疑問に思うかもしれない。ひと昔前であれば，新婚旅行として行く国内各県の温泉地や京都などの観光地，海外であればハワイなど，挙式・披露宴後に新郎新婦2人が思い出となる「新婚旅行（ハネムーン）」という観光形式を思い浮かべただろう。

しかし，最近では挙式・披露宴を海外のリゾート地で行うという「リゾ婚」がブームになっている。また，海外からのインバウンドに対して日本の伝統的な挙式を売り込むビジネスも盛んになってきている。近年の少子化，晩婚化に対して，ブライダル・ビジネスは新たな活路を見いだそうとしている。

ここでは，観光とブライダルとのつながりを考える上で，現在のブライダル市場を分析し，今後のブライダルが観光に対してどのように効果的に関連するのかを考えていく。

現在では，婚礼に関する様々な言葉が使われている。そして，われわれは無意識にそれらの言葉を使い分けている。まず，ブライダルに関する記述を整理しておこう。

一般的な解釈として，「ブライダル（Bridal）」は結婚式（ウエディング［Wedding］）を意味し，夫婦になる「結婚（＝婚姻）」に関して執り行う儀式のことをいう。つまり，「夫婦となる」行為に関わる挙式や披露宴などを含めて，自分たちの結婚を公に知らせるための社会的な行動である。

結婚は法律上，民法第731条で「婚姻は，18歳にならなければ，することができない」とされ，さらに民法第739条で「婚姻は，戸籍法の定めるところにより届け出ることによって，その効力を生ずる」と規定されている。法律上では「婚姻届」を提出することで婚姻が認められるわけであり，現代社会で繰り広げられるブライダル関連の祝事はあくまでも社会的慣習として執り行われている。

表14－1　婚姻件数の推移

年　次	婚姻件数（件）
1970（昭和45）	1,029,405
1974（昭和49）	1,000,455
1976（昭和51）	871,543
1978（昭和53）	793,257
1984（昭和59）	739,991
1994（平成６）	782,738
2004（平成16）	720,417
2010（平成22）	700,214
2015（平成27）	635,156
2019（令和元）	599,007

出所：厚生労働省「人口動態統計（令和２年)」を基に筆者作成。

本章で扱う「ブライダル」の解釈は，「結婚という，夫婦となる際に社会的慣習に基づいて行われる儀式であり，挙式および結婚披露宴を含めた行事，祝事全般のこと」とする。

（２）ブライダル市場の推移と現状

総務省統計局の「2022（令和４）年12月報［令和４年12月20日現在（概算値)］」による人口推計では，日本の総人口は１億2484万人である。このうち，最も結婚の対象になると推測される25～34歳の範囲に占める人口は1282万人（総人口の約10.3％）であり，16年前の2006年の総人口１億2790万人における同年齢の対象人口1433万人（総人口の約11.2％）と比較すると約150万人減少している。また，厚生労働省による「人口動態統計（令和２年度)」によると2019年における婚姻件数は59万9007件であり，15年前の2004年の72万427件と比較しても減少傾向（約17％減）にある。かつて第２次ベビーブームといわれた1970年前後の婚礼件数が100万件前後で推移していることを考えれば，実に約40％程度減少していることがわかる（表14－1）。つまり，少子化が大きく影響しており，ブライダルに関わるビジネスにとって決して明るい状態とはいいがたいのが現状である。

日本が高度経済成長となる1950年中盤から徐々に結婚披露宴は豪華なものへと変化し，バブル景気とされた1990年初頭までの間，ブライダル業界は絶頂期にあった。総合結婚式場，ホテルなどで繰り広げられる結婚披露宴では，ウエディングケーキ入刀に始まり，和装・洋装の数回にわたるお色直し，豪華なフルコース料理，ドライアイス・マシーンを投入しての新郎新婦入場，そして終宴時には数種類の引き出物が配られるなど，いわゆる「ハデ婚」といわれる一生に一回の「金に糸目を付けない」豪華な結婚披露宴が行われていた。特に，バブル期といわれる1980年代後半から1990年代初頭における国民の年間平均給与が1989年では約400万円，1991年では446万円に上昇しており，2021年における年間平均給与が443万円であることを見れば（「令和３年分民間給与実態統計調査」），その当時はブライダルに支出できる費用も余裕があったのであろうと推測できる。

しかし，バブル期が終わると同時に経済状況も不景気に向かい，「ハデ婚」も一気に縮小気味となる。派手な結婚披露宴にお金を掛けるよりも結婚後の生活費用を確保するために，派手な演出もなく，招待客も少なくし，控えめに行う傾向をみせた。まちのレストランを貸切り，少人数で行う「レストランウエディング」がはやりだしたのもこの頃である。いわゆる「ジミ婚」と呼ばれる時代の到来であった。また，21世紀に入ってからは，結婚披露宴そのものを行わず，婚姻届だけを２人で提出するだけの「ナシ婚」も増加していく。

1990年代中～後半からは「ハウスウエディング」といわれる結婚式が台頭してくる。これは，ホテルなどで行われるような決められた進行ではなく，一軒家という独立した空間において２人の自由な発想で自分たちのオリジナリティを全面に出せる結婚披露宴の形式である。ブライダル・コーディネイターやブライダル・プランナーといった職種が現れたのもこの頃である。豪華さを追求するのではなく，２人の手作り感を全面に出すのが特徴である。近年では，ハウスウエディングを取り扱うビジネスも増加している。

ここで，少し視点を変えて平均初婚年齢を見てみよう。厚生労働省の「厚生統計要覧（令和３年度）」によると，1955年における平均初婚年齢は，夫26.6歳，妻23.8歳であり，2020年では夫31.2歳，妻29.6歳となっており，夫・妻ともに約５歳前後初婚年齢が遅くなっている（表14－2）。

この「晩婚化」の背景には，男女雇用機会均等法（1986年施行）により女性

表14－2　平均初婚年齢と平均給与

年　次	平均初婚年齢（歳）		平均給与（千円）
	夫	妻	
1955年（昭和30年）	26.6	23.8	207.5
1970年（昭和45年）	26.9	24.2	939.9
1985年（昭和60年）	28.2	25.5	3,517
1989年（平成元年）	28.5	25.8	4,024
1991年（平成３年）	28.4	25.9	4,466
2000年（平成12年）	28.8	27.0	4,610
2005年（平成17年）	29.8	28.0	4,368
2010年（平成22年）	30.5	28.8	4,120
2014年（平成26年）	31.1	29.4	4,150
2020年（令和２年）	31.2	29.6	4,330

出所：厚生労働省「厚生統計要覧（令和３年度）」に記載の「令和３年人口動態統計」[第１－39表「平均初婚年齢，年次別」] および国税庁「令和３年分民間給与実態統計調査」（１年勤続者の平均給与）を基に筆者作成。

の社会進出による職業や所得の安定化が促進され，結婚せず気楽に自身の生活が維持できること，1997年以降，給与所得者の平均給与が下降し続けており（「令和３年度国税庁民間給与実態統計調査」），結婚後の経済的基盤に不安を抱いていることなどが要因となっていると推測される。

2023年，株式会社矢野経済研究所が実施した調査によると，2019年のブライダル関連市場規模（挙式披露宴・披露パーティ，新婚家具，新婚旅行，ブライダルジュエリー，結納式・結納品，結婚情報サービスの主要６分野を対象としたもの）は約２兆4171億円であった。しかしながら，2020年初めから世界的なパンデミックを引き起こした新型コロナウイルス感染症（COVID-19）の影響により様々な行動制限や自粛行動が要請されたことから，ブライダル市場は大きな打撃を受け，2020年は大幅減少となる前年比47％減の１兆2672億円となったが，コロナ禍が落ちつきはじめた2022年の市場規模は１兆7577億円，2023年には２兆190億円と回復が予測されている（図14－１）。

一方では，2019年の全国における挙式・披露宴・披露パーティ総額の平均は362万3000円，招待客一人あたりの費用は平均９万8000円となっており，2010年と比較して総額では約20万円，一人あたりでは約４万5000円程度の増額とな

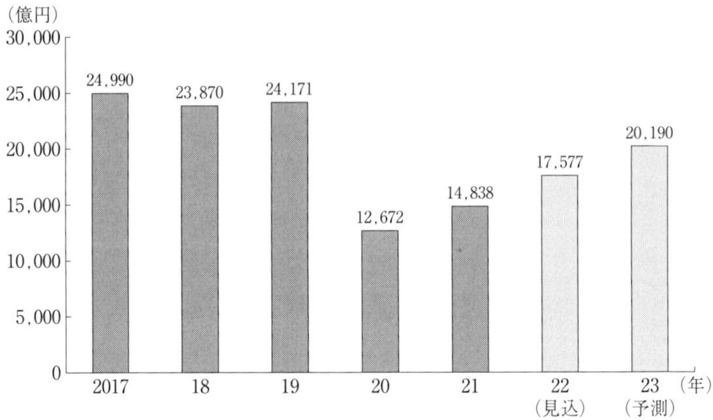

図14－1　ブライダル関連市場規模推移

注1：事業者売上高ベース。
注2：ブライダル関連市場規模は，挙式披露宴・披露パーティ，新婚家具，新婚旅行，ブライダルジュエリー，結納式・結納品，結婚情報サービス・仲介業の主要6分野を対象とする。
注3：2022年見込値，2023年予測値。
出所：株式会社矢野経済研究所「ブライダル市場に関する調査（2023年）」プレスリリースより転載。

っている（『ゼクシィ 結婚トレンド調査 2021 全国版』)。

以上のように，ブライダルの市場規模は縮小傾向にあるが，一組あたりの費用支出は増加していることから，ブライダル事業者としては「婚礼数より内容重視」という生き残り戦略を志向していることがうかがえる。

2　観光要素を含むブライダル

（1）海外ウエディングの市場

1964年，東京オリンピック開催と同時に，わが国では観光目的の海外渡航が自由化された。その翌年の1965年には，初の海外旅行パッケージツアーとして旅行開発株式会社（現株式会社ジャルパック）から「ジャルパック」が発売され，1969年にはツアーコンダクターが同行，案内するツアーも発売された。団体で参加することで海外旅行においての渡航の要領や言葉の壁という障害が排除され，安心・容易かつ便利に海外へと行けるようになった。さらに，1970年には大量輸送が可能となる大型のジャンボ旅客機 B747 が就航を開始するとともにバルク運賃（割引運賃）の導入もあり海外旅行の大衆化への第一歩となった。この当時の一番人気は距離的にも近く，手頃な価格で行けるハワイであり，新婚旅行の目的地としても定番化していった。年間を通して気候が温暖なハワイで結婚式を挙げたいというニーズも高まり，次第に海外でのウエディングも増加していくことになる。

1990年代に入り，海外ウエディングは一大ブームとなる。テレビでは『東京ラブストーリー』『101回目のプロポーズ』（ともにフジテレビ系列）といった恋愛ドラマが高視聴率を上げ，恋愛や結婚に対する意識が高まってきたこと，第２次ベビーブームに生まれた世代が結婚適齢期を迎える時期であったこと，結婚情報誌が発刊されブライダルに関する情報を得やすくなったこと，などが背景にある。

21世紀に入り，現在では海外ウエディングは結婚情報サービス業や旅行会社による海外ウエディング企画商品も多様化し，行き先も一番人気のハワイをはじめ，グアム，モルディブ，タヒチ，バリ島などのビーチリゾートやヨーロッパ地域にまでにもその範囲を拡げている。

『ゼクシィ海外ウエディング調査 2018』によると，海外挙式の選択理由として，「海外挙式に以前から憧れていた」「結婚式だけではなく，新婚旅行も一緒にできる」「堅苦しい結婚式をしたくなかったから」「多くの人を呼ばなくてもすむから」といった理由が挙げられている。また，国内（リゾート地以外）での挙式の検討状況では，「全く検討しなかった」「少し検討したが，すぐにやめた」が合わせて80％を占めており，海外挙式を志向する人たちの堅い意思が現れているといえる。また，海外挙式を実施した人のうち，65.3％がハワイ，16.5％がグアムで挙式しており，この２つの地域だけで全体の約80％を占めている。海外ウエディングがビーチリゾートに集中するのは，ハワイやグアムといった比較的距離も近く，費用的にも節約できること，日本では味わえない現地独特の挙式の雰囲気があること，観光要素やショッピング施設も豊富であり挙式後にも楽しめることが主な要因になっているようである。

表14－3　海外ウエディングにかかる平均費用

費用項目	費用（円）
新郎・新婦旅行代金（航空代金，宿泊代金）	779,000
挙式費用	1,119,000
パーティ・会食	250,000
お土産	71,000
合計	2,219,000
同行者の旅行代金を負担した場合 （同行者の旅費：航空代金，宿泊代金）	1,020,000
合計	3,239,000

注：挙式費用には会場使用料，衣装，小物，ヘアメイク・エステ・ブーケ，写真・ビデオ，関係者への謝礼等が含まれる。
『ゼクシィ海外ウエディング調査 2018』では，海外ウエディングの総額平均は203万円となっているが，同調査における各項目別の平均費用を合算すると上記の金額となる。
出所：『ゼクシィ海外ウエディング調査 2018』を基に筆者作成。

国内で挙式した場合は，挙式・披露宴，そして友人たちを囲んでの二次会と続き，挙式当日の朝から終日にわたって「招待客のための主役」を務めることになる。一方，海外ウエディングでは自分たちが「主役のための時間」を過ごすことができる。これまで長く伝統的に行われていた挙式・披露宴の堅苦しさや招待客へのもてなしなどに気疲れすることなく，夫婦となった自分たちのための空間と時間を「物語化」できるという魅力が海外ウエディングにはあるのだろう。

この点は，同行者や招待客にもあてはまる。海外ウエディングに同行することで自分たちも旅行を兼ねて楽しみたいと考えるのはごく自然なことであろう。同行者としては，両家の両親，兄弟，友人の合計人数は平均して約９人である（『ゼクシィ海外ウエディング調査 2018』）。

これらの海外ウエディングにかかる費用の平均は，総額で221万9000円となる（表14－3）。国内で挙式・披露宴・披露パーティを行った場合の約360万円であることと比較すると，招待客は限られるものの海外ウエディングの多くの魅力を享受できることを考えれば，十分に魅力的な選択であろう。

（2）観光としての新婚旅行

観光とブライダルとの関係を考えた場合，最も直観的に頭に浮かぶのが新婚旅行（ハネムーン）であろう。

日本では，海外渡航が自由化されるまで主として国内の温泉地や観光地が新婚旅行の行き先として定番化していた。東日本では静岡県の熱海，長野県の軽井沢，西日本では大分県の別府，宮崎県の日南海岸などが新婚旅行のメッカとされていた。1964年に海外渡航が自由化されたのち，1970年代にはハワイが新婚旅行の定番になり，ハワイに向かう飛行機の座席は新婚カップルで埋め尽くされており，同乗したビジネスマンは肩身の狭い思いをしていたというエピソードもある。

『ゼクシィ 結婚トレンド調査 2020 首都圏版』によると，新婚旅行に行った（行く予定で申し込み済みを含む）は64％で，「行く予定だが申し込みはまだ」の22.7％を合わせると86.7％が新婚旅行を実施している（実施する予定も含む）であった。全国の推計値によると，旅行先で最も多いのがハワイで全体の29.7％，次にヨーロッパが17.8％であり，海外への新婚旅行は全体の77.9％である。旅行先の半数弱がハワイとヨーロッパで占められている。旅行費用が高額になるにもかかわらずヨーロッパ地域が多いのは，仕事の関係で長期間の休暇を取得できるのが結婚という理由以外では難しいということがあり，せっかくの新婚旅行であるからこの機会に普段はなかなか行けないヨーロッパへという意識からであろう。ハワイに至っては定番の行き先として定着しており，時間的，経済的にも負担が少ないことが挙げられる。一方，国内への新婚旅行を見てみると，全体の22.9％であり，最も多い旅行先の沖縄でも全体の8.6％にとどまり，新婚旅行の海外志向が強いことがわかる。海外への行き先としてヨーロッパ，ハワイ以外にも特にビーチ・リゾート地域への志向も強い。グアム，サイパンをはじめアジア・南太平洋・インド洋地域のビーチ・リゾートであるバリ，モルディブ，タヒチ，ニューカレドニアへは海外ウエディングと組み合わせている傾向がある。

同調査によると，旅行会社が販売するパッケージツアーへの申し込みが74.3％である。その中でも大手旅行会社への申し込みが中心で，これは大手旅行会社が「ハネムーン・パッケージ」として通常のパッケージツアーよりグレードの高いホテルでの宿泊を組み込み，飛行機の座席も新婚夫婦が並んで座れるよう確約をしている場合も多く，新婚旅行として選択しやすい商品を販売しているからであろう。また，新婚旅行費用は平均65万1000円であり，2009年の平均56万円と比較して上昇している。この要因としては，海外旅行では多くの場合，飛行機を利用する。その航空運賃は原油価格に大きく影響を受けている。2009年から2014年まで原油価格は急上昇し，航空運賃にも高額な「燃油特別付加運賃（燃油サーチャージ）」が加算され，旅行代金にも影響したことが挙げられる。また，2009年からの新婚旅行の傾向を時系列的に見てみると，特にヨーロッパ，ハワイへの新婚旅行が年々増加傾向にあり，一方では国内への新婚旅行が減少傾向にあることも旅行代金の上昇要因として挙げられる。以上のように，近年の新婚旅行は海外への志向が強まり，その行き先もビーチ・リゾートを中心に多様化している傾向にある。

（3）リゾートウエディング

国内や海外のリゾート地で結婚式を行うことを「リゾートウエディング」という。いわゆる「リゾ婚」と呼ばれる結婚形式である。海外ウエディングもビーチ・リゾート地域を中心としてその目的地が設定されることを考えると，リゾート結婚式のひとつであるといえる。国内の場合は沖縄，北海道や軽井沢など国内の有数のリゾート地が対象となることが多く，海外ウエディングと同様にリゾート気分を味わいながら思い出深い結婚式が行うことができる。この結婚形式の特徴は，日常の生活圏では味わえないような，目の前に広がる広大な海辺や森林の緑などの景観の下で結婚式を行い，新婚旅行も兼ね合わせるというものである。近年では，国内・海外のリゾート地のホテルなどでリゾートウエディングを志向する新婚層をターゲットとして，その景観の特徴を最大限にアピールするようなウエディング専用のチャペルやパーティが可能なガーデンを併設するところも多い。

リゾート地には魅力ある観光資源が存在し，それを目当てに多くの観光者が訪れる。リゾート地としては観光集客がその経済基盤となっており，より多くの観光者が訪れる集客システムを創りあげることが重要な課題となる。年間を通して訪れる観光者による経済効果だけでなく，ウエディングで訪れる新婚層を取り込み集客システムを創り上げることでリゾート地のブランドをも向上させている。

2020年の沖縄県観光振興課の調査によると，2019年の「沖縄リゾートウエディング」は1万6639組であり，前年の2018年と比較して2.8％減少している。しかし，これを10年前に遡り2009年の8046組と比較すれば約2倍に増加している。

沖縄県は元々，わが国のリゾート地として知名度も高く，透きとおる海に囲まれており，ウエディングの地としても絶好のロケーションにある。普段はビルに囲まれた都市部で仕事や生活をしている日常を離れて，雰囲気のあるロケーションでのウエディングを志向するのは新郎・新婦にとっても魅力的である。また，費用面においても国内であること，海外ウエディングと同様に招待者が限られるため一般的なウエディングと比較して安価に抑えることができ，新婚旅行も兼ねることができるといった利点も大きい。

3　ブライダルツーリズムの可能性

（1）ツーリズムとしてのブライダル

現代では，観光を「旅をする」という社会的現象として総括的に捉えるだけでなく，それぞれの目的を具体的に表現するツーリズムが多くある。「コンテンツツーリズム」（地域に関わるコンテンツ：映画・テレビドラマ・アニメなどの活用：本書第13章），「メディカルツーリズム」（医療：本書第15章）など，ある目的に観光（ツーリズム）という要素を付加して全体的な観光価値を高めようとするものである。

ブライダルそのものは，第1節（1）で定義づけたが，その祝宴の場は2人の居住地を中心として，故郷や職場との距離などを勘案して設定され，およそ観光と関連づけてのものではなかった。しかし，海外ウエディングが盛んになるにつれ，祝宴とは別に目的地としての観光地や観光要素などがウエディングの目的に加味されていくことになった。非日常的空間で行う海外ウエディングや国内のリゾート地で結婚式を行う「リゾートウエディング」も盛んになり，観光の要素が付加されることにより，ブライダルの新しい形として定着していくことになる。

海外ウエディングやリゾートウエディングでは日常生活圏からの移動が伴い，観光という要素が付加されることになる。これらの場合はウエディングが第一の目的であるが，新婚旅行としての観光も兼ねている。旅行会社は国内・海外のリゾート地への「ウエディングパッケージツアー」を企画・販売し，受け入れ先のリゾート地では挙式用のチャペルを新たに建設したり，パーティ用のガーデンなどを備えている。結婚情報誌『ゼクシィ』でも海外ウエディングや国内リゾートウエディングに関して特集が組まれ，リゾートホテルだけでなく数多くのリゾートウエディング専用施設が紹介されている。この現象は単なるウエディングとしての祝事にとどまることなく，もはやツーリズムと組み合わせた「ブライダルツーリズム」が誕生したといえる。

ここでは，ブライダルツーリズムを，①非日常の空間で行うことを目的として国内外のリゾート地に出向き，新婚旅行など観光要素を付帯させることによってブライダル行事と観光という両方の価値を高める観光形態である。②観光地やリゾート地域，旅行関連のビジネス，ブライダルビジネスが連携し，新たな観光形態として観光地に新たな集客要素を創造すること，と定義づけする。

（2）日本古来の伝統的結婚式体験

日本政府観光局（JNTO）による2019年の訪日外客数は3188万人であり，5年前の2014年の約1341万人と比較して約42％の大幅な増加となっている。

この状況から，海外からのブライダル需要も増加してきている。わが国では古来から「神前結婚式」「仏前結婚式」が行われてきた。特に神社で行われる神前結婚式は外国人にも人気となっている。現在では，ホテル等に神殿を作り，神前結婚式場として使用されたりもしているが，日本の由緒ある神社で着物姿で結婚式を挙げてみたいと願う外国人が増加している。神社で行われる神前結婚式は日本的な伝統にしたがって執り行われる儀式であり，古来から受け継がれてきた日本の伝統文化を体験する貴重な経験となることが外国人にとっての魅力となる。近年では，首都圏の明治神宮をはじめ，多くの外国人観光者が訪れる浅草神社，湯島天満宮など，また，京都の上賀茂神社，平安神宮，島根県の出雲大社など，日本でも有数の由緒ある神社も一般人の結婚式を受け入れており，外国人にも人気が高い。

京都では，2014年に京都府神社庁，京都仏教会やブライダル事業者などで構成される「和婚受入協議会」が設立され，外国人向けのウエディングの推進，和装関連産業の振興，インバウンドに対する観光戦略を核として京都の活性化を目指している。また，ウエディング事業者や旅行会社は外国人の「和婚」（日本の伝統的な結婚式を行うこと）を促進するために様々な商品や言語，作法に関するサポート体制を整えている。

外国人にとって日本での伝統的な結婚式という儀式だけではなく，結婚式に至るまでの着物の着付け，美容も大きな魅力となるようだ。打ち掛け，振り袖といった日本の和装に合う髪型や化粧は他の国では体験できないことである。これらの行程は主として美容院が担当するが，美容師や着付師の新婦に対する細やかな配慮が外国人にとって大きな魅力となっている。また，美容師や着付師にとっても，日本独特の「おもてなし」を外国人の新婦に提供することは，自身の技能や技術の向上だけでなく，職業としての大きな誇りにつながることになるはずだ。

（3）ブライダルツーリズムの展望

これまで，ブライダルとツーリズムとの関係はあまり語られることがなかった。それは，観光そのものが非日常的な行為であるのに対して，ブライダルは日常的な社交的行事であったからである。しかし，日本人が海外ウエディングに目を向け，外国人が日本での「和婚」に目を向けて，それぞれが居住地を移動し，観光もその重要な目的としていることから，ツーリズムの新たな形として「ブライダルツーリズム」というカテゴリーが今後さらにブライダルと観光の相互的な価値を相互に高めていくであろうと推測できる。

リゾートウエディングの地として人気のある沖縄県では，国内外から多くの観光客を受け入れていると同時に，ウエディングを目的とした観光者も年々増加している。2020年の沖縄県観光振興課による調査では，1999年にわずか200組であった挙式組数が，2019年には1万6639組にまで増加している。このうち，外国人の挙式組数は1850組であり，香港（764組），台湾（638組），中国（318組），韓国（26組）が中心となっている。この近隣アジア4国で全体の9割以上を占めている。また，沖縄での需要が増加するにつれ，リゾートウエディングを扱う事業者も従来の観光者向け施設に加えて挙式チャペルも増設し対応している。リゾートウエディングによる推計来県者も約26万6000人，経済効果も約258億8000万円にのぼると推計されている。日本有数のリゾート地として定着していた沖縄でウエディングという新たな価値を追加することで，さらなる誘客を促進しており，ブライダルツーリズムとしての観光形態がリゾート地で定着する一つの事例となっている。

新たな観光形態としてのブライダルツーリズムは，沖縄，軽井沢，信州アルプスや北海道など有数のリゾート地で行われているリゾートウエディングを中心にして発展しつつある。それぞれの地域特性を活かしつつ，ウエディングという目的を付加させることで新たな誘客が期待できる。また，近年増加している訪日外国人観光者も伝統的な日本文化に触れることを目的にわが国を訪れる。単に観光目的だけでなく，古来からの日本の伝統的な結婚式に憧れて訪日するという新たな目的での訪日も増加している。一方，日本人が海外で挙式を行う海外ウエディングも盛んであることから，ブライダルツーリズムが国内外を問わず観光振興や地域振興の新たな戦略として注目されることを期待したい。

（4）世界的パンデミックによるブライダルへの影響

2020年初頭から新型コロナウイルス感染症（COVID-19）が世界的なパンデミックを引き起こし，わが国においても政府による“緊急事態宣言”や“まん延防止等重点措置”などの発出によって人流抑制や「三密」などの接触回避要請がなされ，観光行動も大きな制限を受けることになった。

ブライダル市場においても同様に，これらの行動制限や人々の自粛行動によって挙式および結婚披露宴，新婚旅行などの結婚イベントも実施控えの風潮が強くなり，中止や延期という選択を強いられることになった。

世界的な流行が広がるにつれ，世界各国は出入国規制を実施し，感染拡大防止策を実施した。わが国も同様の措置を執ることにより，観光目的だけでなく，ウエディングを目的とする訪日外国人も入国規制措置により日本への渡航が大きく制限され，日本での挙式等が実質不可能な状態となった。

これらの措置や自粛行動により，ブライダル事業者も大きな打撃を受けることになった。挙式，披露宴のキャンセルや延期が相次ぎ，特にホテルなどは，旅行者の減少の影響だけではなく，結婚披露宴による収益が全体の売り上げの中でも大きな割合を占めることから，経営を圧迫する状況に追い込まれることも少なくなかった。ブライダル専業事業者においては，挙式，披露宴数そのものの減少に加えて，「三密状態」を避けるために参列者人数を絞って催行することもあり，経営への打撃は極めて大きいものとなった。しかし，新たな披露宴の形式を生み出したという効果もあった。このコロナ禍で企業の会議や教育機関での授業などは Web による遠隔会議システムを利用してオンラインで実施されることが多くなり，このシステムを利用して披露宴もオンラインで開催するという，これまでになかった形式が取り入れられることも少なくなかった。これは遠隔会議システムを利用して，招待客が同時に画面上で新郎・新婦の門出を祝うもので，祝宴用の料理や飲み物は開催当日に宅配便で配送された。ブライダル事業者にとっては苦肉の策ともいえる収益確保の方法であり，新郎・新婦にとっても招待客の感染防止を配慮した開催方法として受け入れられることになったと考えられる。

さらに，旅行会社においては，旅行控えの風潮から大幅な旅行者の減少のみならず，新婚旅行という大きなマーケットが一時的にも消滅の危機に立たされることになってしまった。

観光ビジネスは「平和産業」であり，戦争や紛争，テロリズム，経済危機，自然災害などに加えて，今回のようなウイルスなどの疾病によるパンデミックが起こるとたちまち人々の移動や観光行動に多大な影響を及ぼす。ブライダルビジネスにおいても同様に，国内の挙式，披露宴開催のみならず海外からの「和婚」を望む外国人誘致という点においてもその影響は計り知れない。

2022年末の時点では，世界各国は様々な出入国規制も緩和，解除に向かい，わが国においても感染防止策を推奨しながらも人々の外出行動，観光行動も制限がなくなり，徐々に観光行動も活発化し，観光現象も回復傾向にある。

しかしながら，このコロナ禍が終息したとしても，また再び新たなウイルスによるパンデミックが起こる可能性もなくはない。今回の教訓を心に留めながら，新たな不安要素や行動制限を伴う事態が発生したときの対策と戦略的行動を観光ビジネスとブライダルビジネスは備えておくべきである。

参考文献・資料

大橋昭一編著『現代の観光とブランド』同文舘出版，2013年。

沖縄県観光振興課『沖縄リゾートウエディング統計調査（令和元年）』沖縄県観光振興課，2020年。

㈱ジャルパック編『JAL パック「いい旅、あたらしい旅。」の創造者たち』ダイヤモンド社，2014年。

㈱矢野経済研究所『ブライダル市場に関する調査 2021年（プレスリリース）』2021年。

㈱矢野経済研究所「ブライダル市場に関する調査 2023年（プレスリリース）」2023年。

神田孝治『観光空間の精算と地理的想像力』ナカニシヤ出版，2012年。

厚生労働省「厚生統計要覧（令和３年度）」2021年。

厚生労働省「人口動態統計（令和２年度・令和３年度）」2020年，2021年。

国税庁「民間給与実態統計調査（令和３年分）」2021年。

佐々木土師二『観光旅行の心理学』北大路書房，2007年。

㈱リクルートマーケティングパートナーズ『ゼクシィ海外ウエディング調査 2018』2018年。

㈱リクルートマーケティングパートナーズ『ゼクシィ結婚トレンド調査 2020 首都圏版』2020年。

㈱リクルートマーケティングパートナーズ『ゼクシィ結婚トレンド調査 2021 全国版』2021年。

田村正紀編著『観光地のアメニティ』白桃書房，2012年。

第15章
メディカルツーリズム

1　メディカルツーリズムの現状

（1）メディカルツーリズムとは

観光と医療のテーマで，まず挙げられるのは医療観光である。医療観光は医療ツーリズムまたはメディカルツーリズムともいわれる。

2010年5月に日本政策投資銀行が，日本における医療ツーリズムは，「2020年時点で年間43万人程度の需要が潜在的にあるとみられ，潜在需要が実現した場合の医療ツーリズム（観光を含む）の市場規模は約5500億円，経済波及効果は約2800億円と試算される」と発表している。

それでは，なぜ，今，メディカルツーリズムが盛んになっているのか，その理由と背景を考えてみよう。まず，メディカルツーリズムの定義を見ておこう。

現在，世界におけるメディカルツーリズムの定義は，国連世界観光機関（UNWTO）によると「歯科治療や美容整形などの軽度な治療から，がん治療および心臓バイパス手術など高度な手術を含み，海外へ病気を治療しに行くこと」である。しかし，この定義には観光（ツーリズム）という言葉は含まれていない。

日本の定義は，国土交通省観光庁の「医療観光」つまり「医療サービスの受診・受療を行う目的で他国を訪問し，併せて国内観光を行うこと」で，「『健診』『治療』『美容・健康増進』の3つの医療サービス分野を対象とする」（観光庁，2010）である。経済産業省の「サービスツーリズム（高度健診医療）」や，厚生労働省の「医療ツーリズム」も同じ意味を指している。

（2）メディカルツーリズムの背景

人はなぜ，治療を受けるために国境を越えるのだろうか。主な要因は3つ挙げられる。医療には①コスト（治療にかかる費用），②アクセス（治療のかかりやすさ），③質（治療の技術）の3つの指標があり，そのいずれかが欠けた場合に，人はメディカルツーリストになるとされている。

ジョセフ・ウッドマン（2008）によると，医療コストは，手術の内容により，アメリカで受ける場合の10分の1以下のケースもある。アクセスは，言い換えると待機時間のことで，たとえば今すぐに手術を施してもらいたい時に数カ月待たないといけないようなケースはアクセスが非常に悪いといえる。医療の質は，自国で受けるより高度な治療，先端治療を受けられるかどうかである。

メディカルツーリズムの発展の背景には，いろいろ考えられるが，各国の医療制度の問題以外に，グローバリゼーションの波及，情報化の進展，消費者意識の変化がある。具体的には，①インターネットの普及，②テクノロジーの発達による医療技術の発展，③リーズナブルなコスト，④医療へのアクセス改善，⑤経済発展による富裕層の増加，⑥人口構造の変化に伴う長寿・高齢化，⑦患者の考え方の変化による観光の付加，⑧ロー・コスト・キャリア（LCC）の登場による移動コストの減少，などである。これらの要素が重なって，メディカルツーリズムの発展が促進された。

それでは，どの地域の人々がどの地域に出かけて行くのだろうか。発生パターンとしては，表15-1のように次の4種類に分類される。（A）先進国→先進国，（B）発展途上国→先進国，（C）先進国→発展途上国，（D）発展途上国→発展途上国，の4パターンである。これを動機で分類すると，①よりよい医療の質（技術）を求めてはA，B，D，②より低いコストを求めてはC，③物理的なアクセスを求めて（待ち時間を減らす）はC，Dとなる。

渡航条件については，A，B，Dはコストであるが，Cは求める条件はなく動機優先である。

実際に上記のパターンの中で何が優先されるかを示したデータがある。マッキンゼー（McKinsey）が2008年に行った世界20カ国の病院の「国境を超えた」患者4万9980人のアンケートの結果によると，患者が一番に求めるものは，①

表15－1　メディカルツーリストの流れ

	メディカルツーリストの流れ	渡航の動機	渡航条件
A	先進国→先進国	よりよい技術を求めて	コスト
B	発展途上国→先進国	よりよい技術を求めて	コスト
C	先進国→発展途上国	コストやアクセスのよさ	なし
D	発展途上国→発展途上国	技術やアクセスを求めて	コスト

出所：真野，2009年を基に筆者作成。

「最先端の医療技術」40%，②「よりよい医療の品質」32%，③「待機時間の解消」15%，となり，医療技術とアクセスの改善が大きな比率を占めている。

国レベルで見ると，既に海外ではメディカルツーリズムが輸出サービス産業の一つとして認識されており，各国ともに力を入れている。発展途上国でも，資源や投資を集中させることにより医療サービスで勝負できるのである。

2　アジアにおけるメディカルツーリズムの勃興

（1）アジアでの勃興の背景

世界中でメディカルツーリズムが盛んになったが，特にアジアで発展した背景を考えてみよう。まず1つ目は，アジアのメディカルツーリズムに適した土壌である。具体的には，次の点を挙げることができる。

第1は言語（英語）で，アジアには欧米の植民地や統制下にあった国が多く，英語が不自由なく通じることが大きい。シンガポール，マレーシア，インド，フィリピンなどである。第2は医療技術で，アジアの多くの医師，看護師，技術者が欧米で先進医療技術を学んで帰国し，母国で医療に従事していた。第3はコストで，アジアは物価が安く，そのため医療コストも先進国に比べて割安であった。

もう1つの背景は，これらのアジアの環境の下で起こった，次の2つの歴史的事件である。

まず，1997年のアジア通貨危機がある。通貨危機が瞬く間にアジアを駆け巡り，多くの企業や輸出産業が大打撃を受けた。アジア各国の私立病院も同じ状況で，外国人投資家を引きつけるため，また医療サービスを輸出するために，官民ともにメディカルツーリズムに力を入れはじめた。

もう1つは，2001年9月11日のアメリカ同時多発テロ事件（ニューヨーク）である。事件以降，医療先進国アメリカへの入国審査が非常に厳しくなり，多くの外国人が手術・治療のためにアメリカへ行くことができなくなった。特に，ムスリム（イスラム教徒）の富裕層は行き場を失い，東南アジアに治療先を求めてシフトしてきたのである。シンガポールやタイがこの動きを察知して，メディカルツーリズムに本格参入した。

（2）タイの事例

タイは観光大国としての存在と，医療を輸出して外貨を獲得する政策が一致してメディカルツーリズムを推進している。

タイはアジア2位の観光大国である。日本政府観光局（JNTO）ホームページによると，2019年にタイを訪問した外国人観光客は3980万人で世界8位であり，アジアでは中国に次いで2位である。ちなみに日本は同年3188万人で世界12位となり，アジアで4位である。タイは「メディカルツーリズム先進国」と呼ばれ，2010年には既に年間200万人の外国人患者（ただし，現地滞在の外国人を含む）を受け入れたといわれている。

その中の一つである大手私立病院，バムルンラード・インターナショナルは，1980年9月17日に200床の設備で開業した。1989年にタイの株式に上場し，1997年1月1日に新しい施設の病棟が完成し，2002年に医療機関の国際認定「JCI」（後述）をタイで初めて取得した。ホームページによると，患者数（外来および入院）は年間約110万人，そのうち外国人患者数は世界190カ国以上から年間約52万人（タイ在住の外国人も含む），2018年の総取引額は185億4100万バーツで約5億7100万ドル（1ドル＝32.49バーツ，2018年12月3日のレートで算出）である。

外国人患者向けサービスとしては，150人以上の通訳を抱え，国際空港・コンシェルジュ・サービスをはじめ院内でほとんどすべての手続きや作業を終えることができるようになっている。

そして，大きな特徴は欧米流マネジメントを取り入れていることである。彼らは，経営と医療を分離してマネジメントを行っており，ホテルのマネジメント経験者を採用するなど，徹底してサービス業としての医療を目指している。

タイの私立病院のライバルは高級ホテルであり，顧客つまり患者の要望を取り入れることでサービス産業化している。病院内にマクドナルドやスターバックスのみならず，日本料理店，イタリア料理店，フランス料理店などが入り，小児科の待合室には子供の患者を退屈させないように大型スクリーンやすべり台まで設置している（図15－1）。

図15－1　バムルンラード・インターナショナル病院施設（上：本館2階のマクドナルド，下：小児科待合にある遊戯施設）
出所：筆者撮影。

（3）韓国の事例

韓国は元々日本と同じくメディカルツーリズム後発国であったにもかかわらず，産業・観光・医療の各セクターを総合化・連携させる強力な政策の展開により，新興国として急速に成長しつつある。

韓国は政府の後押しもあり，この10年で「メディカルツーリズム新興国」となり，メディカルツーリズムは韓国の産業政策の一環を担っている。

その推進の戦略には2つの特徴がある。一つは，「Medical Korea 政策」である。韓国におけるメディカルツーリズムの動きが加速したのは，韓国政府が，2008年9月22日に今後60年間韓国経済を導く新成長動力として選定した6大分野22業種の中の一つとして，「知識サービス」の中に「ヘルスケア」産業が入ったことに起因している（韓国保健産業振興院，2010）。この考えと輸出重視が合

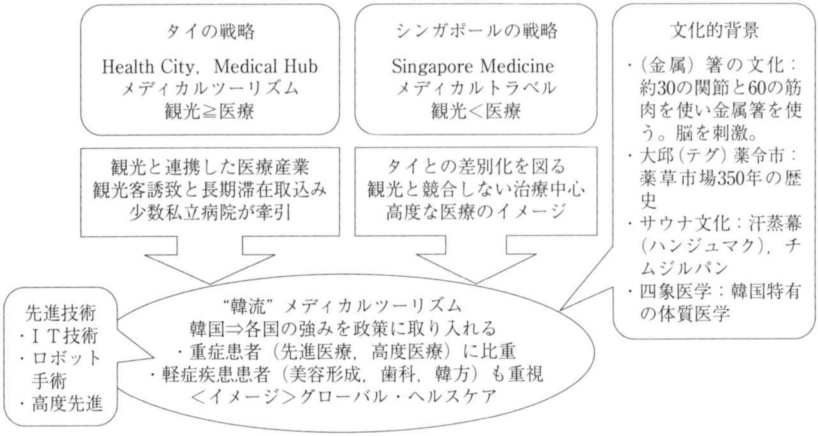

図15－2　韓国のメディカルツーリズムの構成要素
出所：韓国保健産業振興院，2010年を基に筆者作成。

体して，“Medical Korea”ブランドが生まれたといえる。

もう一つは，韓国のメディカルツーリズムを推進するために，産業・観光・医療を代表する３つの組織が，連携しながら動いていることである。つまり，韓国保健産業振興院（KHIDI），韓国観光公社（KTO），韓国国際医療協会（KIMA）である。このように，関係する組織が力を合わせて推進する枠組みをつくったことは非常に重要である。図15－２のように，韓国はタイやシンガポールの取り組みを参考にして，自国に合ったパーツを取り入れながら文化的な伝統を融合させて，メディカルツーリズムを推進している。

韓国は，2009年に６万人の外国人患者を受け入れてから2020年までに198カ国276万人となり，国別では，中国84万4000人，米国41万7000人，日本29万5000人，ロシア22万3000人と続いている。日本からも2019年には6.8万人が受診している。診療科目の内訳は，１位総合内科21.1％，２位形成外科11.9％，３位皮膚科11.4％，以下健康診断10.1％，産婦人科5.8％，整形外科5.4％，韓医学4.3％，神経外科2.9％となった。

また，韓国は現在も積極的に医療ツーリズムに力を注いでおり，信頼を得るために３つの制度を取り入れている。１つ目は外国人患者の誘致機関登録制度で2009年から実施しているが，約1800機関が登録しており，正確な外国人患者の動向を把握している。2つ目は誘致医療機関評価指定制度（KAHF）により誘致医療機関を対象として医療サービスの品質を厳格に評価している。3つ目は違法な仲介ブローカーを排除するために法律を強化し，医療サービスの透明性を高めている。

韓国は四季があり，欧米からの距離や東南アジアからも少し離れており，東アジアに属している点も日本と同様である。さらに，医療においても，国民皆保険制度や医療法人制度が同じであるため，日本にとっては参考になる。

3　日本のメディカルツーリズム

（1）日本の事例

それでは日本の医療観光，メディカルツーリズムの現状はどうなっているのだろうか。

政府は，2010年6月に「新成長戦略」を閣議決定した。7つの成長分野を挙げているが，「強みを生かす成長分野」の中に，ライフ・イノベーションによる健康大国戦略の一つとして「国際医療交流」（外国人患者の受け入れ）という項目があり，「フロンティアの開拓による成長」の中に「観光立国の推進」が謳われている。これは，まさに，メディカルツーリズムに関わる内容であり，メディカルツーリズムは，一過性のものではなく持続可能な国家的プロジェクトになっている。

現在，日本におけるメディカルツーリズムは，①健診＋観光，②治療＋観光，③美容・健康増進＋観光，の3類型を目指しているが，「国際観光の推進」（訪日観光促進）がメインなのか，「医療の国際化」（日本の医療の海外進出や輸出）が軸足なのか，あるいは両方同時に推進するのかが，まだ明確になっていないところもある。

そのような状況の中で，メディカルツーリズムにおいては他国に対して日本の優位性を示すことができる分野が多く存在する。たとえば，①検診・健診の内容や受け入れ体制，②医療機器の質と量，③先端・先進医療の技術，などで

表15－2　日本医師会の各都道府県におけるメディカルツーリズムの動向

動向	件数
具体的な動きあり	22
漠然とした動きあり	8
不明・なし	17
計	47

コメント	件数
明確に反対	28
どちらかというと反対	6
中立	7
賛成	0
コメントなし	6
計	47

出所：社団法人日本医師会，2011年。

ある。特に，先進医療の中でも粒子線治療は世界の最先端を行っており，QOL（Quality of life：生活の質）を重視した，極めて優れた分野である。また，「検診・健診」は日本におけるメディカルツーリズムの中で「医療観光」の位置づけで推進が図られている。日本国内では，検診・健診が受けやすいシステムとなっており，日本の優位性がある。とはいえ，日本のメディカルツーリズムは世界の中で遅れている。

（2）日本においてメディカルツーリズムが難しい理由

日本のメディカルツーリズムは多くの問題点がある。日本と同様にメディカルツーリズム後発国であった韓国が実績を上げてきているのに，なぜ，日本ではメディカルツーリズムの推進やそれによる地域活性化が難しいのか。その理由は，①言語問題，②責任分担問題，③情報発信，④医療ビザ，⑤国際医療機関認定の取得，⑥国民への説明と日本医師会のスタンス，⑦病床規制，などが数多く存在し，メディカルツーリズムの推進には時間がかかるとされている。

日本医師会は表15－2にあるように積極的に推進する方向性が見えていなかったが，10年を経た今でも各地の医療機関では動きがあるものの，韓国のように外国人患者の登録制度を活用して詳細を分析することができておらず，正確な患者数が把握できていない状況である。

4　これからのメディカルツーリズム

（1）世界における今後

アジアの事例や日本の現状を見てきたが，今後のメディカルツーリズムについて考えてみよう。まず，世界の動向を考える上で，国際医療機関認定について見ておく必要がある。国際的な医療機関認定組織は複数あるが，なぜ国際的な認定が必要になるのであろうか。

JCIとは，アメリカの最も大きく権威がある病院認定機関JCAHO（米国医療施設認定合同委員会）が1999年に設けた国際部門で，本部はワシントンにある。現在，JCIが認定した医療機関は世界中に広がっており，67カ国779医療機関になっている。2010年と比べて26カ国増加し，認定機関数は472増え約2.5倍になった（2016年2月20日時点）。メディカルツーリズムの拡大とともに，世界の病院が競って国際医療機関認定を取得しようとしていることがわかる（表15-3）。世界で見ると2010年のメディカルツーリズムが発信され始めた時と比べて，実にJCI認定の取得機関数が3倍になっている。大幅に増加している国がある反面，ヨーロッパでは横ばいまたは減少が目立つ。

JCI認定のメリットの1つ目は，JCI認定は，組織が患者ケアの品質を改善するための目に見えるコミットメントであり，認定取得を目指すことで，患者中心のケアや組織のシステム上の問題点を独立した外部の視点で徹底的に評価することにある。つまり，①安全な環境づくり，②患者，職員に対するリスク軽減，③効果的な品質管理とマネジメントツールとして機能している。

2つ目は，保険会社が認定を評価しており，たとえばアメリカ人が病院で治療を受ける場合はJCI認定病院が保険適用されやすいという面にある。また，外国人患者が医療機関を受診する時のブランド指標になっている。

（2）メディカルツーリズムの流通

メディカルツーリズムの世界的動向を考える上で，次に流通に注目しよう。例として，韓国のメディカルツーリズムを取り上げる。

表15－3　JCI 認定取得の地域別・国別医療機関数

地域	国名	機関数の変遷	
		2010年	2021年
アジア	バングラデシュ	1	1
	ブルネイ	0	3
	中国	5	48
	香港	0	2
	インド	16	40
	インドネシア	1	23
	日本	1	30
	カンボジア	0	1
	韓国	3	7
	マレーシア	6	17
	モンゴル	0	1
	ミャンマー	0	2
	パキスタン	1	5
	フィリピン	3	5
	シンガポール	16	5
	スリランカ	0	7
	台湾	9	5
	タイ	9	59
	ベトナム	1	5
アフリカ	エジプト	2	11
	エチオピア	1	1
	ケニア	0	2
	モーリシャス	0	0
	ナイジェリア	0	2
	タンザニア	0	1
中東	バーレーン	0	4
	イスラエル	3	8
	クウエート	0	3
	ヨルダン	5	7
	オマーン	0	6
	サウジアラビア	31	105
	レバノン	2	5
	カタール	6	22
	トルコ	37	34
	UAE	35	206
	イエメン	1	0
	パレスチナ自治区	0	5
北米・中南米	アルゼンチン	0	3
	バハマ	0	2
	バルバドス	1	1
	バミューダ	1	1
北米・中南米	ブラジル	19	63
	ケイマン諸島	0	4
	チリ	2	2
	コロンビア	2	5
	コスタリカ	3	2
	エクアドル	0	1
	メキシコ	8	7
	ニカラグア	0	1
	パナマ	0	2
	ペルー	0	11
ヨーロッパ	アルメニア	0	1
	アゼルバイジャン	0	2
	オーストリア	4	2
	ベルギー	0	3
	ブルガリア	0	1
	キプロス	1	0
	チェコ	4	1
	デンマーク	6	0
	ドイツ	5	0
	ジョージア	0	2
	ギリシャ	1	2
	ハンガリー	0	0
	アイルランド	20	31
	イタリア	17	24
	カザフスタン	0	8
	リトアニア	0	0
	ルクセンブルク	0	1
	マケドニア	0	2
	モルドバ	0	1
	オランダ	0	11
	ポルトガル	2	10
	ルーマニア	0	2
	ロシア	0	5
	スロベニア	0	3
	スペイン	15	23
	スイス	1	0
	ウクライナ	0	1
	ウズベキスタン	0	1
	イギリス	0	0
	計	307	930

出所：JCI の HP を基に筆者作成。

病院の機能に関係なく，韓国においては現在のところ，流通経路，情報手段として①オンライン，②口コミ・経験者の紹介，③海外の分院・事務所からの紹介，④旅行会社経由，が中心となっている。メディカルツーリズムは特殊性があり，他の旅行商品とは異なり，経験者・体験者の言葉が非常に重要である。旅行会社が介在する企画としては，健診・検診ツアーが主な分野となる。

さらに，国際患者アンケートからメディカルツーリズムの特性を考えてみると，メディカル・ツーリズム・アソシエーション（Medical Tourism Association, MTA，本部はアメリカ）とバンコクのバムルンラード・インターナショナルが行った患者アンケートは次のようになっている（ただし，バンコクに来たアメリカ人の患者が対象，Medical Tourism Magazine, 2010）。

「設問１　海外で治療やケアをするメディカルツーリズムを何で知りましたか？」の回答は，「友人」44%，「インターネット」23%，「新聞・雑誌」４%，「かかりつけ医」３%，「その他」26%となった。

「設問２　治療を受ける国や病院を何で調べましたか？」の回答は，「インターネット」52%，「友人」25%，「本・雑誌」２%，「ファシリテーター」１%，「その他」20%である。

「設問３　治療を受けに行くために海外へ行くことを友人，親戚，知人に勧めますか？」の回答は，「はい」82%，「おそらく」17%，「いいえ」１%であり，「設問４　メディカルトラベルは一人でしたか？　同伴でしたか？」の回答は，「同伴」75%，「一人」25%であった。

設問１も２も「友人」と「インターネット」の合計が67～77%で他の情報源を圧倒している。つまり医療の中でも外科的治療を行うケースでは，経験者のアドバイスや補足する情報が重要であり，さらに，「おそらく」を含めると99%の体験者が友人や知人に勧めるという結果は，メディカルツーリズムが広がる要因であり，同伴者が75%もいることも受け入れ施設や関連産業にとって重要な位置づけとなっている。

（３）日本における医療と観光

日本におけるJCIの国際医療認定の状況は，表15－３のとおりである。日本は2010年には千葉県の亀田総合病院１例だけであったが，2021年には30施設に増えている。ただ2019年までは訪日外国人観光客は伸び続け3188万人に達したが，彼らのうち日本で医療を受けるためにきた正確な人員は把握できていない。今後の外国人患者数に期待するのと同時に，病院側が認定を取得すること自体を評価していると考えられる。つまり先述のJCI認定取得の背景の１つ目にあったように，この認定を取得する過程で病院，医師，スタッフが患者に対する多面的な考え方を身につけることが，病院経営にもつながると考えられている。

また，国際的には，日本の医療の費用対効果は大きく，技術的水準も高いといわれており，日本の食生活・習慣や検診制度も評価されている。健康に関わる日本的な文化やそれに立脚した日本の医療を海外に発信することは，ものづくり以外の分野での国際貢献や国内における関連産業の活性化につながる。メディカルツーリストが増えれば，消費額は相当に伸びると思われる。

現在，日本のGDPの７割を占めるサービス産業は，イノベーションが遅れているが，「医療の国際化」は，国際共同治験に見られるように大きな流れになってきている。医療の国際化は，外国人が利用しやすい国内の医療およびその周辺サービスの整備や，優れた外国の人材が安心して日本に滞在することができる環境にもつながる。

日本は先端医療・先進医療にも力を入れている。「OECD Stat 2020」によるとPET（Positron Emission Tomography：特殊な検査薬でがん細胞に目印をつけて撮影する先端機器）による検査は，外国人にも人気のある健診であるが日本には100万人当たり4.71台あり，OECD35か国の中で１番である。CT（Computed Tomography：コンピューター断層撮影）115.7台，MRI（Magnetic Resonance Imaging Unit：磁気共鳴画像診断）57.39台とすべてトップである。

また，2022年８月現在，国が認めている先進医療を実施している件数は28種類で1149件あり，中でも世界より進んでいる粒子線治療（陽子線治療，重粒子線治療）は25施設で行われている。これは世界で最も多く，この分野の治療はこれからの日本の得意分野になる可能性を秘めている。これらは，体を傷つけることを最小限にした「侵襲性の低い手術」で，QOLを高めるために，今後のキーワードになってくると思われる。高性能の検査・治療を簡単に受けられるということは，大きな魅力になる。これこそ，日本が目指すメディカルツーリズムの方向性を示しており，今後その優位性・強みを活かした先端医療・先進医療を前面に出すことが重要になると思われる。

引用・参考文献

ウッドマン，ジョセフ，斉尾武郎監訳『メディカルツーリズム』医薬経済社，2008年。

観光庁「観光立国推進本部観光連携コンソシアム資料」2010年。

韓国保健産業振興院「国際シンポジウム　国境を超える患者と病院（配布資料８月28日）」2010年。

経済産業省「医療産業研究会報告書」2010年。

経済産業省『通商白書2007』2007年。

経済産業省「平成21年度サービス産業生産性向上支援調査事業　国際メディカルツーリズム調査事業報告書」株式会社野村総合研究所，2010年。

厚生労働省「医療機器の設置状況と検査実施状況」『平成21年度医療施設調査・病院報告の概況』2009年。

社団法人日本医師会「各都道府県における医療ツーリズムの動向」（社団法人日本医師会2011年１月26日定例記者会見）2011年。

日本政策投資銀行『進む医療の国際化』（ヘルスケア産業の新潮流⑧）日本政策投資銀行，2010年。

真野俊樹『グローバル化する医療』岩波書店，2009年。

韓国医療ツーリズム　ディレクトリーブック（https://japanese.visitkorea.or.kr/jpn/ATR/medical/img/pdf/directory_jpn.pdf）（2023年６月１日閲覧）。

韓国の医療ツーリズム（https://japanese.visitkorea.or.kr/jpn/ATR/medical/img/pdf/brochure_jpn.pdf）（2023年６月１日閲覧）。

日本政府観光局（JNTO）HP（https://www.jnto.go.jp/jpn/）。

バムルンラード・インターナショナル HP（https://www.bumrungrad.com/thailand-hospital-jp/about-us/overview.aspx）。

Deloitte, *Medical Tourism : The Asian Chapter 2008,* 2008.

JCI の HP（https://ja.jointcommissioninternational.org/）。

McKinsey, *Mapping the market for medical travel 2008,* 2008.

Medical Korea（https://www.medicalkorea.or.kr/en/global).

Medical Tourism Magazine, *Medical Tourism, issue14,* Medical Tourism Association, 2010.

コラム6　観光と福祉

現在のわが国は諸外国に類を見ないスピードで高齢化が進行している「超高齢社会」である。2021年10月時点における高齢者人口（65歳以上の人口）は3621万人で，総人口に占める割合（高齢化率）は28.9％である。また，平均寿命は1975年の男性71.73歳，女性76.89歳から，2021年の男性81.47歳，女性87.57歳へと，10歳ほど延びている。このように，高齢化と長寿化が同時に進行することで，長い高齢期を過ごす人が増えている。さらに，平均寿命の延びが健康寿命（健康上の問題で日常生活を制限されることなく生活できる期間）の延びよりも大きいため，要支援（常時介護を必要とする状態の軽減や悪化の防止のための支援を要すると見込まれる状態のこと）および要介護の状態（常時介護を必要とすると見込まれる状態）で生活する期間が延びている。この結果，高齢期における社会的孤立や孤独死といった社会問題が深刻化している。

高齢化・長寿化に起因する問題は，要支援・要介護状態の本人に限定されたことではなく，その家族にとっても大きく影響する。たとえば，2015年時点において，高齢者のいる世帯は全世帯の49.7％であるが，その世帯構造を見ると，夫婦のみの世帯が32.0％，単独世帯が28.8％，親と未婚の子のみの世帯が20.5％となっている。このような世帯構成の中，老老介護や家族による虐待や介護心中など，家族が介護を担うことによる多様な社会問題が生じている。以上のように，要支援・要介護状態で生活する期間が延びていることで，当然のことながら，要支援・要介護状態の当事者は生活する上で困難であるが，それを支える家族も同様にあるいはそれ以上に苦労があり，お互いの生活の大半が介護に占められてしまうことも少なくない。

さて，福祉といえば，一般的に高齢者や障がい者などの支援や介護をイメージするが，それは「社会福祉」の範疇にある。社会福祉は，高齢者や障がい者などが生活上の障害や困難を克服できるよう，社会的に支援する環境を整備することを指すが，福祉とはそもそも，人々の「しあわせ」や「ゆたかさ」を意味するものである。したがって，福祉の観点から，上記の問題を解決する一つの方法として，観光がある。非日常的な場所を訪れ，その土地の風土や風物を見て歩き，異文化交流をすることは，高齢者や障がい者などの「しあわせ」で「ゆたかな」生活につながる。実際に現在，介護をしている家族に「要支援・要介護状態の人との一泊旅行」についての評価を尋ねたところ，肯定的な回答（「旅行を楽しめた」「旅行で気分転換ができた」）をした割合は，要支援・要介護状態の本人で約８割，家族で約７割であった。要支援・要介護状態の本人や介護をしている家族にとって，観光や旅行のもたらす意義と効果は大きいといえる。

一方，そのためには課題も多い。一人で外出することが困難な要支援・要介護状態の本人が観光や旅行を主体的に計画し，実行することは容易なことではなく，それは，家族にとっても同様である。要支援・要介護状態の当事者とその家族が観光をしようとする際，いくつかの不安要素がある。旅行経験のない回答者の4割は要介護者が「旅行をすることが無理である」と考えており，特に入浴や移動，トイレの利用が難しいと感じている。次に「要介護者が旅行をしたがらない」という回答が3割を占めており，他の観光客や従業員に迷惑をかけることを気にする場合が少なくないという。そのほか，介護をする家族に時間的・金銭的余裕がないことや情報の不足も挙げられる（水野，2012)。

こうした中，昨今においては観光施設や交通機関，ホテル・旅館などの宿泊施設でのバリアフリー化が向上している。また，移動が困難な人のための福祉車両（リフト付き車両）が徐々に普及しつつあり，行程にゆとりのあるツアーや介護スタッフが同行する「オーダーメイド型」の旅行もある。たとえば，NPO 法人しゃらくは，兵庫県神戸市にある重介護を専門とした旅行会社である。2013年3月の時点で1200回を超える旅行実績があり，要支援・要介護状態の本人が里帰りや国内外の観光旅行などをできるよう，旅行の企画と手配，医療・介護スタッフの同行といったサービスを行っている。

このように，要支援・要介護状態の人と家族の両者にとって，観光しやすい環境がソフトとハードの両面で整いつつある。

高齢化・長寿化の進行に伴い，要支援・要介護状態でも観光をしたいと思う人や，介護が必要な人を旅行に連れて行きたい（たとえば，親孝行がしたい）という人が増加している。このためには，社会福祉の理念である「ノーマライゼーション」という考え方が極めて重要であり，その意味どおり，要支援・要介護の高齢者や障がい者に対して，他の人々と同様の権利を保障し，主体的に生活ができる地域社会を実現していくことが必要である。そして，観光は国民福祉的な意味あいを有しているため，高齢や要支援・要介護の状態になっても，観光を楽しめる社会へ環境整備すること（ソーシャルツーリズム）は福祉の観点から不可欠である。

参考文献

内閣府『令和4年版 高齢社会白書』2021年。
川村匡由・立岡浩編『観光福祉論』ミネルヴァ書房，2013年。
厚生労働省大臣官房統計情報部「2021（令和3）年国民生活基礎調査」2021年。
成清美治・加納光子編『現代社会福祉用語の基礎知識（第11版)』学文社，2013年。
水野映子「要介護者の旅行を阻害する要因」第一生命経済研究所編『*Life Design Report*』2012年7月号，17～27頁。
NPO 法人しゃらく HP（http://www.123kobe.com)。

第16章
ダークツーリズム

1　ダークツーリズム概念の登場と拡散

（1）ダークツーリズムとは何か

ダークツーリズムとは，観光学における比較的新しい概念であり，端的にいえば「災害や戦争などの悲劇の跡をめぐる旅」を指す。

具体的には，ナチスドイツによるユダヤ人迫害の跡であるポーランドのアウシュビッツ強制収容所や，ポル・ポト派が行った虐殺の記録を残したカンボジア国立トゥール・スレン虐殺犯罪博物館などが有名である。日本においては，沖縄のひめゆりの塔や水俣病資料館およびその周辺などがしばしば例として取り上げられる。広島の原爆ドームは，世界的にも著名なダークツーリズムスポットであり，海外のダークツーリズムの教科書にもよく紹介されている。

（2）ダークツーリズム概念の出現

ダークツーリズムという言葉はいつ頃生まれたのであろうか。

歴史的には，1996年に *International Journal of Heritage Studies*, Vol. 2, Issue 4 で初めて登場した用語であるとともに，同号では dark tourism に関する論文が多数掲載された。当時グラスゴーカレドニアン大学の研究者であったジョン・レノン（John Lennon）とマルコム・フォーレー（Malcolm Foley）が編集を務め，通常観光資源として扱いにくいケネディ大統領殺害の現場やタイタニック号の悲劇などを論点として取り上げている。2000年に両氏によって初の体系書である *Dark Tourism* が刊行され，これは現在まで版を重ねている。

2001年には，セントラルランカシャー大学のフィリップ・ストーン（Philip

R. Stone）とリチャード・シャープリー（Richard Sharpley）が *The Darker Side of Travel* を著し，理論および実践面における深化を進めた。

（3）日本での広まり

日本には，2008年にフンク・カロリン（Funk Carolin）によって初めてダークツーリズムが紹介された。しかし，この時は，影響はまだ限定的な範囲にとどまっていた。

2012年に井出明が，「東日本大震災における東北地域の復興と観光について――イノベーションとダークツーリズムを手がかりに」を著し，東日本大震災からの復興をダークツーリズムの方法論によって達成する可能性を論じると，観光系の学会内部から大きな批判が起こった。この批判自体は「被災地をダークと呼ぶのか」という類のものであり，アカデミックな議論というよりも，被災者・被災地の立場からの言説であったし，論争も学会内部の問題にとどまっていた。

事態が大きく変化するのは，2013年以降である。思想家である東浩紀は，独自にダークツーリズムに関心を寄せており，チェルノブイリ（現在，公式には現地ウクライナ語の読みに従って“チョルノービリ”と記すべきであるが，ここでは日本の慣例に基づき，“チェルノブイリ”の表記を用いる）原発事故の復興過程でダークツーリズムが大きな役割を果たしたことをインターネットで調査していた。その後，東は福島第一原発をダークツーリズムの方法論によって観光地化することを提唱するが，その際に井出が彼の研究チームに入り，彼の構想である“福島第一原発観光地化計画”を理論的に支えることとなった。東は，この年，『チェルノブイリ・ダークツーリズム・ガイド』と『福島第一原発観光地化計画』を上梓し，言葉としてのダークツーリズムは，流行語大賞にもノミネートされ，一般社会におけるダークツーリズムの認知度は飛躍的に高まった。ただし，この過程で，「被災地を旅することがダークツーリズム」などの誤解も広まってしまい，ダークツーリズムへの反発も生まれることとなった。

その後，2015年には，専門的なテーマのムック本として『DARK tourism Japan』が創刊され，初号では，ハンセン病や性的搾取に関する記憶をはじめとして，ダークツーリズムの対象が非常に広いものであることが強調された。

場所としては，小樽や軽井沢といった名高い観光地を取り上げているが，当該書物にはこういった場所ですら，ダークサイドから眺めることが可能であるという問題提起が含まれている。『DARK tourism Japan Vol. 1』は発売直後に完売するとともに，テレビや新聞等で何度か特集が組まれるなどし，ダークツーリズムは非常に一般的な概念として浸透していった。

2　ダークツーリズムの種類と特徴

（1）戦争のダークツーリズム

ヨーロッパで生まれたダークツーリズム概念は，ナチズムへの反省を基礎にしているため，戦争に関するダークツーリズムの研究は非常に進んでいる。ユダヤ人虐殺の地としてのアウシュビッツ（図16－1）は，直接には戦争遺跡とはいえないが，ナチスの対外膨張政策の中でユダヤ人が犠牲になったことに鑑み，戦争のダークツーリズムの文脈で語られることが多い。また，直接の戦跡としては，ノルマンディー上陸作戦に関する資料館（Mémorial de Caen）が北部フランスに整備されており，ここでもアウシュビッツをはじめとするユダヤ人虐殺に関する展示がある。

他方，アメリカの戦争関係の博物館や展示は，栄光の文脈で語られることが多いため，ここでは，戦争に関する展示を見たとしても，「悲劇を扱う」ダークツーリズムの根本とは乖離を感じるかもしれない。

アジアにおける戦争の扱いは多様である。第二次世界大戦における博物館や史跡の展示に関しては，一般的に日本の進駐に関して否定的な論調が多い。中国はいうまでもなく，華僑系の影響力の強いシンガポールやマレーシアにおいては特にその傾向が強く出ている。また，日本軍の占領が十分な兵站を確保していなかったことから，現地徴発により各地で飢餓が生じてしまったことは資料館等でしばしば言及されており，この点においても日本の戦争に関しては厳しい意見が多い。他方，インドネシアに関しては，戦後の対オランダ独立戦争において旧日本兵の協力があったため，各地の国立博物館や戦跡においても，比較的日本に好意的な説明がなされている。またアジアでは，第二次世界大戦

図16－1　アウシュビッツ強制収容所の門
出所：筆者撮影。

終了後も，ベトナム戦争や朝鮮戦争などの地域紛争が頻発しており，地域の具体的な戦跡を歩きながら大国間の興亡を辿れる点も，ダークツーリズムの観点からは興味深い。

日本国内においては，第二次世界大戦の悲劇は，原爆にせよ沖縄戦にせよ，日本国民が被った被害として語られることが多い。海外では第二次世界大戦の責任が日本にあり，ファシズム陣営を構成したことに対する厳しい断罪があるのに対して，国内における加害意識は希薄である。それ故，日本の戦争責任を考える上でも，海外へのダークツーリズムの旅は大きな意味をもつ。

（2）災害のダークツーリズム

ヨーロッパで発展したダークツーリズム研究であるが，教科書には災害が例として挙げられるものの，現実にヨーロッパでは頻繁に自然災害が起こるということはあまりなく，教科書の記述も概念的なものにとどまっている。地震の例としてしばしば出てくるポルトガルの被災体験も18世紀の事件であり，なかなか現実の危機としては認識しにくい。わずかに，オランダの水害やイタリアの火山災害がダークツーリズムとして認識されているがそれほど大きな動きにはなっていない。

アメリカにおいては，元々観光地であったフレンチ＝クオーターを例としてハリケーン・カトリーナの復興について紹介されていることが多い。

やはり，災害のダークツーリズムとしては，災害大国である日本が独自の地位を有しており，多くの特徴的な博物館が災害の様子を伝えている。阪神・淡路大震災については，兵庫県と関連の深い「人と防災未来センター」の展示部門が秀逸であり，多くの見学者を集めている。また2022年11月段階では，東日本大震災に被災地から多くの震災遺構がすでに撤去されてしまっているが，ダークツーリズムの観点からは，残した上で慰霊や防災教育などでの活用を探るべきだったと思われる。

日本を除くアジアについては，自然災害の被害を受けるものの，観光以前に復興そのものが不十分なケースが多く，そもそもツーリズムの場になりえないことが多い。例外的な事例として，インド洋津波に襲われたバンダアチェが観光地として復興したが，これらは大規模な国際援助が入った特殊な事情に起因しており，一般的なものではない。なお，中国に関しては特殊な事情があるため，別途項目をとって述べる。

ここまで，自然災害とダークツーリズムに関して概観したが，実は，自然災害といっても，地震・火山噴火・津波・水害・土砂災害等多種多様である。水害はある程度予測ができるが，地震については実用的な予知はいまだ完成されておらず，それゆえ被害の実相はかなり異なる。必然的に復興過程やその後の社会構造にも差異が生じてくる。こうした経緯や経過を災害の種別ごとに“観せる”ことができるのは，先進国でありながら災害大国でもあるわが国をおいて他にないため，日本にはある意味ダークツーリズムを推進する国際的な責務があるといってよい。問題の所在は，「被災地をダークと呼んでよいのか」という部分にあるのではなく，災害復興分野におけるリーダーとして世界に貢献するために，むしろ日本は自然災害におけるダークツーリズムの拠点となる必要があるといえるだろう。

（3）様々なダークツーリズム

冒頭で述べたダークツーリズムの定義の部分に「災害や戦争“など”」と記

したが，この“など”の部分は，近年急速に拡大をしている。これまでにダークツーリズムの範疇に入れるべきものとして認識されてこなかった領域についても，現在では人類の悲しみの記憶を構成する要素として捉えられ，ダークツーリズムとしての存在価値を有する場もある。災害や戦争に加えて，ここでは3つほど新しいダークツーリズムについて紹介しておく。

まずはじめに，産業遺産について考えてみたい。産業遺産と聞けば，2015年に世界遺産登録された「明治日本の産業革命遺産」を想起する人は多いだろうが，これとダークツーリズムを関連づける人はあまりいないかもしれない。登録時のユネスコの会議で，韓国から「戦前の強制労働についても触れてほしい」という要望があった。もちろん，世界遺産登録にあたって朝鮮人徴用（日本は戦争遂行にあたって工場・鉱山等で働かせるため，建前上合法な手続きに基づいて朝鮮半島から労働力を集めていったが，韓国では，この動員を「強制労働」と呼んでいる）について韓国政府の要求どおり，掘り下げて来訪者に伝えることは重要である。というのもタスマニアのソルトウォーター・リヴァーの炭鉱史跡をはじめとして，近代産業の影を扱う傾向は，近時の世界遺産登録の大きな流れとなっている。より俯瞰的に見てみよう。産業社会においては公害や環境破壊，そして労働問題などが不可避的に起こってくる。産業社会の全体像を理解しようとするならば，いわゆるこうした「負」の記憶についても扱わざるをえないことになる。産業社会を見る上で，勇ましい明治日本の殖産興業の側面からのみ概観することは，痛快であるかもしれないが，それだけでは本質を見落としてしまうことに注意したい。やはり，影の側面についても理解することで，その地域の全体像をより深く考えることになる。

次にハンセン病療養所についても言及しておきたい。ハンセン病は人類の歴史上，差別の対象となってきたが，20世紀中葉には特効薬が一般化し，既に治る病気になっていた。にもかかわらず，日本では長期にわたって隔離政策を施すとともに，結婚を望んだ男性患者に断種手術を行ったため，元患者たちの子供の数は極端に少ない。ハンセン病患者に対するこうした人権侵害は世界的にも例が少なく，後世に語り継ぐべき記憶となっている。現在，国立で13カ所，私立で1カ所のハンセン病療養所のうち，岡山県の長島愛生園や熊本の菊池恵楓園などでは，見学者のための施設も整備されており，日本における人権侵害の歴史について理解を深めることができる。

最後に性的搾取についても触れておく。近代化の過程において，世界には様々な形で女性の性が搾取された例がある。慰安婦についてはしばしば韓国政府によって言及される論点であるが，韓国の博物館を除き，ダークツーリズムの対象として見られる場所はあまりない。ただし，“FIGHT FOR JUSTICE”なるサイトに整理されたリンク集があるので，そこを参考にして旅を計画してみるとよいのではないだろうか。

また，日本の輸出産業が育っていなかった明治の初期に，日本から外貨獲得のために海外に売られていった女性たちがいたことはあまり知られていない。これらの女性は「からゆきさん」と呼ばれ，筆舌に尽くしがたい辛苦を背負っているが，まとまった資料は長崎県の口之津歴史民俗資料館で見られる。実際の娼館は，東南アジアをはじめとして中国東北部にも広まり，かなり広範囲に存在したことがわかっている。こうした日本人が性的搾取の対象にされた場所を訪れることで，慰安婦問題についても今までとは違った見方ができるようになるであろう。

3　世界のダークツーリズムの実際

（1）ヨーロッパ

イギリスで提唱されたダークツーリズム概念は，またたく間に広がり，各地で新たな発信が起きている。ここでは，日本以外の主要な地域について，その状況を紹介する。

冒頭で紹介したダークツーリズムの勃興期には，その言い換えとしてサナツーリズム（thanatourism：死のツーリズム）という言葉が用いられたこともあり，ヨーロッパでは「死」がこの用語と密接に結びついていた。典型的な事例が，ナチスドイツによるホロコースト（ユダヤ人の大量虐殺）であり，アウシュビッツはその象徴といえる。ただし，近年，ダークツーリズムの対象は拡大しており，冷戦に関する遺構，中世の魔女狩りにまつわる場所などもダークツーリズムの目的地として認識されるようになった。ダークツーリズムの本場であるがゆえに，その裾野も広くなり，殺人鬼として知られる切り裂きジャックの軌跡やドラキュラ伝説といった娯楽性の強いものもダークツーリズムとして受け入れられている。

（2）アメリカ

アメリカのダークツーリズムは，2001年9月11日の同時多発テロ事件以降，本格的な検討を迫られたといってよい。最も多くの犠牲者が出たWTCビルは，ニューヨークの中心部にあり，元々多くの観光客が集まる場所であった。テロが起きて以降，街の復旧復興活動の最中にも多くのダークツーリストが訪れてしまい，ダークツーリズムの倫理問題が大きくクローズアップされることになった。この同時多発テロからの回復過程は，ダークツーリズムという営為について考え直すためのきっかけとなった。単なる遊びやレジャーを超えたダークツーリズムの意義について旅人たちは考えはじめたといえよう。

また，アメリカの場合，過去の誤ちに関しては積極的に反省を促す社会システムを有しており，黒人奴隷貿易，ネイティブアメリカンへの虐殺などは，公式な資料館・博物館での展示に努力が払われているとともに，たとえばボストンなどでは，“Black Trail” と称するまち歩きルートが作られ，歩きながら黒人問題について考える仕組みができている。

（3）東南アジアと太平洋地域

東南アジアは，津波にせよ台風にせよ，しばしば甚大な被害が発生する地域であって，ダークツーリズムの対象としてもっと注目されてよい。また太平洋戦争の関連史跡に加え，冷戦の影響による混乱や内戦が比較的最近まで続いているところが多かったため，戦跡に関しても大きなポテンシャルを有している。

太平洋地域についても，第二次世界大戦における太平洋戦争の激戦地としてパラオやサイパンが知られており，同時にこれらはレジャーアイランドとしても名が通っている。こうした地域ではマリンアクティビティを楽しんだり，保養の時間を過ごすことがダークツーリズムと無理なく共存するため，悲劇の記憶を残しやすくなっている。仮にこれらの地域に娯楽性のある観光対象がなかったとすれば，そもそも観光客が訪れないことになり，必然的にダークツーリズムも成り立たなくなる。太平洋地域は，娯楽性の強い旅とダークツーリズムとの共存のあり方について有益な示唆を与えている。

（4）中国

中国では，ダークツーリズムは「黒色旅游」と訳されるものの，その認知度はあまり高くない。実は，中国では，ダークツーリズムの文脈の多くは，“レッドツーリズム（紅色旅游）”の概念と被ってしまい，独立した意味を見つけ出しにくい。レッドツーリズムとは，共産党の栄光を味わう観光形態であり，中国の場合，日中戦争の関連史跡を回ることは，レッドツーリズムの一環として推奨される。また，地震をはじめとする自然災害に関しても，共産党が復興にいかに寄与したかという観点から説明されることが多いため，ダークツーリズムの考え方が強調されることはあまりない。それゆえ，中国の観光学ではダークツーリズムは独自の論点となりえていない。

（5）韓国

韓国では，日本植民地下の時代を忘れないために，早い段階からダークツーリズムの対象となる施設が整備された。安重根（アンジュングン）義士記念館や西大門（ソデムン）刑務所などは，その代表的な例であるといってよいだろう。

しかし，韓国の場合，1980年代まで軍事独裁政権が続いたため，日本からの解放以降も市民たちは多くの辛苦を舐めることとなった。済州島の４・３事件は，李承晩による共産主義者虐殺事件であるが，今ではその犠牲者の多くが共産主義とは無関係であったことがわかっている。済州島は観光地として人気があり，現在のかの地には弔いのための記念館が造られ，多くの来訪者を集めている。前述の西大門刑務所にしても，旧日本軍撤退後における共産主義者への拷問の歴史なども取り上げられるようになり，韓国のダークツーリズムは非常に複雑な様相を呈している。もはや反日のためのダークツーリズムなどといった狭い観点ではなく，世界有数のダークツーリズム大国として伸長しつつある。

4　日本におけるダークツーリズムの特徴と展望

最後に，日本におけるダークツーリズムの特徴と今後の方向性について概観しておこう。

（1）日本型ダークツーリズムの特徴

日本のダークツーリズムは，「復興」が強調されている点で，特にヨーロッパのダークツーリズムとはコントラストをなしている。ヨーロッパのダークツーリズムは，ナチズムへの反省を柱に発展してきたため，「明るい未来」という方向へ思考が発展することはあまりない。未来においても，ナチズムの惨禍が再び起こることのないようにという願いや祈りがダークツーリズムの核心を占める。他方，日本におけるダークツーリズムの展開を考えた場合，自然災害が大きなウエイトを占める以上，必然的に“復興”についても広く言及されることとなる。それゆえ，日本型のダークツーリズムは，「明るく元気な被災地の復興」を扱うことから，ダークツーリズムという言葉と現実が相いれないのではないかという指摘があったり，ダークツーリズムという言葉が復興を阻害するのではないかという懸念についてもしばしば論じられる。さらに，観光の実務者の間では，過去の悲しみを振り返るのではなく，主に地域経済の振興と明るく元気な復興を重視する立場から，ダークツーリズムを明確に否定する向きもある。

（2）ダークツーリズムの役割

しかしダークツーリズムは，自然災害だけでなく多様な対象を扱うとともに，権力や体制派によっては承継されにくい悲劇についても扱ってきた。

たとえば，長野県上田市にある「無言館」には戦没画学生の絵が集められている。この美術館に飾られている絵は，主に出征前に描かれたものであり，作者はその多くが亡くなっているため，当然のことながら，軍人として名を成した者も，画家として世に出た者もいない。軍人としての活躍がない以上，こうした弱き立場の人々の悲しみの記憶は，体制によっては受け継がれない。戦争という個人の力では抗いがたい社会の情勢に翻弄され，その中に消えていった人々の記憶をつなぐ美術館であるため，国策としての戦争を肯定する立場の論者からはこの美術館の存在自体が受け入れがたいものになっている。それゆえ，これまでも何度かいわゆる「保守派」や「右派」に属すると思われる社会集団から，落書きなどの嫌がらせを経験をしてきた。

ダークツーリズムは，体制や権力が直接カバーしない地域の悲しみを追いかけることができるため，ダークツーリズムの方法論を用いることで，忘れ去られてしまいそうな記憶を受け継ぎ，時間と空間を超えて伝えていくことができる。この美術館に関しても，訪問者はその作品がもつ圧倒的な力に衝撃を受け，この時の気持ちを日常生活圏に戻って他者に話すであろう。その際，体制や権力から離れた次元で，時空を超えたまさに「記憶の承継」が行われているのである。

災害の復興過程においても，国策としてのメインストリームから零(こぼ)れてしまう悲しみは数多く存在する。たとえば，瀬尾（2019）が記録したように，急速に行われた土木工事がそれまでの生活の痕跡をすべて消してしまったことに違和感を覚え，「自分の親しんだ土地を埋め立てられる気持ちは，そうなってみないとわからない」と嘆息(たんそく)する被災者もいる。また，復興過程で地元自治体や地元大企業と対立し，訴訟を抱えてしまった人々の記憶については，国や自治体主導の復興記念館のような場所には残らないであろう。国や地元有力企業は，強力に“復興”を推し進めるため，こうした葛藤や悩みを抱えた人々は，時として好ましくない存在になってしまう。こうした権力側のレールから外れてしまった被災者たちの悩みや思いを吸収する仕組みとして，ダークツーリズムは大きな役割を果たしうる。ツーリストたちが，現地の人々の悲しみを共有し，ともに悼みを捧げ，日常生活圏にその悲しみの気持ちをもち帰ることで，悲劇の風化を防ぐことができる。そしてそれは，確かに明るく元気な「復興」とは衝突する懸念はある。しかしながら地域の悲しみを承継することは，地域文化を創造する大切な精神的営為であるため，一時の経済的活性化と天秤にかけて論じるべき話ではない。

（3）復興の現実

さらに復興過程においては，明るく楽しい話だけではなく，補償や賠償を巡る人々の思惑や，復興事業に関連した不正な公金支出など，やはり体制側にとっては残しにくい記憶も数多く存在する。こうした復興過程の闇も，確実に復興史の一部を構成しているし，この種の復興過程における影は，今後新たに発生する自然災害の復興過程を考える上での重要な教訓になりうる。

たとえば，東日本大震災では，石巻市の瓦礫処理に関して，ボランティアに担わせたにもかかわらず，取りまとめ役のリーダーが市から支出された公金を自分のものにしてしまっていたという事件があった。こうした事例は，石巻に特有の話ではなく，災害後に大量の公金が入る場所では潜在的にどこにでも起こりうる話であり，それもまた学びや教訓の対象となるべきである。1993年の奥尻島を襲った津波災害でも，当時の町長が復興過程において公金支出に関して違法な介入を行い，逮捕されることがあった。奥尻の事例と石巻の事例は単純には比べられないが，奥尻で起きた事件を復興博物館の中に展示し，復興過程における公金支出に関して気をつけるべき教訓を承継できていたならば，石巻の事件は起こらなかったのかもしれない。ダークツーリズムをホープツーリズムなどのポジティブな言葉に置き換え，復興過程を「明るく元気に」描いてしまうことは，こうした大切な教訓を失うことにもなってしまう。それゆえ，地域の影の記憶を観るダークツーリズムの方法論は，記憶の承継に関して重要な意味を有している。

（4）「廃墟」の取り扱い

日本のダークツーリズムとヨーロッパのオリジナルを比較した場合，大きく様相が異なるのは「廃墟」の取り扱いである。日本における廃墟という言葉は，非常にネガティブなイメージをもたれており，特に被災地においては正すべき存在としてしばしば扱われる。廃墟と遺構は，似て非なる概念であり，「遺構」と呼ぶには，保存のための何らかの作為を施した上で，行政や地元自治会等がその存在を公的に認めるようなステップを踏むことが多い。

ヨーロッパの場合，廃墟はカントをはじめとして哲学者たちが美学的対象としたように，「崇高」の概念で捉えられることがある（桑島，2008など）。この文脈に従えば，原爆ドームや東日本大震災をはじめとする被災地の廃墟についても，美学的考察によって解釈が与えられることになる。その内実については，ここでは紙面の都合上つまびらかにすることが難しく，詳細は専門書に委ねることになるが，廃墟は単に物体として朽ちているのではなく，それに対峙した時，人間に大きなインスピレーションを与える存在として認識されている。

本書のテーマである観光学との関連で述べれば，17〜18世紀のイギリスの上流階級の子弟の間で，社交界にデビューする前の学業が一段落した時期に，家庭教師とヨーロッパを周遊するグランドツアーという旅が流行した。彼らはしばしばローマのコロッセオやアテネのパルテノン神殿を訪れ，廃墟化した構造物を眺めることで文明観を養ったといわれている。

このようにヨーロッパの文化史上，廃墟は重要な意味をもっている。したがって，欧米の観光客が，廃工場や廃村，またまさに被災地の廃墟化したエリアを見たいといった場合，必ずしも野次馬根性が元になっているわけではなく，そもそも文明観が異なるという視点から対応するべきであろう。

（5）今後のダークツーリズム

地域のマイノリティの気持ちを受けとめ，地元にとって都合の悪い記憶も受け継ぐダークツーリズムについては，単に「ダークツーリズムを受け入れるか否か」と二者択一的に考えるのではなく，地域の主流派の事業との衝突を回避しつつ，同時にダークツーリズムにおける記憶の承継を大切にする道を探すべきであろう。観光による経済の活性化はもちろん重要であるが，同時にまた，地域に新しく生まれる災害に関連した固有の文化を大切にすることも必要なのである。

本書の初版を書いた2018年１月段階では，国土交通省観光庁の公式サイトのどこにもダークツーリズムという言葉がなかったが，現在では，相応の注目を集めるようになっているようである。ただ，復興庁の観光関連の会議資料では「ダークツーリズムではない観光を」という言葉が一部に掲載されており，また，観光系学会でもダークツーリズムに関する批判的および否定的な論調はいまだ強い。こうした状況は，ダークツーリズムが体制から遠いところにあるとともに，ダークツーリズムのもつ価値が十分に伝わっていないことからくる誤解に起因していることも理由として挙げられよう。ダークツーリズムが本質的に有する力や価値が今後普及していくことで，こうした事態の改善が望まれる。

引用・参考文献

東浩紀編著『チェルノブイリ・ダークツーリズム・ガイド』ゲンロン，2013年。

東浩紀編著『福島第一原発観光地化計画』ゲンロン，2013年。

井出明「ダークツーリズムの真価と復興過程」日本災害復興学会学会誌編集委員会『復興』通巻第13号 7(1)，2015年，49～56頁。

井出明「日本型ダークツーリズムの可能性」観光・余暇関係諸学会共同大会学術論文集編集委員会編『観光・余暇関係諸学会共同大会学術論文集』4，2012年，9～15頁。

井出明「東日本大震災における東北地域の復興と観光について――イノベーションとダークツーリズムを手がかりに」『運輸と経済（特集　震災復興と観光)』72(1)，運輸調査局，2012年，24～33頁。

井出明『ダークツーリズム――悲しみの記憶を巡る旅』幻冬舎，2018年。

大森信治郎「『復興ツーリズム』或いは『祈る旅』の提言」日本観光研究学会編『観光研究（日本観光研究学会機関誌)』24(1)，2012年，28～31頁。

桑島秀樹『崇高の美学』講談社，2008年。

瀬尾夏美『あわいゆくころ――陸前高田，震災後を生きる』晶文社，2019年。

フンク・カロリン「『学ぶ観光』と地域における知識創造」地理科学学会編『地理科学』63(3)，2008年，160～173頁。

FIGHT FOR JUSTICE 日本軍「慰安婦」(http://fightforjustice.info/)。

J. Lennon and M. Foley, *Dark Tourism : The Attraction of Death and Disaster,* Hampshire: Cengage Learning EMEA, 2000.

Richard Sharpley and Philip R. Stone, *The Darker Side of Travel : The Theory and Practice of Dark Tourism,* Bristol: Channel View Publications, 2009.

第17章
フードツーリズム

1　観光と食

（1）観光資源としての食

観光の重要な3要素はアゴ（食事），アシ（交通），マクラ（宿泊）と呼ばれるように，食事は観光業の中でも重要な位置を占めている。そして食は，その地域での自然，伝統，文化，風俗と深く関わり，地域社会の中で育まれてきたものである。地域に競争優位性のある食と観光の関係性を確立することが，現在衰退傾向の著しい地方都市の活性化策となり，今後の展望を占う上で重要な指標となる。

衰退しつつある地方自治体では地元の食材を観光資源として売り出すために，地域ブランドとして付加価値をつけることで旅行の目的地（デスティネーション）になろうとしている。たとえば，2011年より香川県は通称「うどん県」を名乗り，香川の特産品であるうどんを全国にアピールするため，香川県観光協会が音頭を取り，全国各地から讃岐うどんを求めて観光客が訪れるようになった。これは地方行政PRの成功事例として挙げられるわかりやすい例であろう。これに倣い，2014年には鳥取県がズワイガニの水揚げ高全国一をPRする方法として「蟹取県」を名乗り，福井県は「福井県」として，「丼ツーリズム」による観光やドライブを推奨し，同県の移動・交流人口を拡大していくことを目指している。

他方，2013年に和食が国連教育科学文化機関（ユネスコ）の無形文化遺産に登録された。農林水産省は和食の特徴として①多様で新鮮な食材とその持ち味の尊重，②健康的な食生活を支える栄養バランス，③自然の美しさや季節の移ろいの表現，④正月などの年中行事との密接な関わりの4点を挙げている。またわが国は四方を海に囲まれ，森林面積は7割を超えており，海や山の幸に恵まれた豊かな国である。関西の海の幸だけを例に挙げても，北の福井県の越前・若狭の沖合には対馬海流（暖流）とリマン海流（寒流）が交わる漁場があり，ブランドの越前ガニのほか，カレイ，グジ，フグなどが獲れる。また，兵庫県の南部は瀬戸内海に面しており，明石近海の鯛やタコは，カニやエビなどのエサに恵まれ，早い海流にもまれて育つため身のしまりがよく味がよいとされる。和歌山県や三重県は黒潮（暖流）においては，マグロやカツオが豊富に獲れる漁場を擁している。和食や多種多様な食材は，インバウンド観光においても重要な要素として挙げられる。

いち早くフードツーリズムに注目したハルら（Hall et al., 2003）は，地元のアイデンティティを維持することに努め，地域の食の多様性と食文化の保護活動を行い，地域の経済力を強くする可能性を大いに秘めていると，食と観光の関係について唱えた。これを踏まえ，食と観光をテーマに研究している「日本フードツーリズム学会」では，フードツーリズムを「特定の地域での飲食を主要な観光動機とする旅行者の旅行形態，及び，その観光需要を戦略的にターゲットとする観光事業」と定義している。その他，「地域の特徴ある食や食文化を楽しむことを主な旅行動機，主な旅行目的，目的地での主な活動とする旅行，その考え方」（安田，2013）とするものもある。

このような食を主目的とした観光を，ここでは「フードツーリズム」と総称することとしたい。フードツーリズムが成立する一つの尺度は，ツアーが存在するかしないかである。地域特有の食材や食文化を謳い文句に集客し，十分な採算が取れる事業として判断できれば，旅行会社は食によるツアーを存続することが可能となり，消費生産地の産業や地域はその恩恵を受けることになり，ビジネスは成立する。さらにそれが拡大し，メディアを通じた周知や地域住民に広く受け入れてもらうことができれば，地域ブランドとして確立することができる。

(2) 食を主体とした観光

食が主目的になりうる団体観光客向けツアー例としては,「カニ・エビ・クエ・フグ・アンコウ・イクラ・アワビ・ウニ」などが挙げられる。一般的に,旬の魚介類は,現地の漁業協同組合が行っている朝市や一般の消費者用に設けた魚市場の食堂などで食べることができる。また大人から子供まで楽しめる「イチゴ・ミカン・サクランボ・リンゴ・ナシ」などの果物狩りは定番の日帰りバスツアーとして挙げられよう。このような旬の果物は主に個人農家によって観光農園という形で提供されている。観光客側は手軽に農作物の収穫体験と新鮮な果物を食べることができる。そして一方の生産者側においては,本来の営為とは異なる収益を見込むことができるため,現金収入を得る手法としてうってつけである。ただ,個人農家など家族で農園を管理している場合は,観光客に細かな対応まではできないこともあり,必ずしも全農家が観光農園を開いているわけではない。

個人観光客向けでは,関西のブランド牛である「但馬牛・近江牛・松坂牛」を目当てに,近畿・東海・中国・四国など周辺地域や遠く海外からの観光客も訪れており,食における観光の集客力は国内外から注目を浴びている。

最近では,ジビエ料理である「熊・猪・鹿」などを中心とした,安定供給が難しいために流通しにくい野生動物の食肉を求めたツアーなどもブームになりつつある。和歌山県では,野生鳥獣による農作物被害が年々増加しており,捕獲した猪や鹿を地域の貴重な食資源として,レストラン等での利活用や観光振興に活かそうと,解体処理施設や食肉流通システムの整備を推進している。なお,和歌山県は2011年から「わかやまジビエフェスタ」を開催しており,2022・23年は県内の飲食店・宿泊施設93店舗が参加したことで,周辺から多くの観光客が来訪している。ちなみに,この和歌山ジビエプロモーション事業は,かつて和歌山県がジビエの普及に関する取り組みとして,JTB 西日本和歌山支店に委託していたこともある。このことからも観光と食は密接に関連していることがわかる。

上記のように旬の鮮魚や果物などをツアーとして催行できるものも,漁獲量や生産量が極めて限定的で輸送が不可能なものも全国各地の市区町村に存在し,それぞれ様々な手法で観光客を誘致しようとしている。

（3）観光になりうる食の境界線と差別化戦略

観光と食における位置づけは尾家（2010）が詳しい。図17－1はどのような食のパターンが観光になりうるかを3つの群に分けて考察し，示したものである。

図では，横軸に「観光の付加価値」，縦軸に「美味の付加価値」を置き，A群からC群までを描いている。A群は「食の観光事業群」として旬のグルメ旅や名物料理が代表例となる。B群は「食によるまちづくり群」となり，地産地消レストランやご当地グルメが対象となる。そして最後のC群は「美食エンタテインメント群」としてミシュラン・レストランやオーベルジュなどが挙げられる。ちなみに「オーベルジュ」とは，フランス特有の宿泊施設を備えたレストランである。フランスでは，郊外に地元の素材を使用するレストランが多く存在する。フランス料理にワインは欠かせないため，飲酒後に長距離を運転して帰ることができないことから，宿泊設備を備えたレストランが多く誕生したという。日本でも，フレンチの一般化とともに，全国の観光地やリゾート地，別荘地などにもオーベルジュがオープンするようになった。現在の日本におけるオーベルジュは，フレンチに限らず日本料理や世界各地の料理を提供する店舗が増加しつつある。

観光の付加価値（横軸）が大きいということは，周辺の他の観光アトラクションへの従属度は弱く，単一事業での潜在力が大きいことを示している。したがってA群の食の観光事業はフードツーリズムとしての安定性が高いことを示している。B群の食によるまちづくりは地域活性化，あるいは地域再生の目的要素が高いことを示している。C群の美食エンタテインメントは美味の付加価値（縦軸）が全般的に高く，観光の付加価値も十分に高いと思われるが，顧客の期待度が高いだけに小さな落ち度が観光価値を減ずるという弱みがある。

よって，A群，B群，C群はフードツーリズム圏に入ることができるが，それ以外のチェーン店，ファストフードなどは日常食圏ということになり，観光と食という位置づけからは除外することとなる。もちろん，地域限定のチェーン店やファーストフード店も存在することから，まだ秘められた可能性も存在すると考えられるが，ここでは一般的な概念として参考にしておきたい。

以上のように，食における観光の説明はこのフードツーリズム概念図で大枠

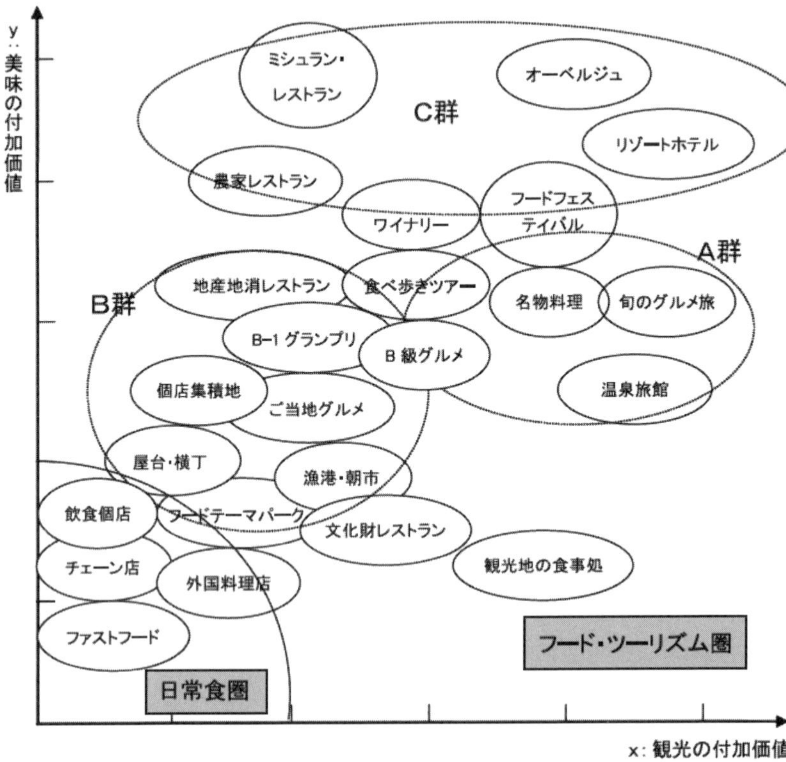

図17－1　フードツーリズム概念図

出所：尾家，2010年，33頁。

を捉えることができるだろう。どこからが日常の食であり，どこからが非日常を求める観光客が求める食かについてはこれを参考にするのがよい。

これまでに述べたように，観光と食は大きな関係がある。しかし，ただ豊かな食資源を有していても，それだけでは観光客を集客することができず，地域に経済的，社会的な恩恵は与えられない。よって，食による観光客の誘致における一つの方法として，「食のアトラクション化」の説明をしておきたい。尾家（2009）は，元々存在していた観光資源が観光アトラクションへと成長し，それが観光戦略の要となり，それらがやがて地域全体を巻き込んだ施策への転換をもたらすことが必要だと述べている。食を観光産業における差別化要因の一つにすることが地域の強みとなることは間違いない。B級ご当地グルメを事例に，競争優位を構築する3つの差別化要素について見てみよう。それらは，①当該地域の歴史・経緯との関連，②当該地域の一次産品との関連，③「B級ご当地グルメ」取り扱い飲食店の集積である。①は戦後から地域で親しまれていたという親和性，②について一次産品は地域の立地や気候などに依存しているため，他地域による模倣が難しいこと，③は集積間の密集が競争を生み，それが全体のレベルアップにつながることが挙げられる（村上，2011）。これらの視点は，以降で述べる観光と食の関係性において，一つの戦略として重要になる。

2　各国における食と観光

（1）フランスのガストロノミー

フランスにはテロワール（terroir：土地柄）という特有の概念が存在する。テロワールとは，「土地」を意味するフランス語「terre」から派生した言葉であり，特にフランスの有名ワインの伝統的な特徴のことをいう。ワインづくりにおいて，同じ地域の農地は土壌，気候，地形，農業技術が共通するため，作物にその土地特有の性格を与えやすい。これにより，ある地方や特定の畑は，ワインに類似性や独自性をもたらすと考えられている。

食材と原産地とが密接な関係にあることは，上記のテロワールという概念から想像できよう。そこに地域固有の調理方法や芸術的な陶器なども含めると，文化と料理の関係については，さらに考察を要する。これをフランスでは，ガストロノミー（gastronomie）という。「美食術」，「美食学」とも訳されており，このガストロノミーを冠した美食都市「Gastronomic City」などの名称は，旅行客を引きつけるキャッチフレーズとして大きな意味をなしており，食と観光を理解する上で重要なキーワードとなる。美食都市や食の都を目指す市町や地域は近年増加している（尾家，2015）。

フランスでは，食文化の維持と向上のための国策として，農業・農産加工物・林業省の傘下にある公共団体が「食文化と文化遺産のためのフレンチミッション」においてディジョン市，リヨン市，パリ郊外のランジス市，トゥール市を選定した。この4都市では，「美食センター」などを設けることにより，フランスのエリートシェフの教育や子供の食教育などを行いつつ，新たな観光拠点を設けようとしている。たとえばトゥール市では，2016年時点でまだセンターは設立されていないものの，およそ30カ所あるワイナリーでは，観光客が食事だけを持参すれば，ワインを振る舞うなどの取り組みを行っている。

（2）イタリアのスローフードとアグリトゥリズモ

近年，食に関する社会的な考え方が変わってきており，戦後アメリカから広がったファストフード文化に対する「スローフード」のブームが起こったことにより，観光と食がより結びつくようになってきた。スローフードは，イタリアで食の同質化や画一化に対抗して生まれたものである。これは食文化を守る運動のスローガンであり，地域の伝統食や調理法を守り，食事をゆっくり味わうことを目指している。

イタリアにはアグリトゥリズモ（agriturismo）という言葉がある。イタリア語で農業を意味するアグリコルトゥーラ（agricoltura）と観光を意味するトゥリズモ（turismo）を合わせた造語である。これは1960年代の大規模な冷害により被害を受けた農家を支援する目的で，労働組合などが農家の兼業として民宿的な営業を推進したことから始まった「農家兼宿泊所」のことである。

アグリトゥリズモの一軒ごとにおける経営規模は小さいが，2015年にはおよそ2万1000軒が営業している。地域的にはイタリア北東部と中部に集中しており，その中でもトスカーナ地方に約25％が集中している。トスカーナはワインづくりの盛んな地域であり，まさにイタリア農業を代表する農場が多数存在する。アグリトゥリズモでは，宿泊客に提供する料理の食材は運営する農家の自家製品，または，農家が所在する指定地域内で生産されたもの，あるいは国の「伝統的食料品リスト」中の製品が使用され，いわば地産地消の徹底であるといえる。特にワインは，その醸造方法などの厳密な規定や生産地に基づく格付けの表示がされている。なおイタリアのワインの格付けは，ワイン法で規定されている。このように徹底した「トスカーナらしさ」は地域の強い郷土愛の下に成り立っており，多くの観光客が，トスカーナにあこがれて，アグリトゥリズモを訪れ，満足して帰っていく。

（3）日本型フードツーリズム

先述したガストロノミー，スローフードといった視点に加え，1980年代頃より，アメリカやカナダでは，栄養バランスに優れ，一般的な食品より栄養価が高い食品である「スーパーフード」が登場した。昨今，日本でもホテルの朝食として宿泊客に提供されるようになりはじめた。このような健康によく栄養分を豊富に含みながら低カロリーな食品は，ブランドとはまた違った「健康」という付加価値をつけており，新たな食の可能性を示唆している。

日本の観光と食に関する取り組みは，前節で取り上げた典型的なツアーのほか，後述する新たな魅力あふれる旅が開発されつつある。

早くから観光と食について研究している日本フードツーリズム学会前会長である尾家（2010）は「フード・ツーリズムは特に新しい観光現象ではない。食が美味・美食である場合，その食はいつの時代にもその土地の観光アトラクションとして人を引き付けて来た」という。わが国においてもようやく食が観光資源として本格的に捉えられるようになり，今後さらなる日本型フードツーリズムが確立されていくだろう。

3　フードツーリズムによる地域活性化

（1）古い建物のリノベーションと日本型オーベルジュ

近年，地方都市だけに限らず都心部においても古民家・旧銀行・閉店した銭湯・廃校・使われなくなった蔵などを改修したカフェやレストランが人気を博している。特によく見かけるようになった古民家カフェにはオーナーの趣味で揃えられた小物雑貨やアンティーク品などが並び，店主の嗜好を凝らした店作りが行われている。また，そういった古い建物のリノベーション活用を積極的に進め，テナントとして入る大手飲食業の支店やフランチャイズ店なども多く存在する。

図17－2　秋津野ガルテン
出所：筆者撮影。

一方では，有名シェフやパティシエが手がけた料理を振る舞う宿泊施設を兼ね備えたレストランなども存在する。たとえば，北海道上川町にある大雪高原旭ヶ丘には，フラワーガーデンの「大雪森のガーデン」と「ガーデンレストラン＆ヴィラ」が併設されており，後者には，「フラテッロ・ディ・ミクニ」があり，大自然を眺めながら道産食材にこだわった食事を楽しめる。また，三重県菰野町にある「アクアイグニス」には，元々存在していた長岡温泉にレストランやカフェのほか，宿泊棟，ウエディング施設，畑，温泉関連のアメニティグッズや菓子を販売しているショップが併設されており，１日楽しむことができる。

次に，地方における「農家レストラン」を紹介しよう。これは「農村レストラン」という括り方もされ，主に農山漁村における地域の食材を活かした料理を楽しめる施設である。近年，このような施設が増加しつつある傾向には２つの理由が挙げられる。１つは，産地偽装問題などをきっかけに食品の安全性への関心が高まっていること，もう１つは，農家の農産加工や直売などでの起業志向が高まっていることである。施設の形態としては，フレンチやイタリアンのシェフが自ら畑を耕し，単体で設置されているものや民宿・ペンション等の宿泊施設と連携して営業しているもの，さらに直売所や道の駅，公的な総合交流施設の一機能として設置されたものなど，多種多様に存在する。そのため，農家とはいいつつも，必ずしも元農家として活用されていたものをレストランとしてリノベーションした施設ではない。

ちなみに，この農家レストランと先述したオーベルジュの両方を兼ね備えた日本型オーベルジュが存在する場所がある。それは和歌山県田辺市の秋津野ガルテンである（図18－2）。2009年に開業した同施設は，旧上秋津小学校の校舎を活用しており，地元の女性がつくる農家レストラン「みかん畑」がある。ここでは地元の野菜や旬の山菜を使い，子供が好きなカレーや揚げ物，大人の嗜好に合わせた総菜や香の物，そして茶がゆをはじめとする郷土料理など，いわゆるスローフードを提供している。このレストランに併設されている宿泊棟では，和室4人部屋が6室，8人部屋が1室用意されており，朝食に茶がゆ，夕食に「秋津野の御膳」が提供される。なお，フロントは旧職員室が再活用されており，旧上秋津野小学校で行われている様々なイベントにも参加することができる。

（2）食のイベント化――「バル」と「B級グルメ」

食に関連するイベントとして，ここでは大きく2つの取り組みを紹介したい。1つは既存の店舗で逸品料理を出すバルイベント，もう1つは，地域性を売りにしたB級ご当地グルメを活用した集客事業である。

バルイベントは，北海道の函館市・西部地区で始まったものである。2004年に世界料理学会が「スペイン料理フォーラム in HAKODATE」を開催し，函館のスペイン料理店「レストラン・バスク」のオーナーシェフ深谷宏治氏が前夜祭を行い，そこで「西部地区で一晩のバル街を」というキャッチフレーズの下に始まった。このバルとはスペインの「バル（Bar)」からヒントを得たものである。スペインでは，喫茶店，立ち飲み居酒屋，食堂，社交場において客は立ったままで飲み食いし，「ピンチョー」と呼ばれる爪楊枝で焼き物，揚げ物，ハムなどをアルコールとともに楽しむものである。またスペインのバルでは，友だち数人で出かけて各自の贔屓の店をハシゴするのが生活スタイルとして根づいている。これを真似て，現在では関西をはじめ全国各地でバルイベントが開催されている。

2015年の函館バルのイベントでは「きものdeバル」と称したイベントも開催され，函館まちづくりセンターへ来た人々には，着付けやジュースのサービスが行われた。さらに「音楽隊」もまちを練り歩き，チンドン屋，ジャズライブ，フラメンコ，ビッグバンド，三味線などの音色があたりに鳴り響いた。また，移住体験・寺の夜間開放も同時に行われ，人口減少に悩む函館市は，このイベントに訪れる他地域の人々に移住を勧める体験説明会を開き，地元の寺院も協力した。

次に，B級ご当地グルメを活用した取り組みを見ていこう。ご当地グルメとは，まちをPRする地域資源として食を捉え，食材よりも食文化にフォーカスしたグルメのことを指す（愛BリーグHP）。その中でも地元に愛され，安くて美味しくボリュームのある庶民的な食べ物を「B級ご当地グルメ」と名づけた。一般的なB級のイメージは「B級映画」から派生したように，いわゆる「A級」に対して品質の悪いものであるかのような誤解があるが，B-1グランプリのBはブランドのBを意味している。なお，近年有名になった「B-1グランプリ」の正式名称は「ご当地グルメでまちおこしの祭典！ B-1グランプリ」である。

B級ご当地グルメで行う地域活性化の取り組みは，2000年前後から静岡県富士宮市で始められ，全国で地域のブランド化を目指して活動が続けられている。「富士宮焼きそば」は，1999年，富士宮市のまちおこしとして，古くから当地で食べられてきた焼きそばを新たに命名したものである。この焼きそばを名乗るためには3つの条件がある。それらは①指定された麺を使用する，②油かすを使用する，③仕上げに削り粉を使用する，である。全国的にも同様に，B級ご当地グルメには上記のような条件が設けられ，勝手に食材を変更したり，別の調理方法などで作ったものはご当地ブランドを名乗らせないように努めている。

（3）ワイナリー・酒蔵の活用

酒を活用した集客事業では，たとえばワイン蔵にて「河内ワイン」が様々な趣向を凝らした取り組みを行っている。あまり知られてはいないが，大阪府羽曳野市と柏原市一帯は，種無しぶどう「デラウエア」の一大生産地である。同地は昭和初期に全国一のぶどう生産高を誇っていたが，現在は生産数を大きく下げた。ぶどう農家は減少していき，ぶどう畑は住宅地へと変わってきた。その中でワイン製造を担う数社が様々な取り組みによって地域の活性化に役立てようとしている。たとえば，羽曳野市の河内ワインでは，本社の近くに「金色堂」というワイナリー直営レストランを手がけ，無料の工場見学ツアーや毎月少人数制のワイナリー見学会ツアーを開催し，自社のワインを販売するワイン館では試飲会なども行っている。

酒蔵の活用では，兵庫県の灘五郷が有名である。沢の鶴，白鶴，菊正宗など全国に名の知られた有名酒造会社が多数存在しており，酒蔵を無料で見学することができる。土産物では，日本酒をはじめ，酒かす，甘酒といった定番商品からフローズンやアイスなども購入することができる。各酒蔵には，資料館や工場見学のほかレストランが併設されており，酒蔵めぐりコースなども設定されるほど定番の観光地となっている。

（4）食の可能性

本章では観光と食をテーマにして，食から地域づくりといった可能性について見てきた。食と観光の関わりを理解する一つのキーワードとして「場所の味覚」という言葉がある。これはガストロノミーの日本人的な理解であり，「限定された地域，季節，手法がなければ食することができないもの」を指している。観光の副次的な扱いにされることが多い食だが，今後ますますローカリゼーションが進むと同時に，一つの重要な集客ファクターとして見直されていくだろう。

疲弊しつつある地域だからといって，新たな大規模な公共工事やショッピングセンターを誘致して，無理に地域振興を行わずとも，食を中心とした開発はまだまだできることがあるはずである。食のポテンシャルは未知数であり，今後，食の安全・安心などの不安が社会現象として広まっていくに伴い，観光産業における食の重要性は高まっていくに違いない。

引用・参考文献

尾家建生「観光資源と観光アトラクション」『大阪観光大学紀要』第９号，2009年，１～19頁。

尾家建生「フード・ツーリズムについての考察」『観光＆ツーリズム』第15号，大阪観光大学観光学研究所，2010年，23～34頁。

尾家建生「美食都市とフードツーリズムの形成」『大阪観光大学紀要』第15号，2015年，71～77頁。

鈴木勝「食文化を活用した国際ツーリズム振興」『大阪観光大学紀要』第７号，2007年，15～23頁。

村上善郁「B級ご当地グルメ市場の特性に関する一考察」『大阪観光大学紀要』第11号，2011年，85～92頁。

安田恒宏『食旅と観光まちづくり』学芸出版社，2010年。

安田恒宏『フードツーリズム論』古今書院，2013年。

安田恒宏・中村忠司・吉口克利『食旅入門』教育評論社，2007年。

愛Ｂリーグ HP（http://b-1grandprix.com/）。

C. Michael Hall, Liz Sharples, Richard Mitchell, Niki Macionis and Brock Cambourne, *Food Tourism Around The World,* Routledge, 2003.

第18章
祭礼文化と観光

1　日本の祭り

（1）種々の祭り

わが国には，様々の祭りがある。その中には，100万人以上の観光客を集める祭りがいくつもあり，祭りを巡るツアーもある。したがって，祭りは地域にとって重要な観光資源である。祭りと観光の関係を学ぶにあたって，まず日本の祭りの種類を見ておこう。日本で祭りと呼ばれているものは，大きく次の2つに分けることができる（『日本国語大辞典』参照）。

(a)神仏，祖霊などに奉仕して，祈願や感謝をしたり，慰撫，鎮魂したりするための儀式――カミのいる祭り。

(b)記念，祝賀，宣伝などに行う集団的行事――カミのいない祭り。

このうち，(b)の中の宣伝のための行事を除いて，別の視点からさらに細く分類すると次の5つに分けることができる（米山，1986a より「都市の祭り・田舎の祭り」参照，ただし⑤は筆者の追加）。

①私の祭り――祖先祭祀，地鎮祭，雛祭など節句の祭り。

②職能神の祭り――豊作・大漁祈願，商売繁昌，庖丁・薬などの神さまの祭り。

③地域の祭り――農・漁村の共同祭祀，産土神の祭り，村社・郷社などの地域社会の祭祀，盆踊りなどの盆の行事，都市の大規模な祭礼，市などが主催するパレード，市民主体の祭り。

④公の祭り――天皇家の神事，国の祝祭的行事，戦没者慰霊祭，原爆被災者法要など。

⑤国際的な祭り――オリンピック，クリスマス，アートフェスティバル（音楽

祭，演劇祭，映画祭など）等。

これらの祭りの中で，観光との関連が強いのは，③の地域の祭りである。②や⑤も催行される場所は，特定の地域となるので，地域の祭りとしての性質をもつことになる。①も仙台の七夕祭のように，地域に拡がって行われる場合，地域の祭りとなり，観光行事の性格をもつことになる。

（2）祭りの進化

地域の祭りの中では，都市の祭りが，その進化の過程で，観光行事として発展することになる。日本民俗学の創始者・柳田国男は次のように語っている。

> 日本の祭の最も重要な一つの変り目は何だったか。一言でいうと見物と称する群の発生，すなわち祭の参加者の中に，信仰を共にせざる人々，言わばただ審美的の立場から，この行事を観望する者の現れたことであろう。
> （柳田，1969より「祭りから祭礼へ」）

見物人が登場したのは，祭りが単なる宗教行事（神事）ではなく，何らかの文化要素（田楽や猿楽などの芸能）が神賑し行事として始まっていたからである。

祭りは五穀豊穣・疾病退散などを祈願するために神を祀る儀式（神事）から始まったが，中世には神をもてなし，楽しませる神賑し行事――芸能や山・鉾・屋台の行列など――がそれに加わるようになる。祭りは祭礼へと変化する。そして，祭礼に見物人が登場し，「見られる祭」となる。祭礼を行うまちの人々は，見物人を意識して「競い合い」をするようになり，「見せる祭」に発展してゆく。祭礼の観光行事化である。祭礼を行う人々（町衆）は，「見せる」ために様々の趣向を凝らすことになり，新しい文化の形成も進む。ここで再び，柳田国男の言葉を紹介しておこう。

> 一般的なる祭礼の特色は，神輿の渡御，これに伴ないいろいろの美しい行列であった。中古以来，京都などではこの行列を風流（フリュウ）と読んでいた。風流はすなわち思い付きということで，新しい意匠を競い，年々目先をかえて行くのが本意であった。我々のマツリはこれあるがために，サイレイになったともいえるのである。……
>
> 特に夏の祭をこの通り盛んにし，また多くの土地の祭を「祭礼」として

しまったのは，全体としては中世以来の都市文化の力であったと言い得るのである。（柳田，1969より「祭から祭礼へ」）

都市の祭りの進化の中心となったのは，都市・京都である。京都における商工業の発展・その担い手である町衆の形成，町衆文化の展開があり，町衆文化の粋を示すものとして，祇園祭があった。

2　観光資源としての祭り——祇園祭など

（1）祇園祭の魅力

祭りが重要な観光資源となる事例として，京都の祇園祭をみよう。祇園祭を取り上げるのは，祇園祭がその歴史・規模・豪華さにおいて，日本を代表する祭りであり，観光集客力もわが国で最大といってよく，またその後の日本の祭りに大きな影響を与えたからである。祭りの期間は7月1日の「吉符入り」（祭事始め）から31日までの1カ月に及び，その間様々な行事が行われる。その中で最も重要な行事は「神輿渡御」と「山鉾巡行」であるが，特に34基の山鉾が京都の都心地区を進む山鉾巡行は豪華絢爛であり，しかも江戸時代中期に完成した形をほぼそのまま伝えている。したがって，その文化的価値は極めて高く，1979年に国の重要無形民俗文化財に指定され，2009年にはユネスコの無形文化遺産に登録された。

1カ月間に行われる行事の内容をみると，次の3つのタイプに分けることができる。

①神輿渡御とその関連行事——神輿洗式，宵宮祭，神幸祭，還幸祭，神事済奉告祭など

②奉納行事——伝統芸能奉納，献茶祭，石見神楽，琵琶奉納，花傘巡行，狂言奉納など

③山鉾巡行とその関連行事——くじ取式，山鉾建て・曳初め，宵山，山鉾巡行など

①のタイプは，八坂神社とその氏子集団によって催される神事である。②のタイプに分類される芸能などの奉納行事の多くは，かつては山鉾とともに神輿

図18－1　祇園祭（御池通を進む山鉾と観覧席）
出所：川塚錦造・薬師洋行・井上博義『京都・祇園祭を歩く』日本写真企画，2009年。

の前後に供奉しつつ，神を慰撫する神賑行事であったが，今日では大部分が八坂神社の境内で行われる文化行事となっている。③のタイプの中の山鉾巡行は，前祭（7月17日）と後祭（7月24日）に分かれ，それぞれその前3日間の宵山とともに，祇園祭のハイライトであり，市内外から外国人を含む観光客（約100万人）を集める文化行事であると同時に，一大観光行事である（図18－1）。

山鉾巡行（関連行事を含む）が多くの観光客を集める魅力はいろいろあるが，その一つは祇園祭独特の宵山情緒である。駒形提灯が灯った山鉾の並ぶ路上にコンチキチンの祇園囃子が流れるとともに，町会所では会所飾りがあり，町家では「屛風祭」（家の中を屛風や書画等を美しく飾り立てて道行く人々に見せる慣習）が開かれて，町は非日常の祝祭空間となる。もう一つは，山鉾風流（趣向）の作り物（人形など）や懸装品である。特に，山鉾の周囲を飾る染織品はアジア・ヨーロッパ諸国から渡来した貴重品や日本の伝統的工芸品である。これらの華麗な美術品で飾られた山鉾は「動く美術館」と称されている。

（2）祇園祭の起源と伝播

祇園祭の起源は平安時代に遡る。794（延暦13）年，山城盆地に平安京が誕生して都市形成が進むと，水の汚染を原因とする疫病が流行するようになる。当時の人々は，この疫病をこの世に怨みを残して死んだ怨霊の祟りと考え，この災いをもたらす疫神を慰撫して疫病退散を祈願する目的で始まったのが「御霊会」（最初の記録は863年）で，10世紀には疫病除災神・牛頭天王を祭神とする祇園社が造営され，970（天禄元）年から「祇園御霊会」が定例化する。その後，神輿渡御の行列の中に，今日の山鉾の原型である「作り山」が登場し，室町時代に経済力をつけて台頭してきた町衆に支えられて，山鉾巡行は発展してゆく。江戸時代に入って，町衆の繁栄とともに山鉾は華麗なものとなり，今日に伝わる盛大な山鉾巡行ができあがる。

京都で祇園祭が成熟していった中世から近世にかけて，京都をモデルとして，地方都市の建設が進むことになる。その多くは大名の城下町であったが，それらは後に「小京都」と呼ばれるようになる。それとともに，京都で発展してきた文化が地方へ伝播することになるが，その一つに祭礼があった。全国各地に祇園社が創建され，祇園祭も催行されるようになる。そして祇園会の風流・作り山（今日の山鉾）がモデルとなって，地方都市でも屋台・山車の祭り（小祇園祭）が行われるようになった。その多くは高山祭や秩父祭，博多祇園山笠などのように，今日さらに盛大な祭りとなり，日本の貴重な文化遺産として，国の「重要無形民俗文化財」に指定されている（詳しくは，表18－3参照）。それらはいずれも多くの観光客を集め，地域の重要な観光資源となっている。

その他の，観光行事としても有名な日本の祭りを挙げておこう。

・神輿渡御が中心の祭り——神田祭・山王祭（東京都），天神祭（大阪市），日吉祭（大津市），灘のけんか祭（姫路市）など。
・七夕・盆行事関連の祭り——仙台七夕祭（仙台市），青森ねぶた祭（青森市），弘前ねぷた祭（弘前市），竿灯（秋田市），大文字五山送り火（京都市）など。
・盆踊りの祭り——阿波踊り（徳島市），郡上おどり（岐阜県郡上市八幡町），おわら風の盆（富山県八尾町）など。
・市や市民主導の祭り——さっぽろ雪祭，YOSAKOI ソーラン祭（札幌市），よさこい祭り（高知市），神戸まつり（神戸市），加賀百万石祭（金沢市）など。
・その他の著名な祭り——葵祭・時代祭・鞍馬の火祭り（京都市），春日若宮おん祭（奈良市），岸和田だんじり祭（岸和田市），長崎くんち（長崎市），博多どんたく（福岡市）など。

3　祭りと地域

（1）祭りと地域経済・地域文化

観光資源となる祭りは，様々のチャネルを通じて地域の経済と関連し，地域経済の振興に貢献している。まず第1に，観光客の来訪・滞在によって，第3～6章で論じられたように，観光産業（旅行産業・宿泊産業・運輸産業や土産物産業など）を潤す。祭りそのものは短期間であるとはいえ，大きな経済効果をもたらしている。また，観光客は祭りの前後に他の観光対象に巡回するケース——たとえば，祇園祭と嵐山——も多く，効果は他へも及ぶことになる。また，祭り自体は短いが，祭りの準備は早くから始まっていることも忘れてはならない。

第2に，華やかな祭りを維持する祭礼関連産業が存在する。まず，大規模な祭礼が行われる地域には，屋台（山，鉾，山車，地車など）を組立・製作・修理する職人（工務店）が相当数存在する。また，屋台を飾る彫刻や懸装品・金具などを製造・修理する業者・職人（彫刻師，金具師，塗師，人形師，染織職人等）が活動している。さらに，祭礼衣装（裃，法被，地下足袋など）を製造する業者も必要である。これらの業者・職人は自地域だけでなく他地域からの注文も受けている。そして，それらの業者・職人と密接な関係にある業者と連携しながら，伝統産業の存続・継承が行われているのである。

第3に，祭礼は様々の芸能を育ててきた。日本の芸能は，祭礼の神賑行事から始まり，その多くは現在も伝統芸能として継承されている。囃子，神楽，田楽，田植踊，念仏踊，からくり等が今日なお日本各地の祭りで催され，観光客を惹きつけている。祭礼は，伝統芸能・伝統文化の保存・継承システムの一環を担っており，個性ある地域文化の形成に貢献している。

（2）祭りと地域社会

現代における祭りの社会的機能にも注目しておきたい。かつて祭りは地縁共同体における行事・共同事業であった。人々は祭りに参加することによって，共同体への帰属を確保し，アイデンティティを確認することができた。しかし，現代の都市の場合，職住分離やビル化が進行して，地縁共同体は変容・解体しつつある。山・鉾・屋台等を出すまちは昔と変わらないが，今やまちの住民は少なくなり（ゼロのところもある），祭りにはまちの外から通って参加している人が多くなっており，また多数のボランティアが参加している。地縁とは別の「祭縁」が形成されており，祭りが人々を結びつける絆となり，ネットワークが形成されている。

この絆・ネットワークは現代の社会科学でいうソーシャル・キャピタル（社会関係資本：人々や組織の間の協調的行動を容易にする信頼関係を基礎に，規範をもつネットワーク）である。今日，都市の大きな祭りでは，多くの人々や団体がいくつものソーシャル・キャピタルを重層的に形成して協力しつつ祭りを行っている。伝統の祭りを保存・継承する中で，人々はソーシャル・キャピタルを形成し，観光客と交流しつつ，伝統産業・伝統文化を守り，「まちづくり」や地域の発展に貢献している。

4　祭りと観光の政策課題

（1）政府による支援の必要性

祭りが単なる宗教行事ではなく，文化・観光行事として地域の公共空間の中で挙行されていること，また前節でみたように，地域の経済的・社会的発展に貢献していること等に関連して，地域の政府が対応すべき行政的・政策的課題が生じてくる。そして，祭りに対して，何らかの形で，行政からの支援が要請されることになる。

まず，山・鉾・屋台などの円滑な巡行のためには，行政による種々の後方支援が必要である。祭りの前に，道路の補修・整備が行われ，祭礼当日は警察による交通・駐車規制が実施される。また，大量の廃棄物の処理が必要であり，消防局では救急・救助・火災に備え特別の体制がとられる等，様々の公共サービスが提供されねばならない。

次に，多くの地域で，地方政府は観光振興の一つの方策として，祭礼文化の保護・発展に力を入れようとしている。そのための方法の一つが祭礼関連施設の建設である。たとえば，高山市は，1968年に，「高山屋台会館」を完成させ，高山祭の屋台を展示している。岸和田市も1993年に「岸和田だんじり会館」を開設し，だんじり祭に関する資料を展示している。

また，特に伝統的な祭りの場合，祭りは重要な文化遺産である。したがって祭りは文化遺産保護の対象となり，地域は国と協力しつつ保護・支援を行う体制を整備する必要がある。そこでまず，観光資源における文化遺産の位置を確認しておこう。

第２章で触れたように，観光学では文化遺産を人文観光資源の構成要素と捉えているが，人文観光資源には有形のもの，無形のもの，伝統的なもの，現代のものがあり，まとめると表18－１のようになる。

表18－1　人文観光資源の種類

	伝統的なもの	現代のもの
有形	寺社，町家，城郭・城跡，庭園，史跡，碑・像など	ミュージアム，劇場，図書館，橋などの建造物，パブリック・アート，公園など
無形	祝祭，古典演劇，盆踊・雛祭などの年中行事	ミュージカル，ファッション，オリンピック，体育祭，芸術祭など

出所：岡本（2001）121頁を参考に，筆者作成。

表の中で，有形・無形の伝統的なものが文化遺産と呼ばれるものである。そして，文化遺産を観光資源として活用するためには，遺産保護は必要不可欠であり，また保護のあり方は観光にも大きな影響を及ぼすことになる。そこで，文化遺産の保護がどのように進められてきたのかをみよう。

（2）わが国における文化遺産保護

わが国の文化遺産保護制度は，1871（明治4）年の「古器旧物保存方」（大政官布告）に始まり，1897（明治30）年の「古社寺保存法」，1929年の「国宝保存法」を経て，第二次世界大戦後の1950年に「文化財保護法」の制定によって体系化された。この法律によって，有形文化遺産だけでなく無形文化遺産も保護の対象となり，その後の改正によって，民俗文化財概念が導入され，また伝統的建造物群保存地区，文化財の保存技術や文化的景観・民俗技術も保護の対象となり，文化遺産の保護制度は整備されていった（表18－2）。

このほかに，地域の文化遺産や文化風土を保護，活用しようという目的の法律も制定されてゆく。いわゆる古都保存法（「古都における歴史的風土の保全に関する特別措置法」1966年公布，1980年改正）が施行され，京都市，奈良市，鎌倉市，奈良県（6地区）の歴史的風土保存地区が指定された。次いで，「明日香村における歴史的風土の保存及び生活環境の整備等に関する特別措置法」（1980年）が施行，1992年には，「地域伝統芸能等を活用した行事の実施による観光及び特定地域商工業の振興に関する法律」（お祭り法）が成立，2004年の景観法の公布を経て，2008年に，「地域における歴史的風致の維持及び向上に関する法律」（歴史まちづくり法）が成立した。この法律によって，文化財行政とまちづくり

表18－2　わが国における文化遺産保護行政の歩み

1871（明治４）年	古器旧物保存方	
1897（明治30）年	古社寺保存法	
1919（大正８）年	史蹟名勝天然記念物保存法	
1929（昭和４）年	国宝保存法	
1933（昭和８）年	重要美術品等ノ保存に関スル法律	
1950（昭和25）年	文化財保護法	有形文化財
		無形文化財（新設）
		埋蔵文化財
1954（昭和29）年	同法改正	民俗資料（独立）
1968（昭和43）年	同法改正	文化庁発足
1975（昭和50）年	同法改正	民俗文化財（有形・無形民俗文化財）
		伝統的建造物群保存地区（新設）
		文化財の保存技術（新設）
1996（平成８）年	同法改正	文化財登録制度（導入）
1999（平成11）年	同法改正	文化財保護における地方分権の推進
2004（平成16）年	同法改正	文化的景観（新設）
		民俗技術（新設）
2019（平成31）年	同法改正	文化財保存活用地域計画

出所：筆者作成。

行政とが連携することになり，都市観光の発展に大きく貢献しつつある。

その後，文化行政は文化遺産の保存から活用にも力を入れる方向に進み，2018年には都道府県が「文化財保存活用地域計画」をたてることができるようになる。

（３）ユネスコの文化遺産保護

他方，第二次世界大戦後，国際的にも文化遺産保護の動きは高まってくる。1972年に，ユネスコ（UNESCO：国連教育科学文化機関）は，「世界遺産条約」（世界の文化遺産及び自然遺産の保護に関する条約）を採択した。この条約は，人類全体にとって「顕著な普遍的価値」を有する文化遺産および自然遺産を国際協力によって保護することを目的とするものであり，日本は1992年に条約国とな

表18－3　ユネスコ無形文化遺産に登録された「山・鉾・屋台行事」（33件）

行事名	保護団体	府県名	市町名
八戸三社大祭の山車行事（平成16年国指定）	八戸三社大祭山車祭り行事保存会	青森県	八戸市
角館祭りのやま行事（平成３年国指定）	角館のお祭り保存会	秋田県	仙北市
土崎神明社祭の曳山行事（平成９年国指定）	土崎神明社奉賛会		秋田市
花輪祭の屋台行事（平成26年国指定）	花輪ばやし祭典委員会		鹿角市
新庄まつりの山車行事（平成21年国指定）	新庄まつり山車行事保存会	山形県	新庄市
日立風流物（昭和52年国指定）	日立郷土芸能保存会	茨城県	日立市
烏山の山あげ行事（昭和54年国指定）	烏山山あげ保存会	栃木県	那須烏山市
鹿沼今宮神社祭の屋台行事（平成15年国指定）	鹿沼いまみや付け祭り保存会		鹿沼市
秩父祭の屋台行事と神楽（昭和54年国指定）	秩父祭保存委員会	埼玉県	秩父市
川越氷川祭の山車行事（平成17年国指定）	川越氷川祭の山車行事保存会		川越市
佐原の山車行事（平成16年国指定）	佐原山車行事伝承保存会	千葉県	香取市
高岡御車山祭の御車山行事（昭和54年国指定）	高岡御車山保存会	富山県	高岡市
魚津のタテモン行事（平成９年国指定）	魚津たてもん保存会		魚津市
城端神明宮祭の曳山行事（平成14年国指定）	城端曳山祭保存会		南砺市
青柏祭の曳山行事（昭和58年国指定）	青柏祭でか山保存会	石川県	七尾市
高山祭の屋台行事（昭和54年国指定）	日枝神社氏子山王祭保存会	岐阜県	高山市
	八幡宮氏子八幡祭保存会		
古川祭の起し太鼓・屋台行事（昭和55年国指定）	古川祭保存会		飛騨市
大垣祭の軕行事（平成27年国指定）	大垣祭保存会		大垣市
尾張津島天王祭の車楽舟行事（昭和55年国指定）	尾張津島天王祭協賛会	愛知県	津島市・愛西市
知立の山車文楽とからくり（平成２年国指定）	知立山車文楽保存会		知立市
	知立からくり保存会		
犬山祭の車山行事（平成18年国指定）	犬山祭保存会		犬山市
亀崎潮干祭の山車行事（平成18年国指定）	亀崎潮干祭保存会		半田市
須成祭の車楽船行事と神葭流し（平成24年国指定）	須成文化財保護委員会		蟹江町
鳥出神社の鯨船行事（平成９年国指定）	富田鯨船保存会連合会	三重県	四日市市
上野天神祭のダンジリ行事（平成14年国指定）	上野文化美術保存会		伊賀市
桑名石取祭の祭車行事（平成19年国指定）	桑名石取祭保存会		桑名市
長浜曳山祭の曳山行事（昭和54年国指定）	公益財団法人　長浜曳山文化協会	滋賀県	長浜市
京都祇園祭の山鉾行事（昭和54年国指定）	公益財団法人　祇園祭山鉾連合会	京都府	京都市
博多祇園山笠行事（昭和54年国指定）	博多祇園山笠振興会	福岡県	福岡市
戸畑祇園大山笠行事（昭和55年国指定）	戸畑祇園大山笠振興会		北九州市
唐津くんちの曳山行事（昭和55年国指定）	唐津曳山取締会	佐賀県	唐津市
八代妙見祭の神幸行事（平成23年国指定）	八代妙見祭保存振興会	熊本県	八代市
日田祇園の曳山行事（平成８年国指定）	日田祇園山鉾振興会	大分県	日田市

注：カッコ内は国指定重要無形民俗文化財の指定年。

出所：文化庁「『山・鉾・屋台行事』のユネスコ無形文化遺産登録に向けた再提案について」2015年。

った。日本の世界遺産の数は，2023年１月時点で25件であり，その内自然遺産は５件，文化遺産は法隆寺，姫路城，古都京都の文化財など20件である。

また無形文化遺産についても，ユネスコはまず「人類の口承及び無形遺産に関する傑作の宣言」（傑作宣言）を開始し，次いで傑作宣言を統合した形で，「無形文化遺産の保護に関する条約」（無形文化遺産条約）を2003年に採択（2006年発効）し，無形文化遺産の保護に積極的に乗り出した。無形文化遺産の保護は，「文化の多様性及び人類の創造性に対する尊重」という理念に基づくものであり，対象分野としては，(a)口承による伝統及び表現（言語を含む），(b)芸能，(c)社会的慣習，儀式及び祭礼行事，(d)自然及び万物に関する知識及び慣習，(e)伝統工芸技術，が挙げられている。わが国からは，2008年にまず，「能楽，人形浄瑠璃文楽，歌舞伎」が無形文化遺産に登録（代表一覧表に記載）され，2016年に，祇園祭の山鉾行事と同類の屋台行事33件が「山・鉾・屋台行事」として登録された（表18－３）。さらに，2022年に，民俗芸能「風流踊」（六斎念仏・やすらい花・久多の花笠踊（京都府），チャッキラコ（神奈川県），群上踊（岐阜県），綾子舞（新潟県）など41件）が登録され，2023年１月時点で，ユネスコの無形文化遺産は22件である。

（4）祭りと政策

以上でみたように，日本および世界において，文化遺産の保護制度の整備は大きく進展したが，この動きに対応（時には先行）して，地方政府もそれぞれ自地域の文化遺産の保護措置を進めている。たとえば，京都の祇園祭の場合，京都市は山鉾巡行を観光振興行政の対象と位置づけ，支援制度を整えていった。まず，1947年に山鉾巡行への補助金支給を始めた。1956年には，御池通に有料観覧席が設置され，観覧料が補助金に回るシステムが構築された。そして，1969年に「京都文化観光資源保護財団」を設立して補助金を拡充，1970年に小修理事業補助制度，1982年には祇園山鉾染織品新調補助制度が発足している。

祭り，特に都市の祭礼は，伝統文化を伝える文化遺産として，重要な文化資源であると同時に観光資源となる。そして，祭りが文化資源・観光資源として地域の発展に貢献するためには，有効・適切な文化政策と観光政策が必要とされるのである。

引用・参考文献

新井恒易『日本の祭りと芸能』ぎょうせい，1990年。
井口和起・上田純一・野田浩資・宗田好史『京都観光学のススメ』人文書院，2005年。
上野千鶴子「祭りと共同体」井上俊編『地域文化の社会学』世界思想社，1984年，45～78頁。
大橋昭一・橋本和也・遠藤英機・神田孝治編『観光学ガイドブック』ナカニシヤ出版，2014年。
岡本伸之編『観光学入門』有斐閣，2001年。
川嶋將生『祇園祭―祝祭の京都』吉川弘文館，2010年。
川村恒明監修，根木昭・和田勝彦編著『文化財政策概論』東海大学出版会，2002年。
北川宗忠『観光・旅の文化』ミネルヴァ書房，2002年。
澤村明『文化遺産と地域経済』同成社，2010年。
田中義広編『日本の祭り事典』淡交社，1991年。
林屋辰三郎『町衆』中公新書，1964年。
平竹耕三『自治体文化政策』学芸出版社，2016年。
松平誠『祭りのゆくえ』中央公論新社，2008年。
山岡祐子編『祇園祭のひみつ』白川書院，2008年。
山上徹『京都観光学』法律文化社，2000年。
山上徹編『おこしやすの観光戦略』法律文化社，2001年。
山上徹『現代観光・にぎわい文化論』白桃書房，2005年。
柳田国男『日本の祭』角川ソフィア文庫，1969年。
山田浩之「無形文化遺産・京都祇園祭の持続可能性について」『文化政策研究』第7号，2013年。
山田浩之編著『都市祭礼文化の継承と変容を考える』ミネルヴァ書房，2016年。
山田浩之・赤﨑盛久編著『京都から考える 都市文化政策とまちづくり』ミネルヴァ書房，2019年。
米山俊直『都市と祭りの人類学』河出書房新社，1986年a。
米山俊直『ドキュメント祇園祭』NHK ブックス，1986年b。

索　引

（＊は人名）

あ　行

か　行

さ　行

た　行

ま　行

や　行

ら　行

わ　行

欧　文

執筆者紹介（＊は編著者）

＊竹内正人（たけうち・まさと）　**序章，コラム２，第13章**

1954年　生まれ。
2008年　大阪府立大学大学院経済学研究科博士後期課程修了，博士（経済学）。
現　在　大阪成蹊短期大学観光学科教授。

＊竹内利江（たけうち・としえ）　**第１章第２節・第３節，コラム１，第８章**

1959年　生まれ。
2008年　神戸大学大学院総合人間科学研究科博士後期課程単位取得退学。
現　在　神戸学院大学非常勤講師。

＊山田浩之（やまだ・ひろゆき）　**第18章**

1932年　生まれ。
1958年　京都大学大学院経済学研究科博士課程修了，経済学博士。
現　在　京都大学名誉教授，大阪商業大学名誉教授，羽衣国際大学名誉教授。

山田勅之（やまだ・のりゆき）　**第１章第１節，第４章**

1968年　生まれ。
2009年　神戸大学大学院総合人間科学研究科博士後期課程修了，学術博士。
現　在　北海商科大学商学部教授。

鎌田裕美（かまた・ひろみ）　**第２章**

1976年　生まれ。
2007年　一橋大学大学院商学研究科博士後期課程修了，博士（商学）。
現　在　一橋大学大学院経営管理研究科准教授。

村田和繁（むらた・かずしげ）　**コラム２**

1960年　生まれ。
2007年　大阪市立大学大学院創造都市研究科修士課程修了。
現　在　大阪市立大学大学院創造都市研究科博士後期課程在学。京都市役所。

朝田康禎（あさだ・やすさだ）　**第３章**

1968年　生まれ。
1998年　大阪府立大学大学院経済学研究科博士後期課程単位取得退学，博士（経済学）。
現　在　摂南大学経済学部准教授。

石原敏孝（いしはら・としたか） **第５章**

1966年　生まれ。

2001年　神戸大学大学院経営学研究科博士課程前期課程修了。

現　在　神戸大学大学院経営学研究科 MBA シニアフェロー。

横見宗樹（よこみ・むねき） **第６章**

1973年　生まれ。

2003年　関西大学大学院商学研究科博士課程後期課程修了，博士（商学)。

現　在　近畿大学経営学部商学科教授。

海老良平（えび・りょうへい） **第７章**

1972年　生まれ。

2008年　神戸学院大学大学院経済学研究科博士後期課程修了，博士（経済学)。

現　在　大手前大学現代社会学部准教授。

大橋松貴（おおはし・まつたか） **コラム３**

1984年　生まれ。

2016年　滋賀県立大学大学院人間文化学研究科博士後期課程修了，博士（学術)。

現　在　大月市立大月短期大学経済科助教。

乾　弘幸（いぬい・ひろゆき） **第９章，第14章**

1956年　生まれ。

2013年　北海道大学大学院国際広報メディア・観光学院博士課程単位取得退学。

現　在　九州産業大学名誉教授。

中井郷之（なかい・さとし） **第10章，第17章**

1979年　生まれ。

2009年　大阪市立大学大学院経営学研究科後期博士課程満期単位取得退学，博士（商学)。

現　在　追手門学院大学地域創造学部准教授。

陳　禮俊（ちん・れいしゅん） **コラム４**

1966年　生まれ。

1999年　京都大学大学院エネルギー科学研究科博士課程単位取得退学。

現　在　山口大学経済学部観光政策学科教授。

薬師寺浩之（やくしじ・ひろゆき） **第11章**

1980年　生まれ。

2011年　英国エクセター大学ビジネススクール博士課程修了，PhD。

現　在　奈良県立大学地域創造学部准教授。

池田千恵子（いけだ・ちえこ）　**第12章**

1967年　生まれ。

2018年　大阪市立大学大学院創造都市研究科博士後期課程修了，博士（創造都市）。

現　在　兵庫県公立大学法人芸術文化観光専門職大学芸術文化・観光学部准教授。
金沢大学先端観光科学研究所客員准教授。

梅村　仁（うめむら・ひとし）　**コラム5**

1964年　生まれ。

2012年　大阪市立大学大学院創造都市研究科博士後期課程修了，博士（創造都市）。

現　在　大阪経済大学経済学部教授・ポートランド州立大学客員研究員。

辻本千春（つじもと・ちはる）　**第15章**

1953年　生まれ。

2014年　大阪市立大学大学院創造都市研究科博士後期課程修了，博士（創造都市）。

現　在　元流通科学大学人間社会学部観光学科教授。キャリアコンサルタント（国家資格）。

片山千佳（かたやま・ちか）　**コラム6**

1975年　生まれ。

2010年　四天王寺大学大学院人文社会学研究科博士前期課程修了。

現　在　羽衣国際大学人間生活学部人間生活学科専任講師。

井出　明（いで・あきら）　**第16章**

1968年　生まれ。

2004年　京都大学大学院情報学研究科博士後期課程修了，博士（情報学）。

現　在　金沢大学国際基幹教育院教授。

入門 観光学［改訂版］

2018年3月20日　初　版第1刷発行　〈検印省略〉
2023年1月30日　初　版第6刷発行
2024年2月20日　改訂版第1刷発行

定価はカバーに
表示しています

編著者　竹内正人
　　　　竹内利江
　　　　山田浩之

発行者　杉田啓三

印刷者　江戸孝典

発行所　株式会社　ミネルヴァ書房
607-8494　京都市山科区日ノ岡堤谷町1
電話代表（075）581-5191
振替口座　01020-0-8076

共同印刷工業・新生製本

ISBN978-4-623-09574-2
Printed in Japan